Der
andere
N A T U R Garten

ANDREAS WINKLER

# Der andere NATUR Garten

Ein Handbuch
für Praktiker

Mit ökologischen
Betrachtungen von
Hans C. Salzmann

ooo Ringier

Dieses Buch wurde gemeinsam von der Schweizer Woche und vom Schweizerischen Zentrum für Umwelterziehung SZU des WWF herausgegeben.

**Schweizerisches Zentrum für Umwelterziehung SZU des WWF**

Das Schweizerische Zentrum für Umwelterziehung SZU des WWF betreibt praktische Umwelterziehung und übernimmt die fachliche Vertiefung von WWF-Aktionen. Mit seinen Kursen, Publikationen und mit Beratung richtet es sich an Leute, die Umwelt-Bildung weitervermitteln können oder deren Tätigkeit den Umgang mit der Umwelt einschliesst. An der Verbreitung der Naturgarten-Idee und an ihrer Weiterentwicklung war das SZU entscheidend beteiligt.

**Dank an die Mitarbeiter**

Ich danke Hans C. Salzmann für seine «Ökologischen Betrachtungen», die viel zum Verständnis des Buches beitragen. Ich danke Ernst Meierhofer für seine Mitarbeit am Text, seine Anregungen und die wertvollen Gespräche. Ich danke Michael Speich für seine nicht alltäglichen Illustrationen, an denen ich soviel Spass habe. Ich danke ihm und den übrigen Bildautoren für die einfühlsame Art, mit der sie diese Gärten fotografiert haben. Ich danke Brigitte Felix und Eugen Hubschmid für ihre Begeisterung bei der Gestaltung des Buches, und ich danke all jenen, die enorme Kleinarbeit hinter den Kulissen geleistet haben. Ich danke Peter Richard, dass er mich in meiner übrigen Arbeit so sehr entlastet hat. Ich danke meiner Frau Ruth für all ihre Liebe, ihre Unterstützung und für ihre aufrichtige Kritik.
Im Namen aller Mitarbeiter danke ich unseren Lebenspartnern, Kindern und Freunden: Sie haben uns erlaubt, einen ganzen Sommer lang so wenig Zeit für sie zu haben. Es soll nicht wieder vorkommen.

Andreas Winkler, August 1986

## Das Gelbe Heft
## SCHWEIZER WOCHE

**«Schweiz Grün», die Naturaktion der Schweizer Woche**

Mit seiner Naturaktion «Schweiz Grün» will die Schweizer Woche/Das Gelbe Heft den Naturschutzgedanken publizistisch fördern und verbreiten: Seit Anfang 1983 erscheinen Woche für Woche mehrseitige, farbig aufgemachte Beiträge zu naturkundlichen Themen und wichtigen Aspekten des Natur- und Umweltschutzes. «Schweiz Grün» will aber nicht nur informieren, sondern auch zum Handeln anregen – mit Broschüren, Spenden, Exkursionen und weiteren Aktionen. Dieses Buch ist ein Teil der Bemühungen der Schweizer Woche, der Natur wieder zu ihrem Recht zu verhelfen.

**Impressum**

Autor: Andreas Winkler
Ökologische Betrachtungen: Hans C. Salzmann, SZU
Illustrationen: Michael Speich
Fotos: Michael Speich, Andreas Winkler, Peter Richard, Beate Staub
Gestaltung: Brigitte Felix
Layout: Brigitte Felix, Eugen Hubschmid
Textredaktion: Ernst Meierhofer
Herstellung: Bütler & Partner AG
Copyright: Schweizer Woche, Ringier AG 1986
ISBN 3 85859 222-6

# INHALT

## VORWORT
Wider die grüne Eiszeit . . . 6

## EINLEITUNG
Wege zum naturnahen Garten . . . 10

## VORÜBERLEGUNGEN
Der Garten der Träumer . . . 22

## BEISPIELE
Jeder Garten ist anders . . . 30
Naturgarten und Gartenkultur. Drei Zitate . . . 41

## ZUM BUCH
In eigener Sache . . . 42

## GEHÖLZE . . . 44
Planung der Hecken- und Baumpflanzung . . . 48
Vorbereitung der Pflanzung . . . 52
Bodenpflege und Gehölzschnitt . . . 56

## UNTERWUCHS . . . 62
Gestalten mit Licht und Schatten . . . 66
Pflanzung und Pflege . . . 67

## WIESEN . . . 72
Gestaltung von Wiesenflächen . . . 76
Bodenvorbereitung und Ansaat . . . 78
Schnitt von naturnahen Wiesenflächen . . . 83

## PIONIERE . . . 86
Planung von Pionierstandorten . . . 92
Anlegen von Pionierstandorten . . . 93
Pflege der Pionierflächen . . . 99

## WASSER . . . 102
Planung von Gartenweihern . . . 105
Vorgehen beim Weiherbau . . . 109
Bepflanzung und Pflege . . . 117

## WEGE, PLÄTZE, MAUERN . . . 120
Planung von Wegen und Plätzen . . . 123
Bau von Wegen und Plätzen . . . 129
Planung von Mauern und Verbauungen . . . 131
Bau von Trockenmauern und Blockverbauungen . . . 132

## WILDSTAUDEN . . . 134
Vermehrung und Anzucht von Wildstauden . . . 138
Pflanzung der Wildstauden im Garten . . . 145
Wildstauden-Tabelle . . . 152

Impressum . . . 4
Kontaktadressen . . . 43
Literatur . . . 167
Die Autoren . . . 168

## Ökologische Betrachtungen von Hans C. Salzmann
Von Ubiquisten und Spezialisten . . . 13
...und sie bewegt sich doch! . . . 29
Einstein und die Schädlinge . . . 50
Dürre Pflanzenstengel . . . 68
Bläulingsgeschichte . . . 80
Unkraut-Pflanzer und Blattlaus-Züchter . . . 94
Wir haben ein Biotop! . . . 114
Unerwartet . . . 126

# VORWORT

# Wider die grüne Eiszeit

Der Garten
der
Veränderung

**J**eder Ort, jede Zeit und jeder Gedanke lässt andere Gärten entstehen: verwunschene und verwilderte, sachliche und strenge, liebevolle und lustvolle, lauschige und langweilige. Gartenformen und Gartenmoden lösen sich in steter Folge ab – als Zeuge der Veränderungen, die in uns selbst und in unserer Welt vor sich gehen. Gärten zeigen uns, wie wir leben und wie wir mit dem Lebendigen umgehen. Beim Arbeiten mit Pflanzen und Steinen, mit Wasser und Erde nimmt der Garten die Gestalt unserer Gedanken an, wird zum Spiegelbild unserer Wünsche und Meinungen: Der ornamentale Garten des absolutistischen Frankreichs, der bürgerlich-wohlhabende Garten reicher Emmentaler Bauern, die sehnsüchtigen Landschaftsgärten der Romantik oder die fernöstlichen Gärten Japans oder Chinas – sie alle drücken eine Geisteshaltung, eine Auseinandersetzung zwischen Natur und Menschen aus oder sind Teil einer herrschenden Ordnung und Weltanschauung.

Es ist nicht verwunderlich, dass in einer Zeit, in der wir tagtäglich die Hiobsbotschaften einer geknechteten und ausgeraubten Natur vernehmen, Gärten ganz eigener Art gestaltet werden: wildwüchsige, bewusst urtümliche Naturgärten. Es sind Wunsch- und Traumgärten, anklagende, wehmütige und hoffnungsvolle Gärten, die wir angesichts erstickter Wälder, verdreckter Flüsse, vergifteter Böden und sterbender Tiere gestalten. Sie drücken unsere Betroffenheit, unser Unbehagen, aber auch unseren Mut zur Veränderung und unsere Lebenslust aus.

Wir sehnen uns nach solchen Gärten, weil wir den Kontakt zum Lebendigen suchen, weil wir hoffen, den partnerschaftlichen Umgang mit der Natur wieder zu lernen. Dabei erwarten wir nicht, wieder eins zu werden mit der Schöpfung; aber wir glauben wenigstens an eine Versöhnung, an einen Neubeginn.

Dass sich die Naturgartenidee – trotz immer noch heftiger ablehnender Reaktionen – durchsetzt, liegt aber nicht nur am Wissen um ökologische Zusammenhänge. Auch das romantische Erscheinungsbild des Naturgartens oder die Möglichkeit, frei zu gestalten und faul in den Tag hinein zu leben, können nicht Grund genug für diesen Erfolg sein. Der Naturgarten entspricht vielmehr der Lust auszubrechen, sich zu verändern, das Harte durch das Weiche, das Geometrische durch das Geschwungene, das Überordentliche durch das Labyrinthische, das «männliche» durch das «weibliche» Prinzip zu ersetzen. In ihm steckt eine verändernde Kraft, die über den Garten hinausgeht, hier ist endlich wieder eine Gartenform entstanden, in der sich etwas ausdrückt, etwas gefeiert wird: unsere Hoffnung auf eine Wendezeit.

Allerdings lässt sich unsere Welt durch das blosse Auswechseln einer «unnatürlichen», exotischen Vegetation durch eine «natürliche», einheimische kaum nachhaltig verbessern oder verändern. Man wirft denn der Naturgartenbewegung auch vor, sie vermittle nicht nur keinen neuen Zugang zur Natur, sondern lenke erst recht von den eigentlichen Problemen und Ursachen unserer Umweltveränderung ab. Die Vegetation sei zwar ausgewechselt, nach wie vor könne man aber nur von Alibigrün, von Vertuschgrün reden.

Tatsächlich versteckt sich (bewusst oder unbewusst) mancher «Naturgärtner» in seiner kleinen, heilen Welt. Wir schaffen uns ein Paradies, welches die trügerische Hoffnung zulässt, es sei wenigstens hinter dem eigenen Gartenzaun alles wieder machbar, wieder ersetzbar. Ersatzlandschaft ist tatsächlich eine gefährliche neue Gartenform. Sie ist Fluchtraum, Rückzugsraum, man vergisst dort jene wirkliche Landschaft, die lange mit unserer Zustimmung von Architekten, Technokraten, Politikern und Spekulanten verplant und verbaut worden ist.

Der Naturgarten darf aber kein Ort des Vergessens werden, sondern soll im Gegenteil ein Ort des Aufbruchs sein. Dieser Aufbruch, diese kleine Gartenrevolution kann durchaus auch an anderen Orten stattfinden, im Gemüse- und Blumengarten, in der Kulturlandschaft oder auf dem kleinsten Balkon.

Die Naturgartenidee wendet sich daher weder gegen phantasievolle Rabatten der Stadtgärtner noch gegen Bauerngärten und Salatbeete. Auch nicht gegen Flächen, die dem Menschen als Freizeitort dienen, nicht gegen Sportplätze und Liegewiesen und auch nicht gegen historische Gärten und Parks. Aber sie ist gegen Beziehungslosigkeit, gegen das Zwanghafte, gegen das Bekämpfen von Leben mit Unkrautvertilgern und Insektiziden, gegen Renommiergrün, Abdeckgrün, Sommer- und wintergrün, gegen Koniferchen- und Warenhausgrün. Sie wendet sich dagegen, dass unsere Dörfer und Städte in einer grünen Eiszeit ersticken.

**E**s ist nicht das Ziel des Naturgartens, alle Flächen in ein paradiesisches Freiland-Ökomuseum umzugestalten, in dem der Mensch die Entwicklung der Natur nur stören würde. Kinder, die nicht durch Wiesen rennen dürfen, Hecken, in denen nicht geklettert werden darf, Unkrautflächen, die nicht betreten werden, Weiher, in die man keinen Stein wirft - wenn der Mensch seine Gärten nur passiv beobachtet statt aktiv erlebt, dann verfehlt die Naturgartenidee ihre Ziele. Dann setzt sie nichts in Bewegung. Es sind nicht die Hobbyornithologen, Amphibienkenner und Pflanzensoziologen, die den Weg zeigen, den zu gehen sich lohnen kann, sondern die Kinder in ihrem Spiel.

Der vollkommenste Naturgarten entsteht dort, wo die Natur die Spuren und Strukturen der menschlichen Aktivitäten ungekünstelt aufzeigt. Bemooste Plätze, verwucherte Wege, zufällige Trampelpfade, verkrautete Hinterhöfe – das sind die Zeichen, die das tägliche Leben in unseren Siedlungen hinterlässt. Eine solche Vegetation erfüllt nicht nur ihre Funktion in der Natur besser; sie hat im Gegensatz zum wohlgeordneten Rasen-, Bodendecker- und Betonsteingarten auch eine andere, positive Wirkung: Sie verändert unsere Städte und Gärten, sie beeinflusst unsere Wahrnehmung, unsere Erinnerungsbilder und damit auch unsere Handlungen, unser Umweltverhalten.

**G**ärten naturnah zu gestalten ist eine befreiende Idee, die darauf baut, dass der Mensch zu Veränderungen fähig ist. Sie umfasst eine neue Ethik, eine neue Einstellung zur Natur und zu unseren Lebensgrundlagen. Hier liegt die Chance des Naturgartens: dass er ein Ort des Seins und nicht des Habens ist. Nicht der Besitz von Biotöpchen, nicht eine Anhäufung von Pflanzenraritäten und Tierarten unterscheidet ihn vom konventionellen Garten, sondern die Art, wie wir mit diesem Garten umgehen, mit ihm leben und die Bedeutung des Alltäglichen erfassen. «So liegt der Zauber des wirklichen Begreifens darin, dass wir etwas Alltägliches neu sehen. Wir gleichen Schlafenden, die immer schon von dem, was ihnen eines Tages bedeutungsvoll erscheint, umgeben sind» (Hugo Kükelhaus, «Urzahl und Gebärde», S. 12, 1934).

Mit der Hoffnung, dass der Naturgarten seinen Teil an die seelische Veränderung des Menschen beitragen könne, erübrigt sich auch die Kritik, Naturgärten seien nicht schön, nicht ordentlich. Was Naturgärten schön macht, ist nicht das Design, sondern dass wir in ihnen das Leben erleben. Sie beinhalten die höchste Ordnungsstufe, weil wir uns in ihnen selbst neu ordnen können. Und nur wenn wir uns selbst neu ordnen, werden wir fähig sein, auch an die Ursachen unserer Umweltveränderungen heranzukommen, uns an Utopia oder an Ökotopia heranzuwagen.

Geborgenheit inmitten von wogenden Pflanzen, summenden Insekten und quakenden Fröschen: Kinder stellen im Naturgarten ihre Beziehung zum Lebendigen und zu sich selbst her. Naturgärten sind hoffnungsvolle Gärten. Sie führen uns hin zu unseren Ursprüngen, zu unseren tiefsten Bedürfnissen.

# EINLEITUNG

# Wege zum naturnahen Garten

## Sauberkeit und ihre Folgen

**U**m zu verstehen, warum biologische Gartenpflege und naturnahe Gartengestaltung Beiträge zu einem umweltschonenden Umgang mit unseren Lebensgrundlagen sind, muss man die Umweltbelastung herkömmlicher Ziergärten kennen. Ziergärten, insbesondere Privatgärten, gehören für die agrochemische Industrie, für Gartencenter und Gartengerätehersteller zu einem zukunftsträchtigen, ständig wachsenden Markt. Sie wollen uns in ihrer Werbung weismachen, dass moosfreier Rasen, blau-gelb-grüne Zwergkoniferen der höchsten Preisklasse, Draufsitzmäher und Waschbetoncheminées nicht nur des Gärtners Herz beglücken, sondern ihm auch zum sozialen Aufstieg verhelfen. Wer ohne diese und andere Segnungen der Gartenindustrie glücklich werden will, hat nach den Verheissungen der Hersteller mit schrecklichen Plagen zu rechnen: Gräser in Pflasterritzen, Blattläuse auf dem Salat, Gänseblümchen im Rasen, von Bienen und anderem Ungeziefer heimtückisch gequälte Kinder.

So steht denn in jenem Gartenhaus eine wahre Hexenküche von Pflanzen«schutz»mitteln bereit: Der grösste Teil davon ist für den heiligen Krieg gegen die Feinde des englischen Rasens bestimmt. Das Schweizer Bundesamt für Umweltschutz schätzte in einer Studie, dass allein in der Schweiz 20 000 Hektaren reine Zierrasenflächen (ohne Sport- und Spielrasen) von fleissigen Hausmeistern und Gartenbesitzern gepflegt werden. Dies entspricht einer Fläche, die doppelt so gross ist wie die schweizerische Rebbaufläche, oder der Fläche von etwa 1500 durchschnittlichen Schweizer Bauernhöfen. Gepflegt wird mit jährlich über 100 Tonnen Herbizidwirkstoffen, mit 10 000 bis 15 000 Tonnen Mineraldünger und mit rund 5 Millionen Stunden Rasenmähergeknatter.

Für den gesamten Anbau von Winterweizen werden auf 60 000 Hektaren Fläche jährlich nicht mehr Herbizide ausgebracht als für die Zierrasen, und der Düngereinsatz würde für die Stickstoffversorgung von 30 000 Hektaren Winterweizen genügen! Denkt man global, so wird einem erschreckend klar, mit welcher Frechheit in den industrialisierten Ländern Rohstoffe vergeudet werden. Was dann zu guter Letzt «geerntet» wird – pro Hektare und Jahr 20 bis 30 Tonnen Gras –, wird zum grössten Teil in Kehrichtverbrennungsanlagen mit einem zusätzlichen Energieaufwand verbrannt. Die Rasenflächen unserer Städte – oft als grüne Lunge angepriesen – verbrauchen in Tat und Wahrheit mehr Sauerstoff bei der Verbrennung, als je von den Pflanzen produziert worden ist.

Neben den Zierrasenflächen werden auch Blumenbeete, Gemüsegärten, Obst und Beeren in ähnlich übertriebener Weise mit Dünger und Pflanzenschutzmitteln behandelt. Entlang von Gartenwegen und auf Plätzen wird eine nicht bekannte Menge von Totalherbiziden eingesetzt, die die direkte Umweltbelastung aus Ziergärten noch vergrössern.

Doch die Studie des Bundesamtes mit ihren Hinweisen auf Umweltbelastung sowie «stinkende und dröhnende» Rasenmäher vermochte offenbar nicht alle zu überzeugen. Im Nationalrat beschwor ein Parlamentarier gar das Gespenst eines eidgenössischen Anti-Rasen-Vogtes und fragte den Bundesrat an, ob dem Schweizer nun auch noch sein sauberer Garten verboten werden solle: «Hält es der Bundesrat für richtig, dass in einseitiger ökologischer Betrachtungsweise der Freiraum des Bürgers durch staatliche Umwelterziehung noch mehr eingeengt wird?»

Was sind es für Gedankengänge, die einen Parlamentarier dazu verleiten, sich *gegen* eine

Verminderung der Umweltbelastung in Gärten einzusetzen? Warum sprach er wohl von «einseitiger ökologischer Betrachtungsweise»? Weil er des Schweizers Freiheit bedroht sieht? Weil er sich um die Arbeitsplätze in der Gartenzubehörindustrie sorgt? Oder meint er, eine Jugend, die in grün verwucherten Städten aufwächst, würde verwahrlosen? Oder hat er Bedenken, dass Zürich ohne Japanische Kirschen keine Weltstadt mehr wäre?

**D**och bei dieser Angelegenheit sind Witzeleien nicht angebracht. Der Jahresbericht des Schweizerischen Toxikologischen Informationszentrums zeigt die brutale Kehrseite des giftigen Sauberkeitswahns im Garten: In der Schweiz gab es 1985 nicht weniger als 341 Unfälle, bei denen Kinder mit Schädlingsbekämpfungsmitteln in Berührung kamen: davon 37 mit Schneckenvertilgungsmitteln, 53 mit Mitteln gegen Ameisen und 125 mit Insektiziden. Im gleichen Jahr kamen auch 272 Erwachsene mit solchen Substanzen in Kontakt, 21 von ihnen erlitten schwere Vergiftungen. 1983 waren aus diesem Grund sogar zwei Tote zu beklagen.

Während das Toxikologische Informationszentrum in der Lage ist, seine «Fälle» genau zu zählen, sind die Folgen der Spritzmittel für die Natur weitgehend unbekannt: Was geschieht mit den Rückständen dieser Mittel? Lösen sie sich einfach auf? Wie verhalten sie sich im Boden, welche unbekannten Verbindungen mit anderen Stoffen gehen sie dort ein? Was geschieht, wenn das vertilgte Unkraut am Schluss auch noch angezündet wird? Niemand weiss, welche Gifte wirklich entstehen und im Boden bleiben, denn feststellen kann man nur, was man chemisch nachweisen kann, und nachweisen kann man nur, was man kennt.

Exotische Gehölze, Zierrasen und Bodendecker belasten die Umwelt aber auch indirekt. Sie verhindern das Aufkommen von vielfältigem Leben, von spontaner Vegetation, die auch einer reichen Tierwelt Nahrung bieten würde. Wenn heute gebaut wird, kommen gleich anschliessend die professionellen Begrüner zum Zug. Die Bauwunden sollen möglichst schnell unsichtbar werden. Die Sofort-Begrünung soll uns vorspiegeln, es wachse, es grüne in unseren Städten, selbst auf Verkehrsinseln ergebe sich üppiges Grün. Aber Wachstum würde auch Leben bedeuten, und Leben bedeutet Veränderung. Das typische Stadtgrün mit seiner Feigenblatt-Funktion ist aber dazu gezüchtet und gepflanzt worden, dass es keine Veränderung zulässt. Pflanzen werden den Baumaterialien wie Beton und Backstein gleichgesetzt: Sie verkommen zum grünen Bodenbelag mit unveränderlicher Langlebigkeit und einer bestimmten technischen Funktion (hier: «Fläche versiegeln» und «Grün sein»). Es ist dabei unsinnig zu behaupten, diese Pflanzen seien dem Stadtklima am besten angepasst: Standortgerechte Spontanvegetation kann immer und überall aufkommen. Und wenn nicht, dann ist es sinnlos, die Lebensbedingungen in unseren Städten zu beschönigen.

**A**us der Sicht der Insekten wächst in herkömmlichen Ziergärten nichts als Unkraut: Zwar bieten sie im Sommer einigen Nektar an, was aber nützt Nektar, wenn die Kinderstube der Insekten, die Wirtspflanze der Larven, fehlt? Mit wenigen Ausnahmen können pflanzenfressende Insekten-Larven nur auf einheimischen Sträuchern, Bäumen und Kräutern leben.

Auch moderne Gartenbaumaterialien können umweltbelastend sein: Beton ist energieintensiv, Holz wird giftig imprägniert, Kunststoffmaterialien können Schwermetalle und Weichmacher enthalten. Auf Betonstein- und Asphaltbelägen ohne Fugen und Ritzen kann Wegrand- und Pflasterritzenvegetation nicht wachsen, Ameisenlöwen können ohne Sand keine Fangtrichter bauen, Mörtelbienen und Schwalben finden keine Lehmmaterialien für ihre Nester.

Ziergärten können selbst die soziale Umwelt belasten, können verhindern, dass eine den Bewohnern angepasste und selbstgewählte Nutzung möglich wird. Auch gartenarchitektonisch in höchster Vollendung gebaute Gärten lassen dann «Kultur» vermissen. Kultur im Sinne von Nutzen und Benutzen, von Spielen, Werken, Leben, Pflanzen, Säen, Ernten.

Wenn aber Gärten nicht nur ihrer ökologischen, sondern auch ihrer sozialen Funktion beraubt sind, wenn der Mensch sie nur noch als Stätte eines unablässigen Konsums oder als unantastbares Stück Architektur versteht, dann werden Gärten insgesamt zu einer Belastung.

## EINLEITUNG

# Abschied von der Unordnung

**N**icht jedermann wird sofort und in aller Konsequenz einen Naturgarten einrichten wollen. Das ist verständlich: Wer kann schon seine Ansichten, sein Empfinden für Sauberkeit und Ordnung so einfach über Bord werfen? Doch was heisst *Ordnung*? Sind unsere Gärten *ordentlich*, wenn sie aufgeräumt, sauber geputzt und schädlingsfrei sind? Versteckt sich hinter dieser vordergründigen Ordnung nicht eher eine *Unordnung*?

Wenn wir die Teile einer Maschine sauber geputzt nebeneinander legen, so ist das auch ordentlich. Doch es genügt uns nicht: Von der Maschine verlangen wir die gleiche Ordnung, die wir auch in unseren Gärten verwirklichen müssen: eine *funktionierende* Ordnung, in der alle Teile sinnvoll ineinandergreifen. Das heisst: Wirklich *in Ordnung* sind unsere Gärten erst, wenn die Natur darin «funktioniert», die Kreisläufe geschlossen sind, Boden und Luft nicht verschmutzt werden. Wir verabschieden uns deshalb von der Unordnung herkömmlicher Gärten und führen schrittweise eine neue, wirkliche Ordnung ein — angefangen vom biologischen Gemüsebau bis hin zum Naturgarten.

**Der Baum ist tot — und doch lebt er: Insekten hinterlassen ihre Spuren, ein Geissblatt umrankt den alten Stamm. Das ist die Ordnung der Natur: kein statisches, ewig junges und frisches Leben, sondern ein dynamisches Kommen und Gehen, Wachsen und Vergehen, Leben und Sterben.**

# Von Ubiquisten und Spezialisten

Was ein Spezialist ist, weiss man. Ubiquist dagegen tönt exklusiver, die Bezeichnung ist nur wenigen bekannt. Dabei ist gerade er der Gewöhnliche, den jedermann kennt! In der Biologie heissen nämlich diejenigen Tiere und Pflanzen Ubiquisten, die sich «ein bisschen überall zurechtfinden». (Das Wort kommt vom lateinischen ubique = überall.) Sie sind ökologisch anspruchslos, das heisst, sie sind an verschiedene Bedingungen angepasst, wachsen auf vielen Böden, fressen vielerlei Nahrung, können da und dort nisten – und sind entsprechend verbreitet und häufig. Der Löwenzahn etwa ist ein Ubiquist oder der Weissklee, unter den Tieren der Buchfink oder die Stubenfliege.

Der Spezialist dagegen ist an ökologisch eng definierte Bedingungen gebunden – und ist entsprechend seltener: Er brütet nur an senkrechten Kieswänden, wie die Uferschwalbe; seine Larve entwickelt sich fast ausschliesslich im Mulm halbverrotteter Eichenstrünke, wie diejenige des Hirschkäfers; oder er findet sich nur auf Hochmooren zurecht, wie der Sonnentau. An den wenigen Orten, wo der Spezialist seine speziellen Bedingungen findet, ist er dem Ubiquisten überlegen, aber eben nur dort!

Eine einheimische Pflanze ist oft mit Dutzenden von Tierarten auf irgend eine Weise verknüpft. Darunter hat es meist mehrere Spezialisten, die auf Gedeih und Verderb auf genau diese Pflanzenart angewiesen sind. Exotische Pflanzen, die neu in eine Lebensgemeinschaft eingebracht werden, gehen – wenn überhaupt – mit viel weniger Tierarten Beziehungen ein, darunter kaum je Spezialisten. Das übersehen all die Schlaumeier unter den Naturgarten-Kritikern, die stolz darauf hinweisen, an ihren exotischen Bodendeckern, den Cotoneastern, würde es nur so summen von Honigbienen. Mindestens in bezug auf ihre Nahrung sind die Honigbienen Ubiquisten, und der Cotoneaster ist ein Faktor in ihrem Lebensraum, auf den sie geradesogut verzichten könnten. Und wer mit der Beobachtung, dass die Amseln im Herbst gerne die Früchte des Kirschlorbeers fressen, den ökologischen Wert dieses Mittelmeerstrauchs zu beweisen glaubt: Er sollte sich überlegen, ob er wirklich auf Kosten von selteneren Spezialisten ausgerechnet die Amsel fördern will, diesen Ubiquisten, der unsere Hilfe am wenigsten nötig hat! Leider ist auch der vielgerühmte Schmetterlings-Strauch Buddleja (Sommerflieder), ein Einwanderer aus Asien, von biologisch eher geringem Wert. Auf den Nektar, den seine geflügelten Besucher so schätzen, sind diese Insekten nicht so dringend angewiesen, weil sie ihn auch anderswo bekommen. Futter für die Raupen aber, welches im Schmetterlingsleben so überlebenswichtig ist, bietet der Sommerflieder den Gästen keines – seine Blätter bleiben ungefressen!

Im gesamten gesehen bringen exotische Gartenpflanzen immer eine Verarmung und Versimpelung der einheimischen Lebensgemeinschaften mit sich. Mit der Zeit – die Natur rechnet allerdings mit Jahrhunderten, nicht mit Jahren – passen sich dann auch Einwanderer in die hiesigen Lebensgemeinschaften ein, knüpfen mit immer mehr einheimischen Arten Beziehungen. Das ist auch der Grund, warum der Übergang zwischen fremd und einheimisch fliessend, eine genaue Abgrenzung schwierig ist. Sicher nicht einheimisch sind alle Arten, ob Tier oder Pflanze, die sich ohne Hilfe des Menschen in einer Region auf die Dauer nicht halten können.

Solche Überlegungen allein genügen, um verständlich zu machen, warum die Biologen so viel Wert auf das Merkmal einheimisch legen – was übrigens mit Landesgrenzen nichts zu tun hat. Ein anderes Beispiel zeigt seine Bedeutung noch deutlicher: Die Raupen eines schönen Tagfalters, des Kleinen Schillerfalters, fressen Pappellaub. Aus wirtschaftlichen Gründen ist es Mode geworden, an Stelle einheimischer Pappelarten die kanadische Hybridpappel anzupflanzen. Sie unterscheidet sich im Aussehen nicht so sehr von den einheimischen Pappeln, und vermutlich auch nicht im Geschmack – die beiden sind ja nahe verwandt. Doch gerade diese Ähnlichkeit ist verhängnisvoll. Denn die Schillerfalter-Weibchen, mit ihrem sicheren Instinkt für das richtige Futter für ihre Brut, legen die Eier genauso auf Hybridpappeln ab wie auf einheimischen Sorten, von denen sie sie offenbar nicht unterscheiden können. In einem kleinen Detail sind aber die Exoten doch anders: Die Haut ihrer Blätter ist etwas dicker, gerade genug, dass die frisch geschlüpften, zarten Jungraupen sie nicht durchbeissen können und verhungern. Dieser Falleneffekt ist für eine Tierart weit gefährlicher, als es der blosse Rückgang der Futterpflanzen wäre.

Die Verarmung der Lebensgemeinschaften kann also unter Umständen bis zum «ökologischen Töten» reichen. So besehen rückt die Umweltbelastung durch Exoten in den Rang von chemischen Giften. Darum wäre es auch naiv, in naturnahen Ziergärten Gift strikt abzulehnen, Exoten aber zu bejahen. Unter dem Begriff «Naturgarten» sind beide fehl am Platz. Mit dieser Feststellung sollen weder die fremdländischen Pflanzen aus den Gärten verbannt noch ihren Liebhabern die Freude daran vergällt werden. Exoten sind weder gut noch böse. Sie sind aber eine ökologische Belastung, zu der stehen soll, wer Pflanzen aus anderen Gegenden haben will!

# EINLEITUNG

| | Beschreibung | Ertrag | Nebenertrag Nebenwirkung | Umweltbelastender Garten |
|---|---|---|---|---|
| **Konventioneller Nutzgarten** Wertung: – | Verwendung von Pestiziden, Kunstdünger und Torf. Kein garer Boden, keine intensive Förderung des Bodenlebens. Kreisläufe nicht geschlossen. | Gemüse, schädlings- und unkrautfrei | Grundwasserbelastung, Chemierückstände, Abfall, Ausbeutung der Torfreserven, Vergiftungen durch Pestizide, Humusabbau, Bodenzerstörung | |
| **Konventioneller Blumengarten** Wertung: – | Beschränkte Verwendung von Pestiziden, Kunstdünger und Torf. Im Vordergrund steht die Einzelpflanze. Nur wenige einheimische Pflanzen und Tiere. | Blumen, Sträusse, Farbe, Geruch, Abwechslung | Abfall, Chemierückstände, Torfverbrauch usw. Erholung, Schmuck | |
| **Konventioneller Ziergarten** Wertung: – – – | Rasen, Koniferen, Bodendecker, Ziergehölze. Teilweise massiver Einsatz von Pestiziden und Kunstdünger. Lärm, Maschineneinsatz, wenig Spielmöglichkeiten, wenig Tiere, wenig einheimische Pflanzen. Gestaltung statisch, unveränderlich. Offene Kreisläufe. | Repräsentation, Freizeit, Sport, Spiel, Erholung | Grundwasserbelastung, Chemierückstände, Abfall, Lärm, Gestank, viel Arbeit, guter Markt für Gartenzubehörhersteller, wirtschaftswirksam | |

# Der biologische Nutzgarten

**W**er seinen Garten umweltschonender bewirtschaften möchte, wird vorerst im Nutzgarten biologisch arbeiten, um ohne Pestizide und Kunstdünger gesunde, giftfreie Nahrung zu ernten. Anfänger im Biogarten teilen die Welt nach wie vor in *gut* und *bös*, in *Nützling* und *Schädling*, in *Kraut* und *Unkraut* ein, ohne sich über diese Begriffe grundlegende Gedanken gemacht zu haben. Der biologische Gartenbau will aber die Lebensgrundlagen gesamthaft erhalten und strebt dabei (neben Gemüse-

| Umwelt-freundlicher Garten | Nebenertrag Nebenwirkung | Ertrag | Beschreibung |
|---|---|---|---|
| ‹Un›kräuter, Nützlinge, Kompost, garer Boden, Humusanreicherung, geschlossener Kreislauf, weniger Hausmüll | Gemüse, Lernen, Vergnügen | Keine Pestizide, kein Kunstdünger, Kreislauf geschlossen, Mischkulturen, Kräuterauszüge, Gründüngung, Mulch, kein Torf. | **Biologischer Gemüsegarten** Wertung: +++ |
| Kompost, Erholung, Schmuck | Blumen, Sträusse, Farbe, Geruch, Abwechslung | Biologisch gepflegt. Kein Kunstdünger, Einzelpflanze steht im Vordergrund. Nur wenige einheimische Pflanzen und Tiere. | **Biologischer Blumengarten** Wertung: + |
| Kompost, Erholung, Schmuck, Frasspflanzen für Tiere (Insekten), Wildgemüse, Heilpflanzen, exklusive Sträusse, Trockensträusse, Winterfutter für Vögel | Blumen, Sträusse, Farbe, Geruch, Abwechslung | Einheimische Pflanzen auf Blumenbeeten angeordnet. Tiere, Frasspflanzen. Optische Wirkung steht im Vordergrund. Pflanzen nicht an ihrem Standort, nicht in Lebengemeinschaften aufgebaut. | **Naturnaher Blumen- und Ziergarten** Wertung: ++ |
| Kompost, Erholung, Schmuck, Futter für Insekten, Kleinsäuger, Baumaterial für Nester, Werkmaterial, Färbepflanzen, Wildgemüse, Beeren, Sträusse, Trockenblumen, Winterfutter für Vögel, Überwinterungsquartiere, viele Insekten, Froschgequake, viel Arbeit | Lebensgemeinschaften, Freizeit, Sport, Spiel, Erholen, Erforschen, Beobachten | Gärtnern mit bewusst angelegten Lebensgemeinschaften, standortgerecht (Nutzung, Klima, Boden, Zeit). Standort für verschiedenste Tiere. Garten wandelt sich, ist veränderbar und frei in der Art der architektonischen Gestaltung. Die Lebensansprüche anderer Lebewesen werden berücksichtigt. | **Naturgarten** Wertung: +++ |

qualität und -ertrag) eine umweltschonende Arbeitsweise an. Die Biogärtner erkennen, dass Rücksichtnahme auf die gesamte Lebenszusammenhänge eine wesentliche Voraussetzung für den Erfolg ihrer Bemühungen ist. Damit werden die Grenzen zwischen schädlich und nützlich, zwischen wertvoll und nutzlos verwischt.

Die ganze Sorgfalt richtet sich vorerst auf die Lebensgemeinschaft Boden, denn ein belebter, gesunder Boden ist die wichtigste Vorbedingung für alle Gärtnerarbeiten. Der Biogärtner ist aber auch darauf angewiesen, dass er ein Gleichgewicht zwischen pflanzenfressenden Lebewesen und deren Räuber erreicht, damit seine vorbeugenden Massnahmen gegen Pflanzenkrankheiten auch wirksam werden. Der Biogärtner wird also darauf bedacht sein, in der Umgebung seines Gartens möglichst vielfältige Lebensgemeinschaften zu fördern.

**Erklärung Wertung**

— mässig umweltbelastend
—— umweltbelastend
——— sehr umweltbelastend
+ mässig umweltgerecht
++ umweltgerecht
+++ sehr umweltgerecht

# EINLEITUNG

## Wie man biologische Zier- und Blumengärten bepflanzt

**Hohe Wildpflanzen an der Sonne**

Rainfarn
Seifenkraut
Skabiosenflockenblume
Johanniskraut
Rosenmalve
Odermennig
Hauhechel
Weidenröschen
Königskerze
Dipfam
Margerite
Dost
Echtes Labkraut
Kuckuckslichtnelke
Rinderauge
Wiesensalbei
Esparsette
Färberwaid
Flohkraut
Aufr. Fünffingerkraut
Skabiose
Moschus-Malve

**Hohe Zierpflanzen an der Sonne**

Herbstaster
Schafgarbe
Färberkamille
Rittersporn
Dauerlein
Gemswurz
Sonnenhut
Lupine
Lichtnelke
Diverse Rosen

Phlox
Pfingstrose
Ballonblume
Schleierkraut
Bergflockenblume
Goldmelisse
Fingerhut
Glockenblume
Spornblume
Sonnenauge
Mohn
Gelenkblume
Türkenbundlilien

**Hohe Zierpflanzen im Schatten**

Jakobsleiter
Eisenhut
Herbstanemone
Gilbweiderich
Blauer Eisenhut
Goldkolben
Silberkerze
Prachtspiere
Frauenherz
Taglilie

**Hohe Wildpflanzen im Schatten**

Wasserdost
Echte Goldrute
Echte Engelwurz
Baldrian
Fingerhut
Herzgespann
Poleiminze
Waldgeissbart
Akelei
Sterndolde
Nesselbl. Glockenblume
Waldknautie
Frühlingsplatterbse
Wiesenraute
Waldgräser
Farne
Salomonssiegel
Gilbweiderich
Tollkirsche
Rote Lichtnelke
Braunwurz
Schwalbenwurzenzian

**Einjährige Wildpflanzen**

Venusspiegel
Adonisröschen
Ackerrittersporn
Wildes Stiefmütterchen
Mohn
Kornrade
Bilsenkraut
Steckapfel
Kornblume
Saat-Kuhkraut

**Gewürze**

Dill
Kümmel
Peterli
Schnittlauch
Ysop
Weinraute
Zitronenmelisse
Estragon
Basilikum
Oregano
Rosmarin
Salbei

**Heilpflanzen**

Käslikraut
Kamille
Wiesenschlüsselblume
Silbermäntelchen
Blutwurz
Wundklee
Arnica
Kleine Bibernelle
Tausendgüldenkraut
Lungenkraut
Bittere Kreuzblume

**Niedrige Wildpflanzen an der Sonne**

Wiesenschlüsselblume
Büschelglockenblume
Rundblättrige Glockenblume
Prachtnelke
Sonnenröschen
Hufeisenklee
Feldthymian
Grosse Braunelle
Kriechender Hauhechel
Kreuzblümchen
Edelgamander
Wildes Stiefmütterchen
Fetthenne
Blutstorchschnabel
Bachnelkenwurz
Mausohr
Immenblatt
Kugelblume

**Einjährige Zierpflanzen**

Ringelblume
Stiefmütterchen
Römische Kamille
Zinnien
Tagetes
einjähriger Rittersporn
Lobelien
u.a.m.

**Niedrige Zierpflanzen an der Sonne**

Gänsekresse
Grasnelke
Lavendel
Federnelke
Gartenaurikel
Schleifenblume
Silberwurz
Katzenpfötchen
Blaukissen
Polsterphlox

**Wildgemüse**

Bärlauch
Sauerampfer
Kerbel
Salatfetthenne
Wiesenknopf
Spitzwegerich
Gänseblümchen
Silberdistel
Pastinak
Löwenzahn
Schafgarbe
Brennessel

**Niedrige Zierpflanzen im Schatten**

Schlüsselblumen in Sorten
Leberblümchen
Elfenblume
Farne
Schaumblüte
Gedenkemein
Christrose
Winterling
Bleiwurz

**Niedrige Wildpflanzen im Schatten**

Veilchen
Waldmeister
Bärlauch
Lungenkraut
Maiglöckchen
Haselwurz
Lerchensporn
Schneeglöckchen
Goldnessel
Pfennigkraut
Blaustern
Sumpfbaldrian
Immergrün
Nieswurz
Wirbeldost
Fingerzahnwurz
Gelbes Windröschen
Gewöhnliche Schlüsselblume
Schattengräser
Farne
Leberblümchen
Buschwindröschen

# Der biologische Zier- und Blumengarten

**K**aum jemand wird seinen Gemüsegarten biologisch kultivieren, daneben aber für Rasen und Rosen noch chemische Spritzmittel einsetzen. Ziergärten biologisch zu pflegen ist ein weiterer wichtiger Schritt auf dem Weg zum umweltfreundlichen Garten. Mit Erleichterung bringen wir unsere Spritzmittelreste zur Giftannahmestelle der Gemeinde. Rasenschnitt und Herbstabraum übergeben wir nicht mehr der Müllabfuhr: Der Kreislauf im Garten ist weitgehend geschlossen, die Kompostieranlage ist ansehnlich geworden, und auch die Küchenabfälle werden im eigenen Garten entsorgt.

Wir verwenden im biologischen Blumengarten weiterhin Zierpflanzen (Rosen, Dahlien, Astern oder Gladiolen); unser Garten schliesst ja an die traditionelle Gartenkultur an. Doch in alten Bauern- und Klostergärten fanden immer schon auch einheimische Pflanzen Verwendung, wenn sie besonders attraktiv oder nützlich waren. Wer will, kann seinen Garten mit Wildgemüsen, -gewürzen und -salaten bereichern und verschiedene Heilkräuter oder besonders reizvolle Wildstauden anpflanzen. Diese Wildstauden können sehr gut mit Zierstauden kombiniert werden, sind einfach zu pflegen und oft dankbare Blüher.

Wenn wir vorwiegend Pflanzen aus der Region wählen, schaffen wir anstelle des *biologischen* Zier- und Blumengartens eine noch umweltgerechtere Stufe: den *naturnahen* Zier- und Blumengarten.

# Der naturnahe Zier- und Blumengarten

**B**eim naturnahen Zier- und Blumengarten geht es – im Gegensatz zum Naturgarten – nicht darum, bestimmte Lebensgemeinschaften zu fördern. Hier erlauben wir uns, nach eigenem Gutdünken Farben und Arten zu kombinieren und freuen uns an der Schönheit der Wildblumen.

In diesem Garten ist nicht eine vollkommen natürliche Zusammensetzung der Pflanzengemeinschaften das Ziel, sondern der *gärtnerische* Umgang mit diesen Pflanzen. Der Boden bleibt humos sowie durchschnittlich feucht, und wir pflegen genauso intensiv wie im Biogarten. Mit Erstaunen werden wir feststellen, dass auch Pflanzen von extremen Standorten sich in unserem Garten wohl fühlen. Wiesenblumen von Magerwiesen wachsen zu Riesenexemplaren heran, wir können sie ohne weiteres mit Pflanzen der Feucht- oder Ruderalstandorte kombinieren. Allerdings – diese Pracht ist so künstlich wie die Zirkusnummer, bei der ein Affe auf einem Löwen reitet.

Trotzdem werden wir über unseren naturnahen Ziergarten begeistert sein. Wir brauchen jedoch viel gärtnerisches Können, um Wildstaudenrabatten richtig anzulegen und zu pflegen, denn teilweise sind die Pflanzen sehr konkurrenzkräftig und bedrängen sich gegenseitig. Wir wissen nicht immer, wie wir sie miteinander kombinieren sollen, wie lange sie blühen, wie hoch sie werden – und ob sie auch für Sträusse geeignet sind. Wir brauchen auch Mut zum Experiment: Vielleicht versuchen wir sogar Blumenkisten und Balkonbepflanzung mit Wildstauden zu gestalten.

Sehr erstaunen wird uns der Reichtum an Insekten, den unsere Pflanzen anlocken – auch wenn sie nicht als natürliche Lebensgemeinschaft, sondern in völlig ungewohnter Zusammensetzung gepflanzt wurden. Der naturnahe Blumengarten ist für alle, die etwas Neues wollen, ein weites Feld für Pröbeleien.

# EINLEITUNG

## Der Naturgarten – eine Lebensgemeinschaft

Während im naturnahen Zier- und Blumengarten immer noch die Einzelpflanze im Vordergrund stand, verfolgen wir im Naturgarten ein ganz anderes Ziel: Wir versuchen, als Gärtner die ganze *Lebensgemeinschaft* «Tier-Pflanze-Mensch» zu fördern. Wir gärtnern gesamtheitlich.

Unter *Lebensgemeinschaft* versteht man im Naturgarten nicht unbedingt eine genau bestimmte und beschriebene wissenschaftliche Einheit. Der Begriff meint hier vielmehr eine an einem bestimmten Ort unter gewissen Bedingungen folgerichtige «Schicksalsgemeinschaft» von Tier, Pflanze und Mensch. Wir unterteilen zwar im Naturgarten die einzelnen Standorte in Anlehnung an die Pflanzensoziologie in Wiese, Feucht-, Schlag-, Ruderal-, Segetal- und andere Flächen. Auch in diesem Buch wird diese klassische Einteilung beibehalten. Wir sind uns aber bewusst, dass im Naturgarten die wesentlichen Bedingungen, die einen «natürlichen» Waldschlag, eine «natürliche» Ruderalfläche, eine jahrhundertealte Magerwiese entstehen liessen, fehlen.

Als überaus starker Standortfaktor kommt jetzt der Mensch mit seinen pflegerischen Massnahmen zur Geltung: er sät, pflanzt, jätet, bricht um. Er lebt, spielt und ruht in seinem Garten. Seine Beschäftigung und sein Umgang mit dem Garten werden zum entscheidenden Einflussfaktor. Auf kleiner Fläche entstehen auf diese Weise viele verschiedene Standorte mit so kleinen Flächenausdehnungen, dass kaum streng abgegrenzte Lebensgemeinschaften möglich sind: Ruderalpflanzen wachsen auch am Heckenrand, Schlagvegetation in der Wiese – die Standorte überschneiden sich, wechseln schnell. Dies gibt letztendlich dem Naturgarten seine typische Erscheinungsform.

Die Idee, Gärten naturnah anzulegen, wurde in verschiedenen Köpfen geboren. Unterschiedliche Interessen und Vorstellungen haben dabei Pate gestanden. Von einer Einheitsklasse der Naturgärtner ist wenig zu spüren, und entsprechend unterschiedlich präsentieren sich die Anlagen. Auch der Begriff, das Wort *Naturgarten*, wird immer wieder in Frage gestellt. Spitzfindig fand man heraus, dass natur*naher* Garten oder *Wild*garten, *ökologischer* Garten oder natur*gemässe* Gestaltung und andere Bezeichnungen treffender oder weniger irreführend wären.

Welches Wortgebilde wir verwenden, ist jedoch nicht so wichtig. Entscheidend sind vielmehr die Bilder und Vorstellungen, die ein Wort in unseren Köpfen erweckt. Und genau diese Bilder sind sehr unterschiedlich und werden es hoffentlich noch lange bleiben; unterschiedliche Vorstellungen zeugen nämlich von einem Begriffsinhalt, der noch wandelbar ist.

Die einen werden beim Ausdruck *Naturgarten* an ökologische Ausgleichsflächen, an Naturschutz, Schulreservat und Freilandlabor denken. Andere sehen verwilderte Spielplätze, Nischen, Verstecke, Kinder, die mit Lehm und Sand spielen und im unmittelbaren Kontakt zur Natur das Leben be-greifen. Vielleicht denken wir an das Bild einer Mehrfamiliensiedlung, in der die Mieter ihre Gärten selbst erstellen, ihre eigenen Bedürfnisse wahrnehmen: der Naturgarten als soziales Stadtgrün. Oder an einen Einfamilienhaus-Garten, erfüllt von Kindergeschrei und Froschgequake: der Naturgarten als laut-leise Idylle. Oder wir erinnern uns an Repräsentiergrün, an riesige Gartenbauausstellungen und Stadtparks, in denen die Stadtväter ihr Umweltbewusstsein beweisen und für den nächsten Urnengang Punkte schinden. Hoffentlich kommt uns aber auch das spontane Grün in den Sinn, welches wirklich aufgeschlossene Behörden und Stadtgärtner in ihren Siedlungen auf Wegen und Plätzen einfach spriessen lassen.

Dann gibt es leider auch jene Naturgärtner, die die Begriffe *einheimisch* und *standortgerecht* mit nationalen Grenzen verwechseln und mit Kraut und Rüben auch gleich Türken und Tamilen ausschaffen möchten. Über diese Art von Heimatliebe möchten wir in diesem Buch lieber schweigen.

Auch ein biologischer Gemüse- und Ziergarten bietet besondere Genüsse: Beschauliches Lustwandeln unter schattigen Lauben oder hartes Arbeiten am Kompost – beides ist hier möglich. Im Bild sind die Gemüsebeete mit Buchs eingefasst und durchzogen von Wegen, von denen aus man die ganze Pracht des Gartens geniessen kann.

Der naturnahe Ziergarten macht immer noch einen wohlgeordneten Eindruck. Die Pflanzen entstammen aber meist der einheimischen Vegetation. Allerdings werden sie wie Gartenpflanzen gepflegt: Hier wird gejätet, aufgebunden und gepflanzt – wie im üblichen Ziergarten. Trotzdem wird das Leben reichhaltiger und bunter: Schmetterlinge, Wildbienen und Vögel finden sich ein – der Garten beginnt zu leben.

Das Erscheinungsbild des Naturgartens ist nicht mehr so wohlgeordnet. Doch genau besehen ist kein Garten so «ordentlich» wie dieser Garten. Hier beginnen nämlich die Lebensgemeinschaften zu «funktionieren», und was funktioniert, muss geordnet sein. In der hochsommerlichen Hitze blühen auf kiesigem, trockenem Boden Wilde Möhre, Königskerze, Färberkamille und Steinklee.

## VORÜBERLEGUNGEN

# Der Garten der Träumer

### Ein wenig Kopf- und Herz- vor der Handarbeit

Vorüberlegungen anzustellen ist immer mühsam. Wer liest schon vor der ersten Panne eine Betriebsanleitung, wer mag Konzepte und Marktanalysen, Pläne, Dispositionen und Zielvorstellungen? Warum auch noch den Naturgarten verplanen, warum nicht einfach spontan beginnen, das eine zum anderen fügen und immer wieder verändern? Zwanglos, ganz aus sich selbst und dem Augenblick heraus - es sind schöne Gärten, die so entstehen. Voraussetzung ist allerdings, dass man überhaupt Bilder, Ideen, Anregungen in sich trägt. Diese Bilder sind aber nur vorhanden, wenn wir uns schon lange *vor* dem spontanen Tun mit unserer Aufgabe befasst haben. *Planen* würde demnach bedeuten, die Grundlagen für unser Gestalten zu erarbeiten - in uns selbst und in unserer Umwelt Wünsche, Vorstellungen, Vorbilder suchen, beobachten, zuhören, erleben, erträumen, erforschen. Aus unseren Vorstellungen und Wunschbildern lassen sich Absichten und Aussagen formulieren, die wir im Garten verwirklichen können. Wir leisten «Kopfarbeit», versuchen, unter Berücksichtigung aller Bedingungen und Bedürfnisse (nicht nur der menschlichen!) unseren Garten zu *entwerfen*.

Einen Naturgarten zu schaffen heisst nicht, dass wir einfach alle gängigen Biotope nebeneinanderreihen. Vielmehr suchen wir ein wirkungsvolles Ganzes, ein brauchbares Konzept. Es soll eine erkennbare Garten-«Melodie» entstehen. Um wirkungsvoll zu gestalten, brauchen wir ein wenig die Fähigkeit zu konstruieren oder gar zu komponieren, wir brauchen so etwas wie Inspiration und den Mut, intuitiv, gesamtheitlich zu arbeiten. Mit Glück gelingt uns ein Werk, welches Ausstrahlung hat, eine unverkennbare Gestalt besitzt. *Gestalt* ist dabei nicht gleichzusetzen mit der architektonischen *Form*. Gestalt ist immer mehr als Form, ist mehr als das reine äussere Erscheinungsbild. Form ist zwar nötig, um unserem Garten einen inneren Zusammenhalt zu geben, unsere Absicht klarwerden zu lassen. Unser Ziel ist aber die Gestalt als eine Art «beseelte Form», die im Betrachter etwas auslöst, in seinem Kopf Spuren hinterlässt.

Der Naturgarten mit seinem oft romantischen, organischen Erscheinungsbild hat den alten Streit über die *gute* oder *richtige* Form wiederaufleben lassen. Schon seit es Gärten gibt, liegen sich die Gartenarchitekten wegen dieser Frage in den Haaren. Schon immer gab es die Geometriker, die überall Achsenbezüge und Symmetrien suchten sowie die alles Gerade und Geometrische ablehnenden Naturnachahmer. Doch der grosse Wurf allein (ob nun sanft, landschaftlich-organisch oder hart geometrisch-ornamental) hat in der Gartenkunst noch nie mehr als schön drapierten Architektenflitter hervorgebracht. Erst die Zeit, die Natur, die Benutzung, die Veränderung geben einem Garten spürbare Gestalt. Zudem ist ein lebendiger Garten erst dann vollendet, wenn er sich uns auch mit geschlossenen Augen, mit seinen Gerüchen, seinen Tönen, seiner ganzen Stimmung einprägt. Denn unsere Nase versteht nichts vom goldenen Schnitt, und unsere Ohren nehmen ein «bewusst gewagtes» Architekturkonzept nicht wahr.

Damit soll nicht gesagt werden, dass der Garten nicht mit Schwung inszeniert und effektvoll gestaltet werden darf. Aber das Unperfekte, das Zufällige und vordergründig Falsche erweist sich des öftern als das eigentlich Richtige – deswegen richtig, weil wir dabei eigene Erfahrungen sammeln und weil wir gegenüber dem Unvorhergesehenen tolerant sein müssen. Der Weg zu unserem Garten ist so lang wie der Weg zu uns selbst: ein Leben lang. Man meide auf diesem Weg die Moden (auch die Naturgartenmoden) und bewahre sich ein bisschen Pfiffigkeit, etwas Mut, Verantwortung, die Liebe zum Lebendigen und viel gesunden Menschenverstand.

## Wahrheit, Täuschung und Gefühle

**W**er auf der Suche nach Vorbildern ist, wer seine Umwelt beobachten will, der muss lernen, seine Sinne zu schärfen, seine Wahrnehmungsfähigkeit zu schulen. Wir können auch uns selbst, unsere Gedanken besser kennenlernen, unsere «innern» Ohren spitzen. Eigentlich ist es offensichtlich, dass verschiedene Menschen ihre Umwelt ganz unterschiedlich wahrnehmen, auch wenn unsere Sinnesorgane gleich gut ausgebildet sind. Trotzdem glauben viele, dass wir alle unsere Welt gleichartig wahrnehmen, dass zum Beispiel ein Weiher einfach ein Weiher sei und bei dessen Anblick jedermann begeistert ausrufen werde: Welch ein schönes Biotop.

Aber weit gefehlt: Der Künstler sieht nur die unperfekte Form, der Gärtner die mangelhafte Ausführung, der Wissenschafter, dass *Bufo bufo* gelaicht hat, der Faule denkt ans Baden, der Vorsichtige ans Ertrinken, der Wehleidige spürt schon die Mückenstiche, und Kinder suchen bereits nach Wurfgeschossen. Jeder sieht dasselbe und doch etwas anderes. Wir sehen nicht, was wirklich ist, sondern was wir sehen *wollen*. Wir filtrieren die tatsächlich vorhandene Information, setzen unsere Sinnesorgane bewusst ein, wählen aus, was uns passt – und nehmen dabei nicht einmal die halbe Wahrheit wahr. Was wir sehen, weckt Erinnerungen; Erinnerungen wecken Bilder – und nur diese Bilder bleiben uns letztendlich wieder in Erinnerung: Trugbilder, Halbwahrheiten, Unwahrheiten.

Wenn wir miteinander planen wollen, darf uns dies nicht stören. Wir versuchen vielmehr, uns unsere Bilder gegenseitig mitzuteilen: Wir beginnen damit, den bestehenden Garten (sofern schon vorhanden) darzustellen. Zuerst mit Worten: Jeder Beteiligte notiert sich Einfälle, Stichworte, Gedankenverbindungen zum jetzigen Garten (oder auch nur zu einzelnen Bereichen wie *Spielplatz, Sitzplatz* usw.). Wir schreiben, ohne lange zu überlegen und versuchen dann, gegenseitig zu interpretieren und zu verstehen, warum wir so empfinden.

Wir können auch mit Zeichenstift und Farbe arbeiten, selbst wenn wir keine künstlerische

**Der Traumgarten der kleinen Francesca. Die Zeichnung entstand auf die Frage: «Wie stellst du dir den Garten bei dir zu Hause vor?» Es dürfte schwerfallen, die Urbedürfnisse und Grundanforderungen an einen Garten schöner und deutlicher zu umschreiben! Manche (Garten)-Architekten täten gut daran, sich auch mit den kleinsten Benützern einer Anlage auseinanderzusetzen, bevor sie ein Schulhaus oder Mehrfamilienhäuser planen.**

# VORÜBERLEGUNGEN

oder zeichnerische Begabung haben. Wir malen unseren Garten aus der Erinnerung, ohne nachzusehen, ohne zu messen – jeder für sich allein. Wir vergleichen die Zeichnungen: Dinge, die uns wichtig sind, werden so klar ablesbar. Erlebnisse, Arbeiten, Tiere, Zufälliges, auch Sachen, die uns gar nicht wichtig sind oder die wir eigentlich gar nicht so genau kennen, werden auf unseren Skizzen erscheinen. Vor allem Kinder geben uns wichtige Hinweise. Warum zeichnen sie den frisch gepflanzten Salat ein? Warum ist der Rasen so gross, eine entlegene, an sich kleine Gartenecke so vielfältig und spannungsvoll abgebildet?

Wir haben jetzt eine Bestandesaufnahme gemacht, nicht objektiv, nicht als massstäblicher Plan (das darf man zusätzlich auch!), sondern unseren Gefühlen entsprechend. Wir entwerfen nun unseren Traumgarten: Wiederum versuchen wir, mit Stichworten und Zeichnungen unsere Wünsche sichtbar zu machen. Wir können auch fremde Gärten aus der Erinnerung heraus zeichnen, solche, die uns gefallen, und andere. Wir zeichnen Luftschlösser und Traumwelten, auch wenn wir wissen, dass sie sich auf unserem kleinen Gelände nie verwirklichen lassen. Diese Zeichnungen beinhalten viele Informationen und spiegeln genau unsere Sehnsüchte, unser Fühlen. Manchmal werden die Resultate eher erschreckend sein: Die Kinder zeichnen eine Achterbahn, ein Stück Wilder Westen oder einen Teerplatz zum Radfahren statt der erwarteten Naturidylle! Bringen wir geometrische Ordnung in unser Gelände, zeichnen wir verschlungene Formen, oder bevorzugen wir eine chaotische Wildnis? Was für Gartenelemente sind wichtig? Wissen wir überhaupt, was wir wollen, oder wiederholen wir nur das stereotype Bild des Üblichen?

Vielleicht merken wir jetzt, dass wir unseren Garten gar nie richtig betrachtet haben, dass wir überhaupt verlernt haben, Natur, Landschaft, Gärten oder Siedlungen zu erfassen und zu erleben. Wir sollten unsere Wahrnehmungsfähigkeit verbessern und lernen, unsere Sinne gezielter einzusetzen. Die folgenden Übungen wirken etwas schulmeisterlich, sie sind aber lustig und einfach durchzuführen:

## Sinnesspiele: tasten, hören, sehen, riechen

- Wir suchen uns einen (!) Quadratmeter Rasenfläche und beobachten ihn zehn Minuten lang ruhig, ohne uns zu bewegen (eine lange Zeit, nicht kneifen!). Auf dem nächsten Spaziergang ziehen wir Vergleiche mit einem Stück Landwirtschaftswiese und einer Magerwiese. Gleich verfahren wir mit einem Betonsteinvorplatz und einem verwucherten Kieshof oder einem Quadratmeter Kiesgrubenbiotop. Wir notieren unsere Gefühle und Beobachtungen: Erstaunt stellen wir fest, dass wir als erwachsene Menschen kaum mehr zehn Minuten lang bewegungslos etwas beobachten können; wir sehen aber auch, dass die naturnahen Flächen eine erstaunliche Vielfalt an Leben auf einem Quadratmeter Boden aufweisen und dass wir täglich an einer faszinierenden Kleinwelt vorbeileben, sie nicht wahrnehmen, obschon sie direkt vor unseren Füssen lebt.
- Wir versuchen, unsere Welt ohne unsere Augen zu erfassen. Wir sitzen oder liegen still an einem Weiher, einem Heckenrand, auf einem Rasen oder sonstwo, entspannen uns, werden ganz ruhig, schliessen die Augen und konzentrieren uns. Vogelgezwitscher, Zirpen, Rascheln, Kinder, Lachen, Motoren, Rasenmäher. Wir versuchen uns vorzustellen, wie unser Garten tönen soll: am Morgen, am heissen Nachmittag, in der Nacht, im Frühjahr, im Herbst.
- Danach erforschen wir den Garten mit der Nase. Wie riecht Heu, wie Gras, Rasen, Insekten, Stein, Beton? Nicht immer wird unsere Nase positive Geruchserlebnisse melden: Maikäfer stinken, viele Blüten verbreiten sehr unangenehme Gerüche. Wie riecht es in Nachbars Garten, im Quartier, im umliegenden Landwirtschaftsland?
- Wir testen Materialien, laufen barfuss über verschiedene Gartenwege, über Kies, Asphalt, Sand, durch feuchtes Gras, über Stoppelfelder, durch den Wald, über Moos und runde Steine,

über heissen Sand und kalten, nassen Lehm. Welche Materialien vermitteln ein Fusserlebnis, wie fühlen sich unsere Füsse am Abend?
● Dieselbe Reise mit dem Tastsinn unternehmen wir mit den Händen. Im Garten sammeln wir verschiedene Materialien: Kompost, Steine, Erde, Laub, Algen, Blüten, Blätter. Wir nehmen diese Dinge in die Hand, ertasten sie blind und versuchen herauszufinden, was es ist. Wir fangen Käfer, Spinnen, Heuschrecken oder Schnecken: Wie fühlen wir uns, wenn sie uns über die Hände krabbeln, schleichen und hüpfen? Diese Berührungen sind zart, frisch, flaumig, eklig, stachelig. So erfahren wir viel über unsere Wertungen und kommen dem Garten und unseren Wünschen immer näher.

Wenn wir lange genug in der freien Natur herumgekrochen sind, wenn wir alles beschnuppert, ertastet und belauscht haben, dann werden sich unsere Einstellungen sehr verändert haben. Wir wählen jetzt im Prozess der Wahrnehmung unsere Informationen nach anderen Kriterien aus, wir «sehen» mehr. Selbstverständlich sind die Bilder in unseren Köpfen nicht objektiver geworden, vielleicht eher noch versponnener, noch eigensinniger.

Mit der Beschränktheit der technischen Mittel lässt sich die Art, wie wir Informationen auswählen, gut verdeutlichen: Beim Fotografieren, Filmen oder bei Tonbandaufnahmen - immer müssen wir auswählen, einen Ausschnitt bestimmen. Was wählen wir aus, was zeigen wir, wenn wir an einem Samstag im Einfamilienhausquartier mit dem Tonband Aufnahmen machen, wenn wir Vorstadtgärten und Stadtquartiere mit der Kamera erforschen, wenn wir einen Garten filmen? Was ist uns dabei wichtig? Wenn verschiedene Menschen das gleiche Objekt mit den gleichen Mitteln zu «erfassen» suchen, können wir die unterschiedlichen Ergebnisse vergleichen: Unsere Auffassungen, Überzeugungen und Standpunkte werden deutlich und diskutierbar.

Diese kleinen Sinnesspiele führen uns schnell zum Thema Garten und zu uns selbst. Auch in einem bestehenden Garten nehmen wir uns immer wieder Zeit dazu. Wir erleben ihn tiefer, er eröffnet uns viele seiner Geheimnisse und führt uns in einen faszinierenden Mikrokosmos.

**Wer Zeichnungen von M. C. Escher oder Vexierbilder entschlüsseln will (wo ist der Fischer?), braucht Geduld. Und wer dann die Lösung sieht, kann es kaum verstehen, dass andere sie nicht erkennen. Auch wer im Naturgarten die versteckten Schönheiten und kleinen Erlebnisse sucht, muss sich Zeit nehmen. Wer Gärten plant, sollte nicht nur das Vordergründige miteinbeziehen, sondern auch das Versteckte, Verdrehte, Verzauberte: Er muss zwischen den Zeilen lesen können.**

## VORÜBERLEGUNGEN

# Weitere Anregungen sammeln

Wer jetzt noch Zeit und Geduld aufbringt, sich weiter mit dem Thema Naturgarten zu befassen, wird (hoffentlich) mit gespitzten Ohren, mit der Nase im Wind und mit offenen Augen weitere Ideen sammeln.

- Wir machen Spaziergänge über Land, in Kiesgruben und Wäldern, an Seen und Flüssen. Wir suchen die Spuren der Menschen, ihre Tätigkeiten und Zufälligkeiten. Wir besuchen Städte und Dörfer: Plätze, Hinterhöfe, moderne Siedlungen, alte Quartiere, neue Einfamilienhaussiedlungen. Was für Gärten finden wir? Entdecken wir zufälliges Grün?
- Wir nehmen an Exkursionen teil: in der lokalen Naturschutzgruppe, in Interessengruppierungen von Naturgärtnern (in der Schweiz beim Verein für naturnahe Garten- und Landschaftsgestaltung [VNG], siehe «Nützliche Kontaktadressen» auf Seite 43).
- Wir besuchen Kurse zum Naturgarten (beim Schweizerischen Zentrum für Umwelterziehung [SZU], siehe «Nützliche Kontaktadressen» auf Seite 43).
- Wir holen uns in der Bibliothek Bücher über Bauerngärten, historische Anlagen, japanische und chinesische Gärten. Wir beschäftigen uns mit einzelnen Gartenarchitekten und Stilrichtungen. Dazu lesen wir vor allem Bücher über Natur- und Umweltschutz, über verschiedene ökologische Themen, suchen Bestimmungsschlüssel usw. (siehe Literaturliste, Seite 167).
- Wir suchen zusätzliche Anregungen überall dort, wo wir betroffen, begeistert oder interessiert sind: in Gemäldeausstellungen, in Konzerten, in Romanen, Gedichten oder im Kino. Ein impressionistischer Garten nach Monet oder lieber einen Breughel? Surrealismus oder Pop-

**Auguste Renoir, 1841 bis 1919, «Jardin à Fontenay» 1874, Sammlung Oskar Reinhart, Winterthur.** Sicher kein Naturgartenbild, aber es weckt in uns das Abbild eines ganz persönlichen Wunschgartens. Man vermeint die Hitze des Tages zu spüren, das Summen von Insekten und das Zirpen der Grillen zu hören, den Dost und den Thymian zu riechen. Man spürt die kühle Luft des Schattens unter den Bäumen und man möchte hinein in dieses Bild, es in die Wirklichkeit umsetzen.

art? Die Pastorale, Vivaldis Jahreszeiten oder Rock and Roll? Vielleicht sind das abwegige Vorschläge, aber warum sollen Töne, Worte und Farben nichts mit unseren Gärten zu tun haben?

Und am Schluss kehren wir von unseren geistigen Höhenflügen zurück in unseren kleinen Garten, wir vergewissern uns, ob unsere Vorstellungen noch zu uns, zu unserem Haus, zum Dorf passen. Wir prüfen unsere Wünsche: Entsprechen sie unseren *wirklichen* Bedürfnissen? Genügen sie den Grundsätzen einer *umweltgerechten* Gestaltung?

# Abwägen, prüfen, sich entscheiden

**A**uf dem Boden der Realität erarbeiten wir nun in geduldiger Kleinarbeit Lösungen, die nicht allzuweit von unseren idealen Vorstellungen entfernt sind und sich unter den gegebenen Umständen auch verwirklichen lassen. Wir formulieren unsere Gartenwünsche ganz konkret: offen zur Landschaft, abgegrenzt, ruhig, farbenprächtig, kindergerecht? Mit einem Zentrum, einer lauschigen Ecke, einem Grillplatz, mit Gemüse, Heilkräutern, Obst, Beeren?

Dann suchen wir nach Mitteln, um unsere Ideen und Ziele zu verwirklichen. Wie soll er kindergerecht werden: mit Kies-, Lehm- oder Sandflächen, Brunnen, Kletterbaum, Spielgeräten, Schwimmbad, Fussballrasen, Berg-und-Tal-Landschaft? Wie wollen wir ihn abgrenzen: mit Hecken, Mauern, Erdwällen, Spalieren oder indem man den eigenen Garten vertieft? Soll er ein Zentrum bekommen: mit einem Obstbaum, einem Sitzplatz, einer Feuerstelle, mit Erdformen, mit einer Laube, mit Wasserflächen? Oder wollen wir Lebensgemeinschaften fördern: mit Kiesflächen, Sand, Lehm, einem toten Baum, Strünken, einem Weiher, einem Nesselfeld?

Und jetzt das alles noch räumlich ordnen! Wohin kommt nun der Sandhaufen, der Nutzgarten, die Feuerstelle? Wie bringen wir die Elemente in einen räumlichen Bezug? (Wir wollten doch eine gesamthafte Lösung, ein Konzept verwirklichen.) Vielleicht wäre es jetzt an der Zeit, sich an einen Berater zu wenden: Gärtner, Landschaftsarchitekt, Künstler oder Biologe?

Mit wenigen Ausnahmen werden Laien schlicht überfordert sein, wenn es darum geht, den Garten unter Berücksichtigung aller Aspekte (auch der technischen und der ökologischen) sinnvoll zu planen. Man kann sich entweder dazu entscheiden, den Garten trotzdem - oder gerade darum - selbst zu planen und sich über die Unzulänglichkeiten nicht zu ärgern, sondern sie als notwendige Begleiterscheinung beim Werden des Gartens zu akzeptieren. Oder man entscheidet sich zugunsten von mehr Fachwissen und Perfektion und arbeitet mit Fachleuten zusammen (was nicht heisst, dass der Ärger immer ausbleibt, aber auch nicht, dass nachher alles zu perfektionistisch aussieht).

Wenn wir mit einem Planer zusammenarbeiten, dann möglichst von Anfang an, bei Neubauten also schon vor der Baueingabe des Gebäudes. Der Gartenfachmann (oder die Fach*frau*) wird oft Wesentliches zur Lage des Gebäudes im Gelände, zur Harmonie zwischen Aussen- und Innenräumen beitragen können. Der Gartenplaner sollte allerdings auf das Gebiet *Naturgarten* spezialisiert sein, etwas von Ökologie verstehen. Haben Sie Zweifel, dann lassen Sie sich zuerst Referenzanlagen (in Natur, nicht auf dem Foto) zeigen. Aufpassen sollte man, weil Fachleute oft das Bedürfnis haben, nur immer wieder ihre eigenen Wünsche zu verwirklichen, sich selbst ein Kunstwerk zu schaffen. Der Planer soll aber bereit sein, die Wünsche und Traumbilder der Gartenbesitzer umzusetzen, er soll auf ihre Ideen eingehen, sie verstehen. Die Gartenbesitzer andererseits sollten für Argumente und Überlegungen des Planers offen sein und sich auch beraten lassen - ansonsten spare man sich das Geld, denn ein Planer, der nur noch als Zeichnerlehrling fungiert, ist sein Geld auch wieder nicht wert.

Die einzelnen Schritte der Fachleute sehen so aus: Zuerst entsteht das *Vorprojekt* (Ent-

# VORÜBERLEGUNGEN

wurf): Es enthält die grundsätzlichen Gestaltungsideen, Lebensräume, Geländegestaltung, Anordnung des Gartens. Nach weiteren Gesprächen wird ein *Bauprojekt* verfasst, in dem die ganze Gestaltung des Gartens genau und detailliert festgehalten wird (Höhen, Wege, Biotope, technische Einzelheiten usw.). Je nach Bedarf folgen *Ausführungspläne* mit *Arbeits- und Bepflanzungsplänen*, *Kostenvoranschlag* usw. Es werden auch Kontakte zu Handwerkern geknüpft, Verträge abgeschlossen. Die ganze Arbeit wird dann in der Ausführungsphase angeleitet und überwacht (*Bauführung*).

Zum Schluss ein paar wichtige Dinge, die man beachten sollte:

### Bepflanzung

Bei der Bepflanzung wird oft übertrieben. Wenige Schwerpunkte und kein allzugrosses Mischmasch sind besser (die natürliche Artendurchmischung ergibt sich später schon). Streben Sie keine Seltenheiten an, sie sind meist nicht standortgerecht.

### Vielfalt

Ein allzu vielfältiger Garten wirkt im negativen Sinn chaotisch, allzu aufdringliche Arten setzen sich überall durch, der Garten wird undifferenziert, konzeptionslos. Nicht alle Elemente des Naturgartens müssen in jedem Garten auch verwirklicht werden.

### Materialwahl

Nicht immer sind die teuersten Materialien die schönsten. Und nicht immer sind die haltbarsten auch jene, die ökologisch vertretbar sind. Nicht jedes Material, das einem gefällt, muss auch gleich verwendet werden (keine «Baumusterzentrale»!).

### Zufall

Nicht alles soll bis ins letzte Detail ausgeplant und nachher auch durchgeführt werden. Zufälle, spontane Ideen usw. dürfen immer wieder einfliessen.

### Terraingestaltung

Die heute üblichen aufgesetzten Einfamilienhaus«burgen» mit ihren Rundumböschungen zeugen nicht gerade von der Geistesgabe ihrer Architekten und von deren Bewusstsein, dass Bauten sich in die gewachsene Landschaft, in die Siedlungsstruktur einfügen sollten: Naturnah gestalten beginnt schon bei der Geländegestaltung. (Nebenbei erwähnt: Häusertypen für ebenes Gelände passen selten in einen Steilhang!)

### Höhen

Höhen nimmt der Mensch relativ zu seiner eigenen Körpergrösse wahr. Auf einem gewöhnlichen Seitenprofil ist dieses subjektive Wahrnehmen der Höhendifferenzen aber nie erspürbar.

Überprüfen Sie deshalb die Geländeform, indem Sie auf einem separaten Plan eine zusätzliche Seitenansicht erstellen, auf der die Senkrechten um das Doppelte überhöht sind (siehe Illustration auf dieser Seite). Die Zeichnung entspricht dann in etwa unserer effektiven Empfindung: Was halb so gross ist wie wir, ist niedrig, was so gross ist wie wir, ist hoch, was höher ist als wir, ist riesig, ist ein Berg.

### Besonnung

Die Sonne scheint nicht immer gleich steil und geht im Jahreslauf nicht immer am gleichen Ort auf bzw. unter. Was im Winter sehr schattig wirkt, kann im Sommer sehr trocken und sonnig werden. Wir beachten dies bei der Wahl der Bepflanzung, beim Anlegen von Sitzplätzen, Gemüsebeeten usw.

### Geduld

Was wir auf dem Plan entworfen haben, braucht nicht in wenigen Wochen fertig hergestellt und bepflanzt zu sein. Lassen wir uns und unserem Garten Zeit zu einer harmonischen Entwicklung.

---

**Höhenunterschiede erleben wir in Wirklichkeit viel extremer als auf dem Plan. Die Illustration macht dies mit schwarzen Flächen augenfällig: Eine Erhöhung von 2 Metern wirkt in der Realität wie ein «Berg»; ein Haus auf einer 2-Meter-**

**Böschung wirkt wie eine «Trutzburg» auf einem 4-Meter-Sockel.**

# ...und sie bewegt sich doch!

Die Erkenntnis ist nicht neu. Aber hier meint der berühmte Ausspruch nicht die Erde, sondern die Natur. Und bezüglich Natur ist die moderne Gartengestaltung und Gartenpflege noch meilenweit von der Erkenntnis Galileis weg. Bewegung ist da nicht erwünscht. Was ein «rechter» Garten ist, wird geplant, und der Plan wird dann innert ein paar Wochen genau verwirklicht. Oder «ausgeführt», wie es so bezeichnend heisst. Was dabei herauskommt, soll dann auch so bleiben. Mit allen Mitteln, selbst chemischen, wird ein möglichst immer gleicher Zustand erhalten. Manchmal dürfen nicht einmal die Bäume richtig wachsen. Die Natur möchte es aber anders!

Angenommen, wir würden aus einem Garten alle Pflanzen und Tiere vollständig entfernen – der Boden bliebe keinen Monat nackt (ausser im frostigen Winter). Rasch würde neues Leben spriessen: aus im Boden verbliebenen Samen, aus solchen, die vom Wind eingeweht, mit Vogelkot eingeflogen oder von am Boden lebenden Tieren eingeschleppt würden. In wenigen Monaten wäre der Boden schon fast überall bedeckt. Zuerst kämen Pflanzen mit hoher Ausbreitungskraft und starker Vermehrung, denen es nichts ausmacht, den extrem Kleinklima-Schwankungen und der intensiven Strahlung auf dem nackten Boden ausgesetzt zu sein. Dafür schätzen sie die geringe Konkurrenz, die hier noch herrscht. Diese Erstbesiedler, die in der Pflanzendecke Wunden schliessen, haben im Volksmund einen wenig schmeichelhaften Namen: Unkraut. Die Reihe dieser Pioniere reicht von unscheinbaren Grasarten über Melden bis zum heiteren Frühlingskünder Huflattich und zum prächtigen Mohn. Sie machen auch schon ersten Kleintieren das Wiedererobern eines Lebensraums möglich.

Im Schutz und Schatten der Erstbesiedler kann sich eine neue, empfindlichere Gruppe von Krautpflanzen ansiedeln. Sie sind empfindlich auf ein extremes Kleinklima während des Keimens, ihre Stärke ist aber eine grössere Konkurrenzkraft, und darum überwachsen und verdrängen sie die Erstbesiedler rasch. Wenn es dann soweit ist, sind bereits auch die Bedingungen für schattenertragende Holzpflanzen gegeben. Nach etlichen Dutzend Jahren ist auf unserem ehemals nackten Boden ein Wald entstanden. Im Mittelland wäre es ein Laubwald. Dieser Endzustand würde sich nicht mehr stark verändern, bis durch ein einschneidendes Ereignis – ein Erdrutsch, ein Waldbrand oder auch nur das Zusammenbrechen einer Gruppe von alten Bäumen – der ganze Vorgang wieder in Bewegung käme.

Der Weg in das Endstadium, diese Abfolge von verschiedenen Lebensgemeinschaften, heisst Sukzession, und die Natur versucht die einzelnen Stufen mit einer ungeheuren Kraft und Beharrlichkeit zu durchlaufen. Nur mit dem Einsatz von verschiedensten Hilfsmitteln können wir sie daran hindern. Diese Kraft ist um so grösser, je weiter weg vom Endzustand sich eine Lebensgemeinschaft befindet. Am meisten Energie müssen wir dann aufwenden, wenn wir einen Boden nackt erhalten wollen: Eine solche «Wunde» versucht die Natur sofort mit einem Wundverschluss zu überziehen. Und so falsch es ist, Wundschorf am menschlichen Körper immer wieder wegzukratzen, sowenig sollte man an naturnahen Standorten versuchen, die schützende Pflanzendecke immer wieder zu entfernen. Zuviel jäten ist ungesund! Diese Erkenntnis macht man sich übrigens auch in der Landwirtschaft immer mehr zunutze, beispielsweise mit den Untersaaten im Mais.

Allerdings ist es nicht das Ziel naturnaher Gartengestaltung, möglichst häufig den Reifezustand herzustellen. Die Zwischenstadien sind so natürlich wie das Endstadium, sie sind zum Decken vieler unserer Bedürfnisse nötig. Einzig mit Erstarrung verträgt sich naturnah nicht. Dynamik gehört zur Natur wie das Gras zur Wiese und das Gelb zum Löwenzahn. Also wird das Dynamische im Naturgarten auch akzeptiert, denn es ist eine seiner Eigenschaften. Wenn eine Lebensgemeinschaft im Garten jedes Jahr anders aussieht, ist das kein Misserfolg, sondern normal, richtig und ausserdem faszinierend. Denn die Natur will sich bewegen!

## BEISPIELE

# Jeder Garten ist anders

### Die vergebliche Suche nach dem idealen Naturgarten

**W**enn man die Bilder und Pläne der folgenden vier Gärten miteinander vergleicht, wird einem auffallen, dass sie sich stark voneinander unterscheiden. Es ist aber müssig zu fragen, welcher der gezeigten Gärten nun der «beste», welcher ein «wirklicher» Naturgarten sei.

Ob sie nun gross oder klein sind, mit oder ohne Weiher, ob sie nach einfachem oder kompliziertem Grundmuster geplant und gebaut wurden – das ist unwesentlich. Wesentlich ist einzig, dass beim Bau dieser Anlagen eine Grundlage für vielfältige Entwicklungen geschaffen wurde. Die Bilder zeigen denn auch nicht, wie diese Gärten in Wirklichkeit sind: Es sind nur Momentaufnahmen jenes Tages, an dem sie fotografiert wurden.

Die gezeigten Gärten sind nicht als übertragbare Vorlagen gedacht; sie sollen anregen, und zwar zu eigenen Gedanken und – vor allem – zu eigenem Tun. Dieses Buch ist ein Handbuch für den Praktiker. Es soll zeigen, wie man Naturgärten bauen kann, wie sie sich entwickeln und verändern können, wie man sie bepflanzen kann – und wie vielfältig und unterschiedlich die Naturgarten-Möglichkeiten sind.

Diesen Naturgarten betritt man aus der dunklen Scheune heraus. Direkt beim Haus liegt ein kleiner Vorplatz, gepflästert mit einfachen Flusskieseln. Seine Fugen sind dicht mit Moos und Gras überwachsen. Dahinter kann man den Teich erahnen. Tor und Wasser symbolisieren den Beginn, den Ursprung, die Geburt. Das Bild gehört zum spiralförmigen Garten, der auf der folgenden Seite im Plan gezeigt wird.

# BEISPIELE

Durch das Weidentor blickt man über den Sandhaufen und den vertieften Sitzplatz hinweg zurück zum Wohnhaus. Die Vertiefung bewirkt, dass der Garten optisch grösser und weiter erscheint.

## Beispiel 1: Ein spiralförmiger Dschungel

Der Garten gehört zu einem alten Bauernhaus. Auf der Vorderseite befinden sich zwei streng geordnete Gärten: der Blumengarten und der Gemüsegarten. Hinter dem Haus wuchert ein wilder Dschungel. Der Hauptweg führt in einer Spiralform durch den Garten. An einem kleinen Weiher vorbei gelangt man über einige Stufen zu einem vertieften Sitzplatz. Dahinter befindet sich in sicherer Entfernung von den Erwachsenen ein Sandhaufen. Hier darf man spielen, streiten und mit Wasser spritzen. Danach dreht der Pfad langsam zur Spirale ein. Durch ein Tor gelangt man in einen Gang aus verflochtenen Weidentrieben. Von Waldschlag, Wiesenflächen und Sumpfgräben begleitet erreicht man das Zentrum der Spiralform: einen alten, abgestorbenen Baum. Eingewachsen von neuen Sträuchern findet man dort Ruhe, geniesst ungestört den kühlen Tag. Der Garten wurde 1980 bis 1984 gebaut.
Weitere Bilder dieses Gartens sieht man auf den Seiten 46 u., 135 und 136 o. und 148.

Der obere Teil des spiralförmigen Gartens (Plan links) am frühen Morgen: im Vordergrund Spierstaude und Blutweiderich, im Hintergrund Wegwarte, Rainfarn und Beifuss. Die Blüten der Nachtkerze sind, wie immer am Morgen, kurz vor dem Verblühen.

Im Grau des Winters erinnern die Samenstände an den Sommer. Ob hier je wieder etwas blühen wird?

Ein Blick über den Gartenzaun auf den dem Bauernhaus vorgelagerten Hofplatz (Plan «Nachbargärten»). Der Belag aus feinem Brechsand und die grauen Sandsteinstufen geben dem überaus reich blühenden Garten die nötige Weite und Ruhe.

Die Feuerstelle ist genügend gross, damit man am Abend noch um die warme Glut sitzen kann. Eingefasst wird sie von Wildstauden: Schmalblättriges Weidenröschen, Natternkopf und Kronwicke (Plan «Nachbargärten»).

# BEISPIELE

## Beispiel 2: Nachbargärten

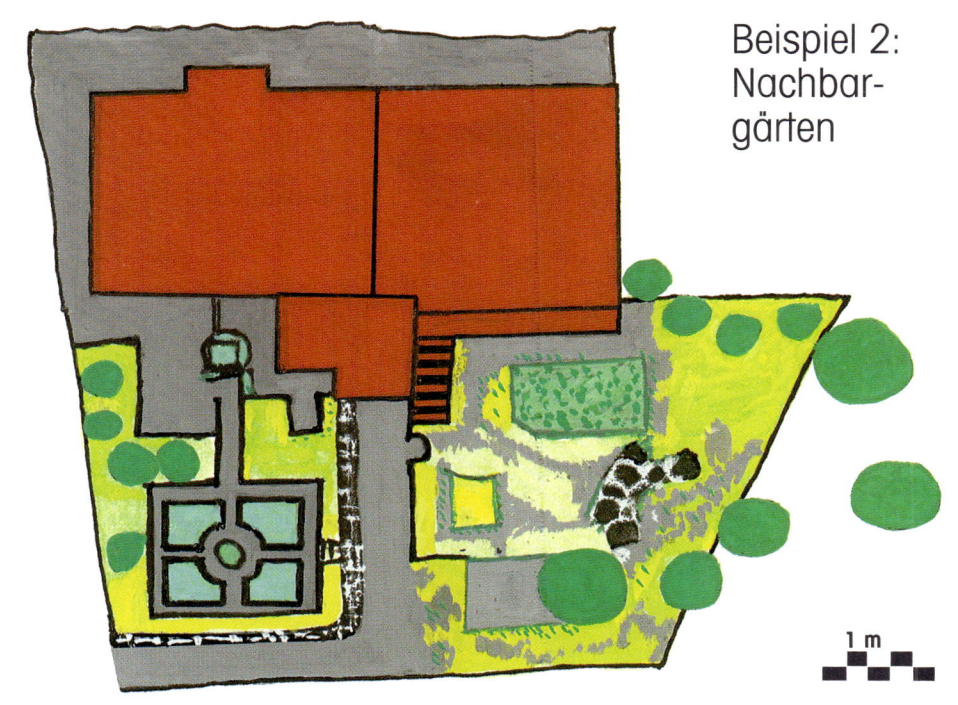

Vor diesen zusammengebauten Häusern liegen zwei kleine naturnahe Gärten. Derjenige vor dem stattlichen, alten Toggenburger Haus (links) ist streng geometrisch angelegt, er lehnt sich an die Tradition der Bauerngärten an. Der alte Baumbestand wurde in die Umgestaltung integriert. Neben Heilkräutern, Gemüse und Wildpflanzen wachsen hier vor allem auch Wildstauden. Die Beete sind streng mit Buchs eingefasst.
Der andere Garten soll an die Geschichte dieses Hausteiles – des alten Ökonomieteiles – erinnern. Der überwucherte Hofplatz, der alte Miststock und die Fundamente eines ehemaligen Schopfes wurden belassen. Das wilde «Gewucher» von verschiedensten Kräutern wurde durch gezielte Pflanzungen noch verstärkt. Rechteckige Steinbrocken und die Umfassung mit Spaliergerüsten zeigen, dass der Garten aber dennoch bewusst angelegt worden ist. (Gebaut 1984.) Weitere Bilder dieses Gartens sieht man auf den Seiten 19 u., 122 u. und 128 o.

1 m

## Beispiel 3: Der Schulhausgarten

Die beiden langgestreckten Gebäudeteile ragen wie ein riesiger Schiffsrumpf in die umgebende Landschaft hinein. Sie stehen senkrecht zu einem alten, bestehenden Bachlauf, der von grossen Gehölzen begleitet ist. Die ganze Umgebung wurde als weiche Wellenlandschaft modelliert, so dass das Schulhaus in ein Seitental zum bestehenden Bachlauf zu liegen kam. Auf der ersten Kuppe liegt ein alter Obstgarten, daran schliesst das erste Tal mit einer Reihe von Tümpeln und Weihern an. Durch sie fliesst ein Teil des Dachwassers in den Bach ab. Der zweite Hügel und das nächste Tal, in dem das Schulhaus liegt, wurden teils als Trockenrasen, teils als Pionierfläche angelegt. Ein grosser Schulgarten, in dem biologisches Gemüse gezogen wird, und ein kleiner Niederwald mit Haseln und Hainbuchen sind weitere Elemente dieser Anlage. Sie wurde 1983/84 gebaut.

10 m

Der Garten vor dem umgebauten Ökonomieteil (Plan «Nachbargärten»): Im Vordergrund der Rand des alten Miststokkes, daran anschliessend der ehemalige Hofplatz, der von Käslikraut, Weissklee und Schöllkraut schon beinahe überwuchert ist. Im Hintergrund blühen in einem kleinen Kräuter- und Blumengarten verschiedene Wild- und Zierstauden auf dem gleichen Beet.

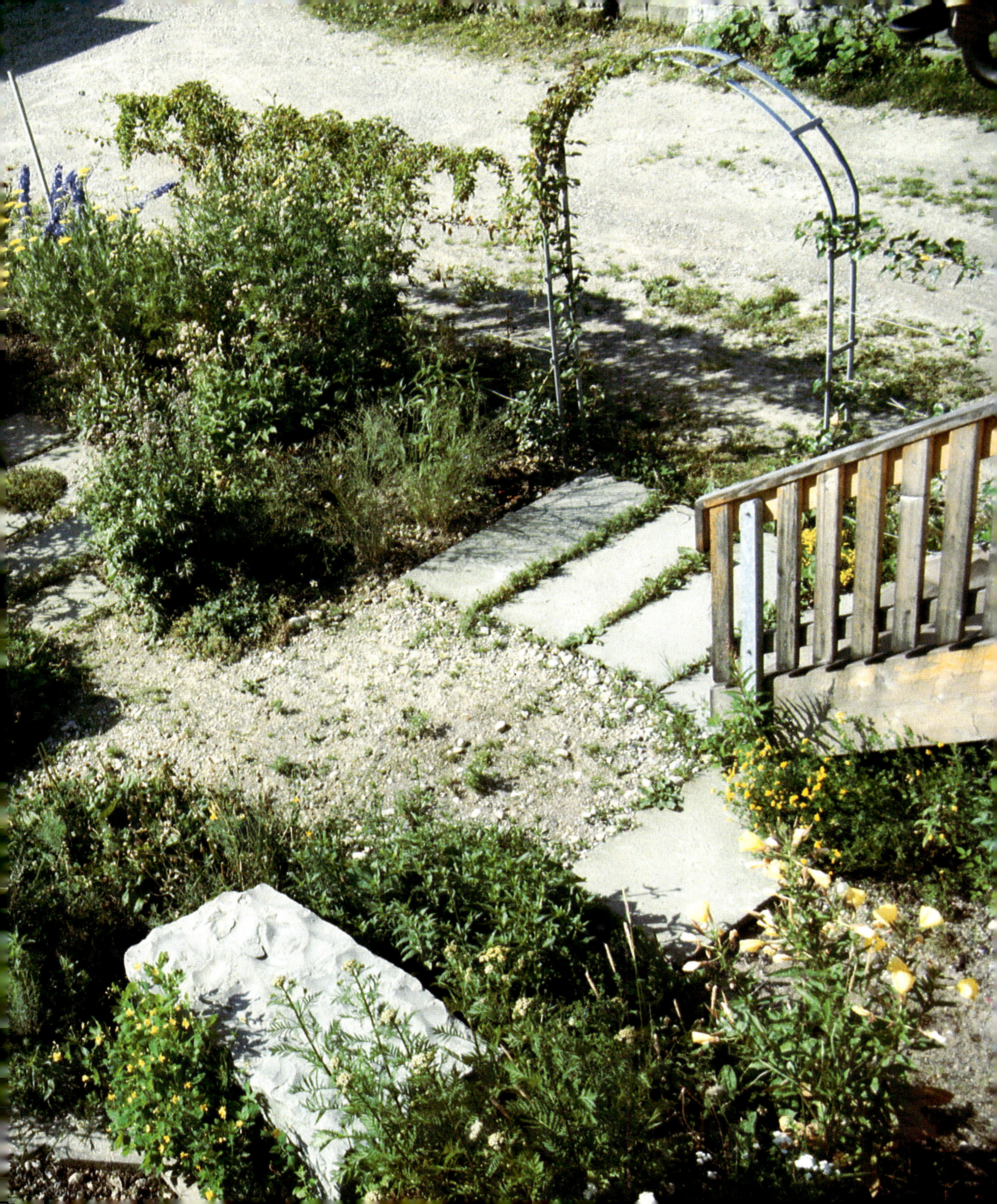

**Wie Gischt von Wellen «brandet» die Vegetation an das Gebäude. Stein und Glas, Himmel und Pflanzen, Spiegelung und Wirklichkeit verschmelzen (Plan «Schulhausgarten»).**

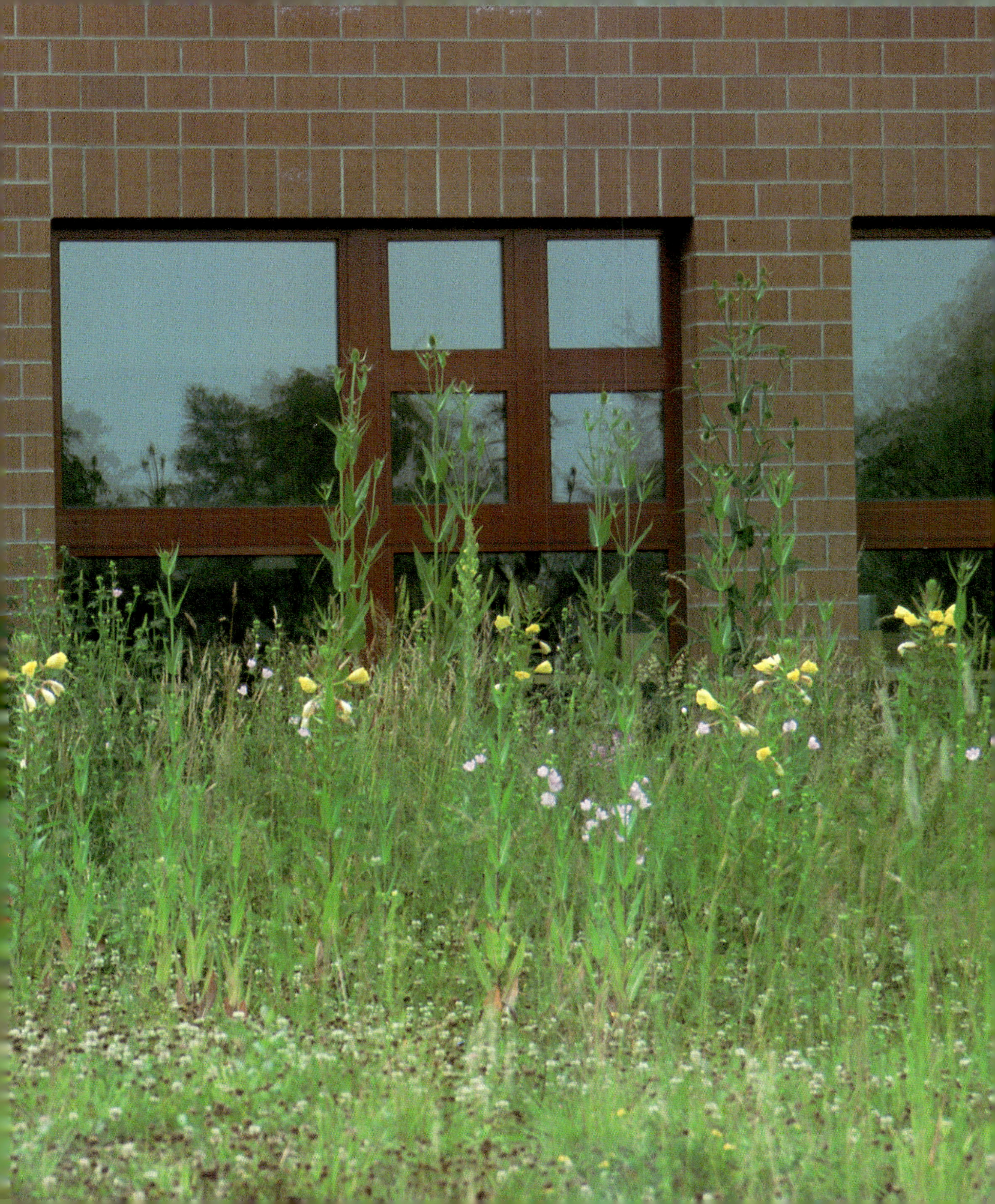

Vom untersten Weiher blickt man zurück zum Schulhaus (Plan «Schulhausgarten»). Der Hang ist im unteren Teil humusiert und nährstoffreich. Man erkennt typische Schlagvegetation wie das Schmalblättrige Weidenröschen und die Königskerze, aber auch Pflanzen feuchterer Standorte wie den Baldrian.

Weiher und Weg fliessen nebeneinander dem tiefer gelegenen Bach entgegen, der mit grossen Gehölzen bestockt ist. Rechts im Bild eine typische Fettwiese, auf der anderen Seite (links hinten) eine trockene Magerwiese (Plan «Schulhausgarten»).

Hermann Fürst
von Pückler-Muskau (1834)

# Grund-Idee und Plan einer Garten-Anlage

**E**s ist misslich, einen fremden Künstler auf einige Tage oder Wochen, oder auch Monate kommen zu lassen, um sofort einen Plan zu machen, auf dem jeder Weg und jede Pflanzung, das Ganze mit allen Details schon genau angegeben ist; oder gar einem solchen Tausendkünstler nur eine Situationscarte zuzuschicken, worauf dieser frisch zum Werke schreitet und, ohne alle geistige Beziehung, ohne alle Lokalkenntniss der wahren An- und Aussichten, der Effecte von Berg und Thal, von hohen und niederen Bäumen, sowohl in unmittelbarer Nähe, als in der entfernteren Gegend – seine Linien auf das geduldige Papier hinzeichnet, die sich zwar sehr sauber und hübsch dort ausnehmen können, in der Ausführung aber gewöhnlich etwas höchst Klägliches, Schales, Unpassendes, Unnatürliches und gänzlich Misslungenes zur Welt bringen. Wer mit den Materialien der Landschaft selbst diese bilden will, muss nicht nur aufs genaueste mit ihnen bekannt seyn, sondern auch überhaupt bei der Anlage wie bei der Ausführung, in gar vielen Dingen ganz anders zu Werke gehen, als der Maler auf der Leinwand. Ich möchte im Gegentheil dreist behaupten, dass ein dem Auge ganz wohlgefälliger Plan, mit stets angenehm darauf hingeführten Linien, keine schöne Natur darstellen könne, denn um in dieser eine schöne Wirkung hervorzubringen, muss man gerade oft die auf dem Papier am schroffsten und ungeschicktesten sich ausnehmenden Verbindungen wählen.

(Hermann Fürst von Pückler-Muskau: Andeutungen über Landschaftsgärtnerei, Deutsche Verlags-Anstalt GmbH, Stuttgart 1977, S.18 ff.)

## Naturgarten und Gartenkultur

## Drei Zitate

Brigitte Wormbs (1978)

# Spaziergang in Ermenonville

Rousseau in der Wunschlandschaft

**D**ieser Ort ist allerdings reizend, aber wild und sich selbst überlassen», bemerkt St. Preux, «mein Auge erblickt keine Spuren menschlicher Tätigkeit. Sie haben den Eingang verschlossen; das Wasser ist auf irgend eine mir unbegreifliche Weise zugeflossen; alles übrige hat die Natur auf eigene Faust getan, und Sie selbst hätten es nicht so gut wie diese machen können». – «Ja wohl», erwiderte Julie, «die Natur hat alles getan, aber unter meiner Leitung, und es ist nichts da, was ich nicht angeordnet hätte.»

(Dieter Wieland, Peter M. Bode, Rüdiger Disko: Grün kaputt. Landschaft und Gärten der Deutschen, Raben Verlag, München 1983, S. 122)

Friedrich Schiller
(1793)

# Von der ästhetischen Grössenschätzung

**W**as der rohe Wilde mit dummer Gefühllosigkeit anstarrt, das flieht der entnervte Weichling als einen Gegenstand des Grauens, der ihm nicht seine Kraft, nur seine Ohnmacht zeigt. Sein enges Herz fühlt sich von grossen Vorstellungen peinlich auseinander gespannt. Seine Phantasie ist zwar reizbar genug, sich an der Darstellung des Sinnlich-Unendlichen zu versuchen, aber seine Vernunft nicht selbständig genug, dieses Unternehmen mit Erfolge zu endigen. (...) Dieser Schwäche sich bewusst, entzieht er sich lieber einem Anblick, der ihn niederschlägt, und sucht Hülfe bei der Trösterin aller Schwachen, der Regel. Kann er sich selbst nicht aufrichten zu dem Grossen der Natur, so muss die Natur zu seiner kleinen Fassungskraft heruntersteigen. Ihre kühnen Formen muss sie mit künstlichen vertauschen, die ihr fremd, aber seinem verzärtelten Sinne Bedürfnis sind. Ihren Willen muss sie seinem eisernen Joch unterwerfen und in die Fesseln mathematischer Regelmässigkeit sich schmiegen. So entsteht der ehemalige französische Geschmack in Gärten, der endlich fast allgemein dem englischen gewichen ist, aber ohne dadurch dem wahren Geschmack merklich näher zu kommen. Denn der Charakter der Natur ist ebensowenig blosse Mannigfaltigkeit als Einförmigkeit.

(aus Martina Schneider: Information und Gestalt. Textbuch für Architekten und andere Leute, Bertelsmann, Düsseldorf 1974, S. 91)

# ZUM BUCH

# In eigener Sache

## Wie man mit diesem Buch umgehen sollte

**E**s ist nicht einfach, ein Naturgartenbuch für den Praktiker zu schreiben. Denn der Naturgarten ist nicht so sehr der Garten der *Macher*, sondern ein Garten der *Philosophen* und der geduldigen *Lebenskünstler.* Eigentlich dürfte man zu diesem Garten gar keine technischen Anleitungen geben, denn alle sind einerseits *richtig*, aber unter «gewissen Bedingungen» und «wenn berücksichtigt wird, dass», auch *falsch.* Das Buch müsste voll von Ausdrücken sein wie: *man könnte, sollte auch, man müsste noch, möglich wäre zudem, wer will, darf, muss aber nicht* usw. Mit allen *Wenn* und *Aber* wäre das Buch jedoch weder aussagekräftiger noch genauer geworden. Einmal muss man doch Farbe bekennen, sich für ein entsprechendes Vorgehen entscheiden und danach handeln.

Wir bewegen uns im Naturgarten auf unsicherem Boden, und es ist verständlich, dass man sich nach einfachen Regeln sehnt. Sie werden auch angeboten: als Stütze für Anfänger, als Halt für jene, die die Nase vom geduldigen Warten voll haben, und für all jene, die mit Hingabe und Liebe in ihrer Naturoase gärtnern wollen. Wenn diese Regeln oft mit schulmeisterlicher Strenge vorgetragen werden, so nehme man dies nicht allzu ernst: Wer das Buch als Kochbuch versteht und auch gleich alles Angebotene verspeist, ist selber schuld, wenn ihm und seinem Garten dabei schlecht wird.

Die einzelnen praktischen Angaben entspringen der mehrjährigen Erfahrung, die ich zusammen mit meinen Mitarbeitern gemacht habe. Wir beschäftigen uns tagtäglich mit dem Naturgarten, und je länger wir dies tun, desto besser wissen wir, wie wenig wir über die Entwicklung der einzelnen Standorte voraussagen können und wie wichtig es ist, immer wieder Fehler zu machen, um weiterzukommen. Das einzige, was mit Sicherheit gesagt werden kann, ist: Naturgärten haben ein Eigenleben! Man sei vor ihrem miesen Charakter und ihrem verfänglichen Charme gewarnt!

**Der Aufbau der folgenden Kapitel**

Die einzelnen Themen sind systematisch aufgeteilt. Als Leser können Sie ohne weiteres ganze Teile überspringen.

● Einführung: Ein Vorspann, manchmal ein wenig Landschaftsgeschichte, manchmal Stimmungsbilder, allgemeines Grundlagenwissen oder Kritisches. Kritik nicht in besserwisserischer Absicht, sondern um anzuregen, um zu hinterfragen. Auch Selbstironie gehört dazu. Der Naturgarten, diese Rotznase mit Unschuldsaugen, wird es wohl ertragen können.

● Planung und Vorbereitung: Vorüberlegungen, Gestaltungsideen, vertieftes Grundlagenwissen. Ganz unsystematisch und unvollständig werden Tabellen von Pflanzen, Pflanzpläne und anderes angeboten, immer als Anregung, nie als Vorschrift gedacht. Genaue Listen mit Pflanzen finden sich am Schluss des Buches.

● Praktische Arbeiten: Die Angaben zu den praktischen Kapiteln entstammen, wie schon erwähnt, aus unserer Berufserfahrung. Sie sollen ihnen helfen, Arbeiten selbst auszuführen. Voraussetzung ist, dass Sie handwerkliche Fähigkeiten und gärtnerische Grundkenntnisse besitzen. Fehlen diese, so geben die Arbeitsvorschläge wenigstens die Möglichkeit, gegenüber dem Handwerker oder dem Planer Wünsche besser begründen und ihre Arbeit mit Sachverstand kontrollieren zu können.

● Pflegearbeiten: Die wichtigsten Pflegearbeiten für die ersten Jahre und für später sind angegeben. Sie sind knapp gehalten, weil Pflegearbeiten im Naturgarten nicht dann korrekt ausgeführt werden, wenn man viele Bücher gelesen hat, sondern wenn man lernt, die Natur zu beobachten und nicht einfach stur vor sich hin zu fuhrwerken.

**Wozu dieses Buch?**

Was das Buch nicht will: dass im bis anhin typischen mitteleuropäischen Gartentheater nur die Kulisse, nicht aber das Stück gewechselt wird. *Gärtner A: reisst mit Schweissflecken unter den Armen Löwenzahn im englischen Rasen aus. Gärtner B: reisst mit Schweissflecken unter den Armen Rotklee aus der Magerwiese aus. Gärtner A: schiebt mit rotem Kopf den Rasenmäher durch die Sommerhitze. Gärtner B: verscheucht mit rotem Kopf spielende Kinder vom Teich.*

Persönlich wäre mir lieber, wenn wir in unseren Gärten eine Ode an die Freiheit sängen, wenn ein Stück für Kinder, eine wirkliche Komödie gespielt würde – oder wenn man, wenigstens im Garten, allen Schauspielern, auch den unscheinbarsten, ihr Recht auf einen Auftritt in diesem Leben gewähren würde.

Was das Buch auch nicht will: Die Naturgartensache noch komplizierter machen, als sie ohnehin schon ist. Wer die perfektionistischen Methoden, die jetzt vorgeschlagen werden, nicht mag, der sei getröstet: Hecken wachsen von selbst, wenn man mit offenem Boden den Pioniergehölzen die Möglichkeit gibt, sich anzusamen. Wiesen entstehen überall dort, wo man die Vegetationsdecke regelmässig mäht. Weiher finden wir von Natur aus immer, wenn der Boden dicht oder lehmig ist. Trockenstandorte, Ruderalflächen usw. entstehen von selbst, wenn die Bodenverhältnisse und die Nutzung stimmen. Es gibt einen Naturgarten ohne Geld und ohne grosse Arbeit, einen Naturgarten, der so nebenbei einfach entsteht – dazu braucht man nicht mehr zu kennen als die Sprichwörter *Probieren geht über Studieren* und *Leben und leben lassen*. Wer dies will, der klappe jetzt getrost das Buch zu, lasse die Natur gewähren und geniesse sein Dasein als beschaulicher Zuschauer. Wer ein neues Stück Garten inszenieren will, der sei, weil er's doch nicht lassen kann, eingeladen weiterzulesen.

## Nützliche Kontaktadressen

**Verein für naturnahe Garten- und Landschaftsgestaltung VNG**
**Postfach 1008, 8500 Frauenfeld**

Der VNG fördert den Kontakt und den Erfahrungsaustausch zwischen Laien, Gärtnern und Biologen, die im Naturgartenbereich tätig sind. Er bietet Veranstaltungen zum Thema an, kümmert sich um die Ausbildung von Gärtnern und vermittelt Firmen im Naturgartenbau.

**WWF Schweiz**
**Postfach, 8037 Zürich**

Der WWF hat als erster die Naturgartenidee in der breiten Öffentlichkeit bekanntgemacht. Er verbindet die engeren Naturgarten-Anliegen mit dem damit untrennbar verbundenen, grundsätzlichen Umweltschutz. Er bietet seinen Mitgliedern regelmässig entsprechende Informationen und vertritt ihre Interessen an einer gesunden Umwelt in der Öffentlichkeit.

**Schweiz. Zentrum für Umwelterziehung SZU des WWF**
**Rebbergstrasse, 4800 Zofingen**

Das SZU bietet Informationen und Ausbildungs-Veranstaltungen über Naturgarten und allgemeine Natur- und Umweltschutzthemen sowie Vorgehens-Beratung bei komplizierteren Fällen. Ein Schwergewicht liegt dabei auch auf Ausbildungsfragen.

**Schweiz. Bund für Naturschutz SBN**
**Postfach 73, 4020 Basel**

Der SBN kümmert sich um den Naturschutz sowohl im Siedlungsraum wie im unüberbauten Gebiet. Mit Broschüren und Kursen bietet er seinen Mitgliedern regelmässige Informationen und vertritt ihre Interessen gegen aussen.

**Natur- und Vogelschutzvereine**

In vielen Gemeinden gibt es Natur- und Vogelschutzvereine mit Leuten, die vor allem in Fragen des Vogelschutzes im Garten (Nisthilfen), oft aber auch beim Schaffen und Pflegen von Hecken Auskunft geben und helfen können. Die Adresse ist bei der Gemeindekanzlei erhältlich. Wo das nicht der Fall ist, kann die Zentralstelle für Vogelschutz SLKV, Postfach, 8036 Zürich, bei der Vermittlung helfen.

GEHÖLZE

# Das Rückgrat des Gartens: Hecken und Bäume

Warum Gehölze mehr sind als nur Ausstattungsgegenstände. Wie man Sträucher auch in kleinen Gärten verwendet. Warum eine gut gepflegte Hecke schneller wächst. Und warum man die Sträucher getrost den Räupchen zum Frass überlässt.

Die meisten Heckensträucher blühen weiss. Aber Gehölzflächen im naturnahen Garten haben trotzdem Farben zu bieten: Kaum ist der letzte Strauch verblüht, reifen auch schon die ersten Beeren. Der Sanddorn wird mit seinen orangen Früchten (Bild) auch noch im Winter leuchten. Seine Beeren sind aber nicht nur Schmuck, sondern finden auch in der Küche Verwendung: für vitaminreiche Säfte, als Süssspeise oder süss-sauer zu Wild- und Pilzgerichten.

Ein silbriges, luftiges Schloss aus verflochtenen Weidentrieben bietet sich den Kindern als Irrgarten zum Spielen und Verweilen an.

Hecken sind trennende und verbindende Elemente. Der kleine Weg führt zwischen dem blühenden Holunder und dem Sanddorn zu einer Spielwiese, die man am hellen Licht in der Bildmitte erahnen kann. Der Garten ist so für den Betrachter nicht voll verfügbar; und dennoch weiss er, dass sich hinter den Gehölzen ein weiterer Gartenraum anschliesst.

# GEHÖLZE

Hecken, Feldgehölze, einzelne Bäume und Obstgärten sind wesentliche Gestaltungselemente unserer Landschaft. Sie prägen ihr Erscheinungsbild, ihren Charakter und gliedern sie in erlebbare Räume. In einer gegliederten Landschaft fühlen wir uns geborgen und finden uns zurecht. Wir können die Entstehungsgeschichte und die Nutzung eines Landstriches an der Art der Gehölze erkennen: Weiden und Traubenkirschen begleiten Flüsse und Bäche, eine Pappelallee zeigt die nahe Strasse an, eine geschnittene Hecke macht Besitzverhältnisse und Grenzen ablesbar. Unfruchtbare Böden oder steile, nicht bebaubare Böschungen fallen durch die Verbuschung auf. Gehölze können eine Landschaft lieblich oder romantisch, wild oder gar bedrohlich erscheinen lassen. Im Spiel von Schatten und Licht, durch den Wechsel von kleinräumiger Enge und unerwarteten Ausblicken erscheint uns ein langer Weg kurz. Kleine Erlebnisse bleiben in Erinnerung, prägen sich ein: ein Raubvogel, der auf den höchsten Ästen sitzt, ein blühender Zweig, Beeren, Frühjahrsblüher unter der Hecke oder die Spuren von Tieren.

In der früheren Kulturlandschaft waren Hecken und Gehölze für den Menschen von grosser Bedeutung: als Brennholzlieferanten, als Rauhfutter und Laubeinstreu für das Vieh, als Windschutz und zur Abgrenzung. Man sammelte Wildfrüchte und Heilkräuter, holte Weidentriebe zum Korben oder Holz für Zäune und zum Bauen. In der modernen, maschinen-

**Je nach Form und Höhe werden Hecken unterschiedlich breit. Auch der Saum, der jede Hecke begleitet, braucht Platz: bis zu 2 Meter.**

50 cm
2–3 m
3–10 m

## Platzbedarf und Pflanzenwahl

Für <u>geschnittene Hecken</u> eignen sich Liguster, Rotes Geissblatt, Wolliger Schneeball, Eibe, Hainbuche, Pfaffenhütchen, Weissdorn, Schwarzdorn, Hartriegel, Berberitze, Kornelkirsche u.a.m.

Für <u>niedere Wildhecken</u> (2–6 m) eignen sich Liguster, Geissblatt, Wolliger und Gewöhnlicher Schneeball, Pfaffenhütchen, Weissdorn, Schwarzdorn, Hartriegel, Berberitze, Kornelkirsche, Faulbaum, Kreuzdorn, Haselnuss, Stechpalme, Roter Holunder, Schwarzer Holunder u.a.m.

Für <u>hohe Hecken</u> (bis ca. 15 m) eignen sich die gleichen Arten wie für niedere Hecken, aber zusätzlich Feldahorn, Traubenkirsche, Mehlbeere, Elsbeere, Salweide, Korbweide, Eibe, Wildbirne, Wildapfel, Esche, Hainbuche, Vogelkirsche u.a.m. Für <u>Baumhecken</u> (bis ca. 30 m) eignen sich die genannten Arten, aber zusätzlich Laubbäume wie Zitterpappel, Ulme, Linde, Birke, Buche, Eiche, Bergahorn, Spitzahorn, Silberweide, Schwarzerle sowie Nadelhölzer u.a.m.

gerechten Agrarlandschaft sind viele dieser traditionellen Elemente verschwunden, man erkennt ihren direkten Nutzen, ihren Wert nicht mehr. Emotionale oder ökologische Werte einer Hecke, einer Hochstammobstanlage sind gegenüber den wirtschaftlichen Werten der rationellen Produktion kaum zu verteidigen. Trotzdem erinnert man sich im Natur- und Landschaftsschutz, aber auch in der Landwirtschaft wieder ihrer ökologischen und wirtschaftlichen Bedeutung (Nützlinge, Kleinklima!), und an verschiedenen Orten wird vehement für die Erhaltung der Gehölze eingetreten, oder es werden neue Bäume und Sträucher gepflanzt.

Wenn wir auch in unseren Gärten wieder einheimische Gehölze pflanzen, so geschieht dies nicht aus Nostalgie und schnöder Mode, sondern vielmehr aus der Erkenntnis heraus, dass einheimische Gehölze das ökologische und gestalterische Rückgrat eines Gartens bilden. Sie sind Partner von Gebäuden, betonen Wege und Eingänge. Sie bilden den Vordergrund zur anschliessenden Landschaft, sie trennen und verbinden Nachbarsgärten. Sie fassen Plätze ein und geben einem Ort Bedeutung. Schon ein einzelner Baum kann einen Garten gestalten, einen Raum andeuten. Eine Hecke mit einheimischen Sträuchern ist allerdings nicht nur ein unbelebtes Gestaltungselement; einheimische Sträucher sind nicht wie die meisten exotischen Gehölze reine Gartengegenstände – sie sind in das Leben miteinbezogen: Vögel nisten, Blattläuse, Gallwespen und Miniermotten leben auf ihnen, Kinder spielen im Herbstlaub, bauen Baumhütten oder basteln Weidenflöten. Wir versuchen alte Rezepte, brauen Holunderblütenlimonade oder Waldmeisterbowle und verwenden die verschiedensten Kräuter als Gewürze und Wildgemüse.

Der Herbst mit seinen farbigen Blättern und der Winter, der die bunten Beeren von Schneeball, Vogelbeere und Stechpalme erst recht zur Geltung bringt, sind genauso schöne Jahreszeiten im Garten. Knorrige Äste, Rauhreif und Schneekristalle bilden bizarre Muster. Bevor die zarten Blätter im Frühjahr erscheinen, ist es Zeit für ein besonderes Gartenerlebnis. Mit einer Lupe betrachten wir die Knospen der Sträucher: die goldbronzenen Kronen des Sanddornes, die harten und schwarzen Eschenknospen, die sich erst nach den letzten Spätfrösten öffnen werden, oder die pelzig-weichen Knospen von Weiden und Vogelbeere.

**Allein schon die Vielfalt der Blattformen macht Hecken spannungsreich: ob geteilt, gesägt, gefiedert, mit Frassspuren, perfekt oder asymmetrisch – in geschnittenen Hecken verweben sich die Formen zu einer reich strukturierten Oberfläche.**

# Planung der Hecken- und Baumpflanzung

Auf dem allgemeinen Gartenplan wurde bereits festgelegt, wo Einzelbäume, Sträucher, Hecken und Obstgehölze gepflanzt werden sollen. Verschiedene Überlegungen waren innerhalb des Gesamtkonzeptes wichtig: Bezug zum Haus, zur Landschaft, zur Architektur (Ausblick, Sichtwinkel, Fassaden, Richtungen, Symmetrie usw.). Wo bilden wir einen Vorder-, wo einen Hintergrund? Wie können Räume, Verstecke, Nischen entstehen? Soll der Garten überraschungsreich sein mit verschiedenen Kleinräumen oder eher grosszügig und weit? Welche Wünsche haben die Kinder? Wie steht es mit den gesetzlichen Abständen und mit anderen Vorschriften (Abstand zum Nachbarn, Strassenverkehr oder Werkleitungen und anderes mehr)? Erkundigen Sie sich bei Ihrer Gemeinde über die gültigen gesetzlichen Bestimmungen.

**Werden die Triebe von Weiden oder Hagebuchen untereinander verflochten, können «Gebäude» entstehen.**

# GEHÖLZE

Für welche Sträucherarten ist der Boden geeignet, und wie gross werden sie gepflanzt? Wie sieht die Pflanzung in fünf bis zehn Jahren aus? Wird sie zu mächtig, beschattet sie nicht andere Elemente wie den Gemüsegarten, den Trockenstandort oder den Weiher? Kann der Pflegeaufwand noch bewältigt werden? Im allgemeinen gilt, dass gerade bei der Sträucherpflanzung weniger oft mehr ist. Eine vielfältige Pflanzung kann monoton werden, wenn zu viele starkwüchsige Arten konkurrenzschwache bedrängen. In wenigen Jahren können zu viele Sträucher einen Garten schattig und beengend wirken lassen. Allerdings - auch im kleinsten Garten hat eine vielfältige Hecke Platz. Voraussetzung ist aber, dass man zu einer aufwendigen Pflege, d.h. zu einem regelmässigen Schnitt bereit ist. Wollen wir der Natur eher ihren Lauf lassen, einem Strauch sein eigenes Gesicht, seine Wuchsform zugestehen, so verzichten wir lieber auf eine geschlossene Hecke und pflanzen im Kleingarten Solitärsträucher: Weissdorn, Schneeball, Holunder und andere Sträucher wachsen zu wirkungsvollen Exemplaren heran. Wenn sie in ihrer vollen Pracht blühen, wenn wir feststellen, wie viele Insekten und Vögel auf ihnen leben, werden wir schnell darüber hinweggetröstet sein, dass wir aus Platzgründen auf eine vielfältige Hecke verzichten mussten.

## Geschnittene Hecken

Geschnittene Hecken können sehr schmal (im Extremfall 20 bis 50 Zentimeter) und entsprechend niedrig gehalten werden. *Lieber eine geschnittene als keine Hecke* lautet der Wahlspruch in kleinen Gärten. Viele einheimische Sträucher ertragen den Schnitt gut. Leider sind die früher beliebten Hagedorn-, Hagebuchen- und Ligusterhecken in Vergessenheit geraten - man «erfreut» sich heute an sterilen Friedhofsgewächsen wie Thuja oder Zypressen.

Für geschnittene Hecken eignen sich vor allem jene Pflanzen, die eher langsam und dicht wachsen, keine langen Peitschentriebe bilden und sich gut beasten. Sie sollen Stockausschläge bilden können und ihr Blattwerk soll eher fein sein (siehe Tabelle auf Seite 59).

Die klassische Hagebuchen-, Weissdorn- oder Eibenhecke wurde immer mit nur einer Pflanzenart angepflanzt. Trotzdem finden wir in älteren Hecken oft eine viel grössere Artenzahl.

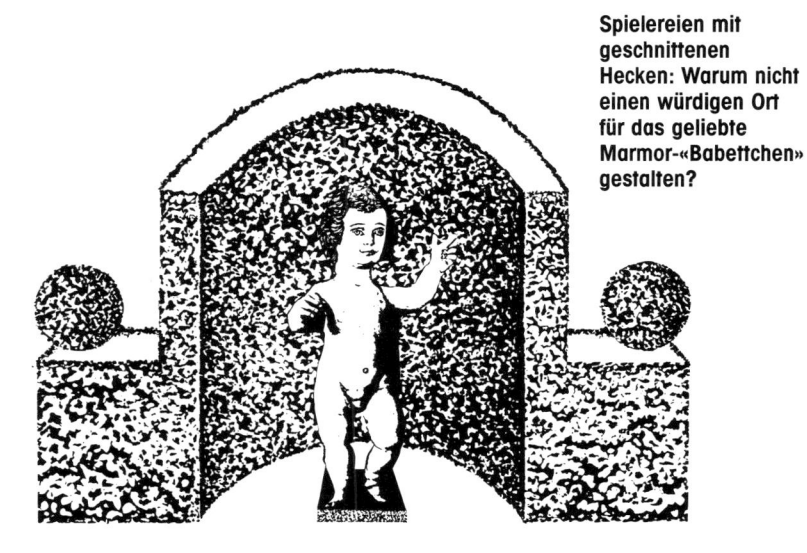

**Ein Heckenlabyrinth als Fluchtort vor den Wirren des Alltags.**

**Spielereien mit geschnittenen Hecken: Warum nicht einen würdigen Ort für das geliebte Marmor-«Babettchen» gestalten?**

# Einstein und die Schädlinge

In Wäldern, insbesondere in Laubwäldern, ist die Kronenschicht bewohnt von einer riesigen Menge von Kleintieren, von Käfern, Räupchen, Zikaden, Pflanzenläusen. Sie alle – von ein paar Räubern unter ihnen abgesehen – nagen und raspeln, saugen und beissen ununterbrochen am grünen Blätterdach, machen Löcher, Kerben und Lücken. Ein Heer von Schädlingen, sind wir versucht zu sagen, mit unserem wie üblich engen Blickwinkel.

Genauere Beobachtungen in einem gesunden, mitteleuropäischen Laubmischwald haben etwas anderes, Verblüffendes gezeigt. Durch die Frasslöcher in den Blättern fällt nämlich einfach etwas mehr Licht auf die tieferliegende Blattschicht. Was oben an Photosyntheseleistung verlorengeht, wird unten wiedergewonnen. Im Gesamten ist der tägliche Zuwachs an Holz- und Blattmasse im Laubwald unverändert, weil nicht die zur Verfügung stehende Blattfläche der begrenzende Faktor ist, sondern das Licht.

Doch damit nicht genug. Der Abbau des Laubes auf dem Waldboden, in der Streuschicht, geht normalerweise eher langsam vor sich, denn die Blätter enthalten wenig Nährstoffe für die Bakterien und Pilze. Von den Blattfressern her rieselt aber ein dauernder «Regen» aus Kot und Kleintierleichen auf den Boden. Der Kot ist mineralreich und enthält Blätter in stark zerkleinertem, für die Mikroorganismen angreifbarem Zustand. Die Tierleichen sind mit Stickstoff angereichert. Damit regen sie die Abbautätigkeit von Pilzen und Bakterien an und beschleunigen sie genauso wie der Mist oder das Hornmehl, die wir in den Kompost mischen. Ohne Kot und Tierleichen, diese «Kristallisationskerne» für den Abbau, würde das Laub viel langsamer zerlegt, an vielen Orten so langsam, dass der Jungwuchs unter der sich anhäufenden Laubschicht ersticken müsste und das Überleben des Waldes langfristig gefährdet wäre – ohne die vermeintlichen «Schädlinge».

Eines der wichtigsten Funktionsprinzipien in der Natur ist der Kreislauf. Darin ist Abbau ebenso wichtig wie Aufbau. Im Verlauf der Jahrtausende, während denen sie zusammen zum gleichen Ökosystem gehören, bildet sich dabei zwischen den Organismengruppen ein sehr sinnvolles Zusammenspiel aus, wie wir es am Beispiel des Buchenwaldes sehen.

Die Teilnehmer sind darin so fein aufeinander abgestimmt, dass keiner Schaden erleidet, sie sich vielmehr nützen und sogar aufeinander angewiesen sind. Tiere, die wir vorschnell mit dem (ab)wertenden Wort «Schädling» qualifizieren, entpuppen sich bei genauerem Hinsehen oft als Nützling, einzig dadurch, dass wir uns die Mühe nehmen, genauer hinzuschauen und den Blickwinkel etwas zu verändern. Wer sich mit den Vorgängen in der Natur abgibt, ist immer wieder überrascht, wie sehr deren Beurteilung und Wertung vom Standpunkt des Betrachters abhängen. Wäre Einstein Biologe gewesen, er hätte eine ökologische Relativitätstheorie postuliert!

«Gut und recht», höre ich schon den Einwand, «aber in meinem Garten stimmt das alles nicht. Mein einheimischer Schneeball wird sogar in der Naturhecke so von Raupen zerfressen, dass er abstirbt. Es gibt also doch Schädlinge und Geschädigte, sogar in naturnahen Lebensräumen!» Bei solchen Einwänden muss daran erinnert werden, dass sich das Gleichgewicht zwischen den Bäumen im Laubwald und den Kleintieren nur dort hat einspielen können, wo sich die Lebensräume der beiden Gruppen von Organismen seit jeher decken, wo also beide natürlicherweise hingehören. Dort aber, wo eine Pflanze nicht hineinpasst, wo nicht ihr angestammter Lebensraum ist oder wo das Gleichgewicht durch fremde Einflüsse gestört wird, dort wird sie zerfressen und ausgemerzt. Der Schneeball steht offenbar an einer Stelle, die ihm nicht zusagt. Lassen wir Käfer und Raupen ruhig nagen, denn sie bringen natürliche Ordnung in die Lebensgemeinschaften.

# GEHÖLZE

In einer 50 Jahre alten Weissdornhecke in Winterthur finden sich beinahe alle Arten an Sträuchern und Bäumen: Schneeball (Gemeiner und Wolliger), Hartriegel, Liguster, Schwarzdorn, Berberitze, Wildbirne, Wildapfel, Eiche, Ulme, Linde usw. Dies, obschon die Hecke regelmässig geschnitten wurde und nur rund 120 Zentimeter hoch und 50 Zentimeter breit war. Auch immergrüne Pflanzen sind vorhanden: Stechpalme, Eibe und ein dichtes Netz von Efeu.

Damit wird klar, dass in einem Garten ohne weiteres auch von Anfang an gemischte, geschnittene Hecken gepflanzt werden können. Es sollten allerdings immer mehrere Exemplare der gleichen Art nebeneinander gepflanzt werden, damit langsamwachsende Arten nicht von schnellwachsenden verdrängt werden.

Geschnittene Sträucher und Hecken eignen sich besonders gut für Spielereien im Garten: Lebendige Gartenhäuschen, Labyrinthe, Heckenhöfe, Einfassungen, Ornamente, Bögen, Figuren usw. Durch Verflechten der Äste können sogar stabile «Gebäude» oder Zäune erstellt werden.

## Wildhecken

Im Hausgarten von mittlerer Grösse werden Wildhecken mit niederen Sträuchern gepflanzt, die ihre Wachstumsgrenze bei 4 bis 6 Metern Höhe erreicht haben. Zwar gilt auch hier, dass höher wachsende Arten in eine Niederhecke miteinbezogen werden können, jedoch erfordern sie dann einen regelmässigen Schnitt. Der Pflegeaufwand kann beträchtlich werden, und langsamwachsende Arten werden oft trotzdem verdrängt.

Wenn mehr Platz vorhanden ist und wenn die Hecke zur Verbesserung des Mikroklimas, als Windschutz oder zur Beschattung dienen soll, kann sie 5 bis 10 Meter hoch werden. Arten wie Salweide, Feldahorn, Erle, Weiden, Süss- und Traubenkirsche werden hier mitgepflanzt. Die oberste Stufe einer Hecke wird von ausgewachsenen, überständigen Bäumen eingenommen: je nach Standort Ulme, Esche, Eiche, Linde, Pappel oder Silberweide. Sie bilden mächtige Kronen, die weit über die eigentliche Hecke hinauswachsen und 20 bis 30 Meter hoch werden. Wildhecken nehmen, je nachdem wie vollständig die verschiedenen Stufen und die Krautschicht ausgebildet sind, in der Breite 2 bis 10 Meter Platz in Anspruch.

Oft werden Hecken in Reih und Glied gepflanzt. Schöner werden sie aber, wenn viel mehr auf Staffelung und Strukturierung geachtet wird. Einzelne Sträucher dürfen abgesetzt im Vordergrund stehen, oder ein höherer Baum bzw. eine Baumgruppe kann in einer Nische der Hecke angeordnet werden. Fürst Pückler schreibt in seinem Werk *Andeutungen über Landschaftsgärtnerei:* «Eine der grössten Schwierigkeiten bei allen Pflanzungen bietet die Form ihrer äussern Linien dar, nämlich diesen eine natürliche und dem Auge wohlgefällige Schwingung zu bieten.» Er fordert, dass entlang einer Hecke die Ränder locker sein sollen, dass mit einzelnen frei vorstehenden Sträuchern jene «zierliche Nachlässigkeit» zu erreichen sei, «in der die Natur eine so schwer nachzuahmende Lehrmeisterin bleibt». (Hermann Fürst von Pückler-Muskau, «Andeutungen über Landschaftsgärtnerei», 1977, S. 50f.)

Je strukturierter eine Gehölzpflanzung ist, desto vielfältigere Lebensräume bietet sie an: Wir erhalten einen ausgeprägten Saum und grosse Flächen mit Waldunterwuchspflanzen. Es werden verschiedenste Standortansprüche erfüllt: von sehr hell bis schattig, von warm und südexponiert bis kühl, von trocken und geschützt bis feucht oder vernässt. Neben dem Heckensaum und dem Heckenunterwuchs gehören zu einer vollständigen Hecke auch Kletterpflanzen. Die Waldrebe bildet lange Triebe, mit denen sie ganze Heckenpartien abdecken kann. Die Brombeere überwuchert kleine Hecken innert kurzer Zeit. Weniger wuchskräftig sind andere Kletterpflanzen wie Hopfen, Windendes Geissblatt, Efeu, Zaunrübe und Schmerwurz. In Laubhaufen, Dorngestrüppen und Brennesselfluren, auf Stein- und Asthaufen stellt sich am Rand der Hecke sofort Leben ein. Hier finden wir Igel und Wiesel, Blindschleichen, Amphibien und Eidechsen. Bleibt genügend organisches Material liegen, so entwickelt sich bald ein reges Bodenleben in der dicken Moderschicht. Pilze und Moos können sich ansiedeln. Die Artenvielfalt und das Erscheinungsbild unserer Hecke wandeln sich ständig!

# Praktische Pflanzarbeiten

Aus dem Pflanzplan kann die genaue Anzahl der benötigten Gehölze ermittelt werden (siehe Pflanzpläne auf Seite 54). Wo aber soll man die Pflanzen bestellen, wo erhält man mit Sicherheit einheimische Arten? In welcher Qualität und zu welchem Preis sind sie erhältlich?

Grundsätzlich sind die gängigsten einheimischen Gehölze in jeder Baumschule und in den meisten Gartenbaubetrieben erhältlich. Besonders spezialisierte Betriebe, die sogenannten Forstbaumschulen, bieten die meisten Arten in verschiedener Qualität an. Man erhält dort auch günstige Jungware. In verschiedenen Gemeinden kann man sich an den Förster oder an das Forstamt wenden und Pflanzen aus dem Forstgarten beziehen. Wer eigenen Wald besitzt oder sonst eine Gelegenheit hat, Pflanzen dem natürlichen Standort zu entnehmen, kann die Pflanzen auch dort holen (vorausgesetzt, der Besitzer ist einverstanden). Allerdings sind Sträucher, die der Natur entnommen werden, oft schlecht bewurzelt, da sie nie umgepflanzt (d.h. verschult) wurden. Vor allem Tief- und Pfahlwurzler wachsen schlecht oder gar nicht an (Schwarzdorn, Weissdorn, Heckenrose). Dafür lernt man beim Ausgraben am natürlichen Standort die Pflanze in ihrem Lebensraum kennen. Oft schleppt man so auch eine ganze Anzahl von Kräutern (Unterwuchs-, Saumvegetation) mit ein. Pflanzen in der Natur zu beschaffen ist aber so arbeitsintensiv, dass man sich für den grossen Teil der Pflanzung besser an den Fachmann wendet. Wichtig ist, dass dort die Bestellung immer mit dem vollen botanischen Namen erfolgt, unter Angabe der genauen Grössen- und Qualitätsbezeichnung. Nicht jeder Hartriegel ist ein *Cornus sanguinea* (es werden über 20 verschiedene Arten «Hartriegel» angeboten). Ein *Cornus sanguinea* «Kelsey's Dwarf» ist eben kein gewöhnlicher einheimischer Strauch.

**Pflanzenqualitäten**

*Forst- oder Wildgehölze:* Es handelt sich um ein- bis zweijährige Sämlinge, 40 bis 100 Zentimeter grosse *leichte Büsche* oder um 100 bis 200 Zentimeter grosse *starke Büsche*. Forstware ist besonders gut für Aufforstungen und für dichte, geschlossene Vogelschutzhecken geeignet. Mit jungen Pflanzen werden die Hekken von Anfang an sehr dicht, sie schliessen lückenlos auch in Bodennähe. Forstware überrascht schon im zweiten Jahr mit einer enormen Wüchsigkeit (sofern die Hecke richtig gepflegt wird). Oft sind die kleinen «Rütlein» schon in wenigen Jahren grösser und kräftiger als entsprechend gross gepflanzte Fertigware.

*Fertigware:* Unter Fertigware versteht man Gehölze, die bereits fertig als Hochstamm oder Busch geformt sind. Sie werden mehrmals umgepflanzt, haben einen Wurzelballen und sind gut beastet. Überall dort, wo von Anfang an ein Akzent gesetzt werden soll, ist es angebracht, Fertigware zu pflanzen. Auch wenn sehr grosse und kräftige Gehölze mehrere 100 Franken teuer sein können, lohnt sich der finanzielle Aufwand, wenn man daran denkt, dass die Kinder schon nach kurzer Zeit auf einen gross gepflanzten Feldahorn klettern können oder dass ein grosser Baum sofort Schatten spendet. Kleine Fertigware (100 bis 150 Zentimeter) hat jedoch gegenüber gleich grosser Forstware eher ein schlechtes Preis-Qualitäts-Verhältnis.

**Pflanzwerkzeug:** Ein schwerer Spaten mit verstärktem Stiel ist zum Abstechen und Ausheben geeignet.

**Für kleinere Pflanzen (vor allem Kräuter) genügt eine geschmiedete Pflanzschaufel.**

**Lockeres Material wird mit der Schaufel ausgehoben.**

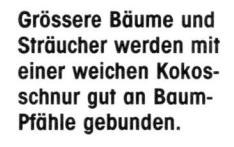

**Grössere Bäume und Sträucher werden mit einer weichen Kokosschnur gut an Baum-Pfähle gebunden.**

# GEHÖLZE

## Pflanzzeit

Die Gehölze werden immer in der Vegetationsruhe gepflanzt, wobei bei Pflanzen mit Erdballen die Pflanzzeit verlängert ist. Generell kann im ganzen Winterhalbjahr gepflanzt werden, vorausgesetzt, der Boden ist nicht vernässt und nicht gefroren. Ob dabei eher der Herbst oder das Frühjahr zu bevorzugen ist, bleibt umstritten: Bei der Herbstpflanzung hat die Pflanze länger Zeit, um sich zu akklimatisieren. Bereits in den ersten frostfreien Tagen werden sich neue Faserwurzeln bilden. Das ist wichtig, damit die Hitzetage im Vorsommer schadlos überstanden werden. Andererseits besteht die Gefahr, dass in sehr kalten Wintern die Knospen durch Frosttrocknis geschädigt werden oder dass bei starken tageszeitlichen Temperaturschwankungen das Kambium durch Eiskristalle verletzt wird (rissige Rinde, die sich im Frühjahr teilweise ablöst). Besonders gefährdet sind immergrüne Gehölze, die sich auch im Winter mit Wasser versorgen müssen. Durch das beschränkte Wurzelvolumen besteht auch hier die Gefahr, dass bei stark gefrorenem Boden die Pflanzen Trockenschäden erleiden. Bei der Frühjahrspflanzung kommt die Pflanze direkt in die Vegetationszeit, sie erleidet damit keine Kälte- oder Schneedruckschäden und wird weniger vom Wild verbissen. Bei sehr warmem und trockenem Wetter tritt besonders bei späten Frühjahrspflanzungen schneller eine Schädigung der frischen Triebe auf; wir müssen daher besonders sorgfältig giessen.

## Einschlag

Pflanzen, die nicht sofort verwendet werden können, sollen provisorisch mit guter, lockerer Erde bedeckt («eingeschlagen») werden. Besonders Pflanzen ohne Wurzelballen sind so vor Wind und Sonne geschützt. Für den Einschlag wird ein Graben von 30 bis 50 Zentimetern Tiefe und gleicher Breite ausgehoben, der Humus seitlich deponiert und mit Rindenkompost gut gelockert. Die Pflanzen werden eng aneinander in den Graben gestellt und die Wurzeln mit Erde und Rindenkompost bedeckt. Im Einschlag können Pflanzen mehrere Wochen gelagert werden, ohne dass sie Schaden nehmen.

## Pflanzwerkzeug

Einige Tage im voraus soll auch das Pflanzwerkzeug kontrolliert und allenfalls repariert oder ersetzt werden. Nichts ist ärgerlicher als eine Arbeit, die mit unbrauchbarem Werkzeug ausgeführt werden muss.

## Sträucher-Qualitäten im Handel

**Alle Sträucher werden in den Baumschulen in verschiedenen Qualitäten angeboten. Das Preisverhältnis der hier abgebildeten Sträucher liegt bei etwa 1:4:12:40.**

**Zweijährige Jungpflanze zur weiteren Aufzucht.**

**Forstware (leichter Busch) für dichte Hecken.**

**Forstware (starker Busch) für lockere Hecken.**

**Fertigware als Solitärstrauch.**

## Pflanzpläne für Gehölze

Die Pflanzpläne auf dieser Seite dienen nur als Beispiele. Andere Kombinationen sind selbstverständlich möglich. Die Wildhecken sind in diesen Beispielen locker, in einzelnen Gruppen gepflanzt. So bleibt Platz für Saum und Unterwuchs.

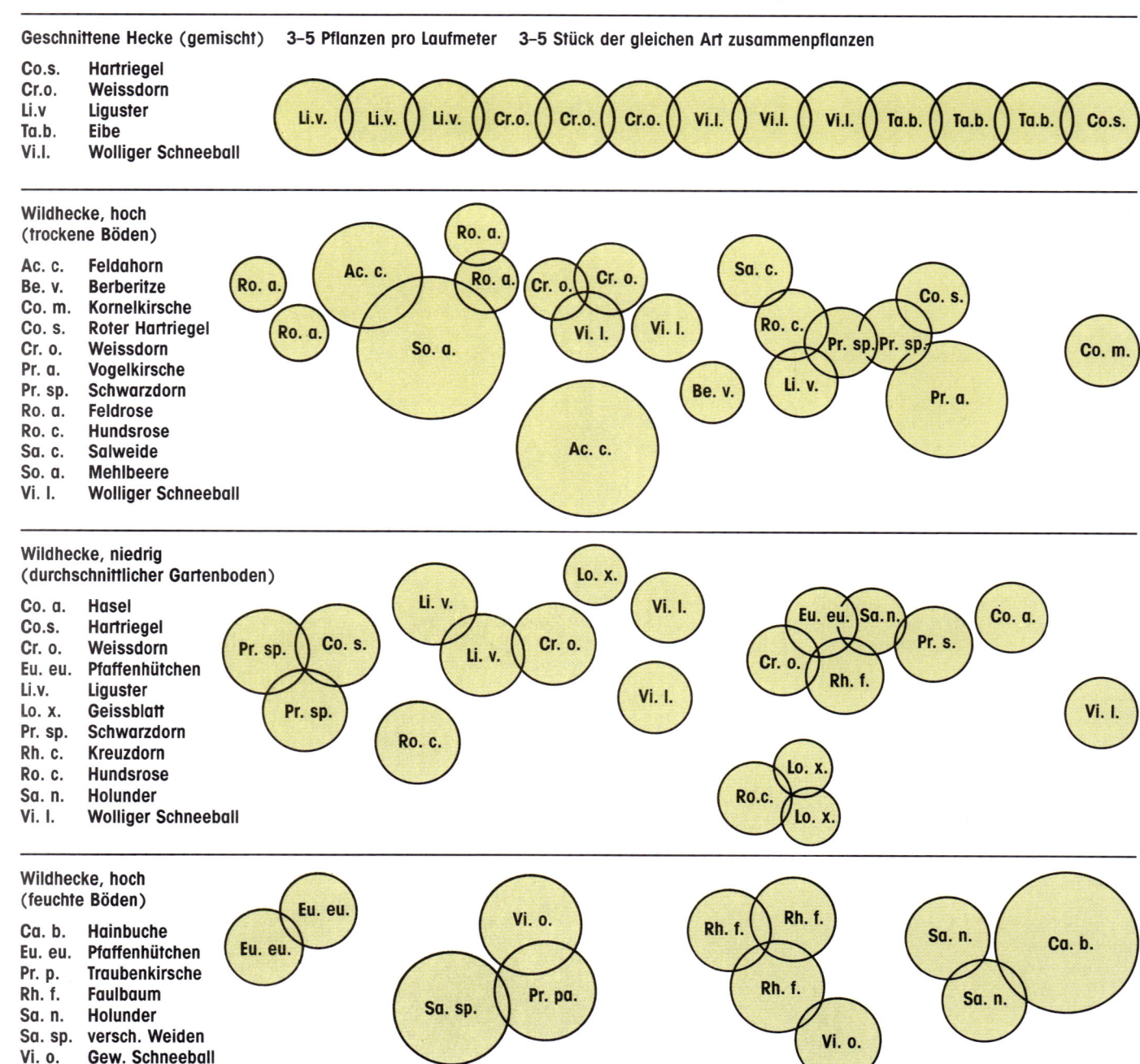

---

**Geschnittene Hecke (gemischt)**    3–5 Pflanzen pro Laufmeter    3–5 Stück der gleichen Art zusammenpflanzen

| | |
|---|---|
| Co.s. | Hartriegel |
| Cr.o. | Weissdorn |
| Li.v | Liguster |
| Ta.b. | Eibe |
| Vi.l. | Wolliger Schneeball |

---

**Wildhecke, hoch (trockene Böden)**

| | |
|---|---|
| Ac. c. | Feldahorn |
| Be. v. | Berberitze |
| Co. m. | Kornelkirsche |
| Co. s. | Roter Hartriegel |
| Cr. o. | Weissdorn |
| Pr. a. | Vogelkirsche |
| Pr. sp. | Schwarzdorn |
| Ro. a. | Feldrose |
| Ro. c. | Hundsrose |
| Sa. c. | Salweide |
| So. a. | Mehlbeere |
| Vi. l. | Wolliger Schneeball |

---

**Wildhecke, niedrig (durchschnittlicher Gartenboden)**

| | |
|---|---|
| Co. a. | Hasel |
| Co.s. | Hartriegel |
| Cr. o. | Weissdorn |
| Eu. eu. | Pfaffenhütchen |
| Li.v | Liguster |
| Lo. x. | Geissblatt |
| Pr. sp. | Schwarzdorn |
| Rh. c. | Kreuzdorn |
| Ro. c. | Hundsrose |
| Sa. n. | Holunder |
| Vi. l. | Wolliger Schneeball |

---

**Wildhecke, hoch (feuchte Böden)**

| | |
|---|---|
| Ca. b. | Hainbuche |
| Eu. eu. | Pfaffenhütchen |
| Pr. p. | Traubenkirsche |
| Rh. f. | Faulbaum |
| Sa. n. | Holunder |
| Sa. sp. | versch. Weiden |
| Vi. o. | Gew. Schneeball |

# GEHÖLZE

**Pflanzarbeiten**

Bereits einige Wochen bzw. zwei, drei Monate im voraus wird mit der Bodenbearbeitung begonnen. Ziel der Bodenvorbereitung ist ein krümeliger, belebter (d.h. garer) Boden. Zwar kann man Heckensträucher auch ohne Bodenvorbereitung direkt in die Wiese oder den Rasen pflanzen. Bei grossen Pflanzungen in der Landschaft oder an steilen Lagen ist dies aus zeitlichen, finanziellen oder praktischen Gründen durchaus sinnvoll. Haben wir aber genügend Zeit, bereiten wir der Pflanze ihren neuen Lebensraum so gut wie möglich vor. Die Bodenvorbereitung ist eine interessante Arbeit: Wir begegnen vielen Bodenlebewesen (Würmern, Tausendfüsslern, Erdraupen usw.) und lernen so, dass Boden kein Dreck, sondern eine komplizierte Lebensgemeinschaft ist.

Alte Grasnarben werden bereits im Spätsommer umgebrochen, eventuell wird die Grasnarbe vorher entfernt und dann Gründüngung eingesät. Auch in frisch humusierten Neuanlagen ist es von Vorteil, zuerst eine Gründüngung auszusäen. Geeignet sind: Senf, Phacelia zur Bodenlockerung, Erdklee, Alexandrinerklee als Stickstoffsammler, Ölrettich als Tiefenlockerer. Im Herbst wird die Gründüngung abgeschnitten und kompostiert oder nach der Pflanzung als Abdeckung verwendet. Der Boden wird anschliessend gut gelockert (hartnäckige Unkräuter wie Giersch, Quecke, Winden, Ampfer eventuell mit Wurzeln entfernen) und allenfalls Rindenkompost eingearbeitet (selbstverständlich werden im umweltgerechten Garten **nie** Torfprodukte verwendet). In Hanglagen oder wenn es zu aufwendig ist, die ganze Pflanzfläche vorzubereiten, genügt es, jeder Pflanze eine Baumscheibe von 50 bis 100 Zentimetern Durchmesser vorzubereiten.

Für Pflanzungen an extremen Standorten (Feucht-, Trocken-, Pionierstandorte) wird den jeweiligen Standortbedingungen Rechnung getragen. Solche Böden bleiben kiesig, lehmig oder feucht. Wir pflanzen bei diesen Bedingungen ausschliesslich Jungware oder warten, bis sich Gehölze spontan ansiedeln.

Zu Beginn der Pflanzarbeiten werden alle Pflanzen so deponiert, dass sie vor Trockenheit geschützt sind. Für kurze Zeit und bei Gehölzen mit Ballen genügt es, die Wurzeln mit nassen Säcken zuzudecken. Pflanzen ohne Ballen werden einzeln (Bünde aufschneiden!) mit den Wurzeln in einen Kessel Wasser (oder in Lehmbrühe) getaucht und danach eingeschlagen oder sofort gepflanzt.

Am vorgesehenen Standort werden die Pflanzen im richtigen Abstand ausgelegt: für geschnittene Hecken drei bis fünf Pflanzen pro Laufmeter, für dichte Vogelschutzhecken im Abstand von 70 bis 120 Zentimetern, für offene Hecken und gruppierte Pflanzungen je nach Wuchshöhe der Pflanze im Abstand von zwei bis mehreren Metern. Danach wird mit dem Spaten ein Pflanzloch gegraben. Es soll in der Regel nur so gross sein, dass der Ballen oder die Wurzeln gerade Platz haben. Das Bodengefüge bleibt so im Nahbereich der Wurzeln ungestört, d.h., die Poren bleiben erhalten und das Bodenleben wird nicht beeinträchtigt. Ist der Untergrund zu hart und droht stauende Nässe, so wird gut mit Pickel und Stechgabel gelockert, allenfalls das Untergrundmaterial tiefgründig ausgehoben und durch lockeres Material ersetzt.

Die Pflanzen erhalten vor dem Setzen noch einen Rückschnitt: Alle Wurzeln, die zerquetscht oder zerfasert sind, werden genügend zurückgeschnitten, alle dickeren Wurzeln sollen saubere, frische Schnittstellen aufweisen. Nur wenn der Wurzelrückschnitt erfolgt, können sich genügend feine Faserwurzeln entwickeln. Auch die Triebe werden eingekürzt. Als Faustregel gilt, dass der Strauch bei Forstgehölzen auf etwa zwei Drittel der ursprünglichen Grösse zurückgeschnitten wird, bei Fertigware auf das nächste gesunde, kräftige Auge (Knospe). Die einzelnen Triebe werden unterschiedlich stark zurückgeschnitten, starke mit gut ausgebildeten Knospen wenig oder gar nicht, schwache und verletzte Triebe werden ganz oder teilweise entfernt. Mit dem Rückschnitt wird ein Gleichgewicht zwischen Blattmasse und Wurzelmasse gesucht, um die Versorgung mit Wasser sicherzustellen. Der Schnitt ist für Laubgehölze ohne Ballen unabdingbar. Nur ein gesunder, kräftig treibender Strauch wird in den ersten Jahren genügend widerstandsfähig gegen Krankheit sein und sich gut entwickeln. Keinen Pflanzschnitt erhalten die Nadelgehölze und nur wenig Rückschnitt ist bei Laubgehölzen mit gutem Ballen nötig.

Die Pflanzen werden nur in die lockere, eventuell zusätzlich mit reifem Kompost oder Rindenkompost angereicherte Erde gepflanzt.

(Frischkompost nur zum Abdecken verwenden, nicht untermischen.) Es sollen möglichst keine Hohlräume im Wurzelbereich vorhanden sein, damit die frischen Wurzeln - auch die feinsten Faserwurzeln - ständig eingebettet sind und die Pflanzen sich gut mit Wasser und Nährstoffen versorgen können. Bei sehr lockerer Erde wird mit dem Fuss etwas festgetreten (aber nicht einstampfen, sonst droht Verletzung des Wurzelhalses!). Am Schluss bilden wir einen Giessrand und giessen gut mit leichtem Strahl an, damit die Feinpartikel (Tonmineralien) dicht um die Wurzeln liegen (also selbst bei Regenwetter giessen!).

# Bodenpflege und Gehölzschnitt

**W**ährend der ersten zwei bis drei Jahre soll eine Heckenpflanzung wenn möglich regelmässig gepflegt werden. Ziel der Pflege ist es, der Pflanze optimale Bedingungen zu geben. Die Bodenpflege stellt die Versorgung mit Nährstoffen und Wasser sicher, zudem sind Pflanzen auf garem Boden widerstandsfähig.

Mit einer Mulchschicht aus gehäckseltem Stroh, Schilf oder Rindenmulch wird die Bodengare gefördert und zugleich das Aufkommen von Unkraut verhindert. Nicht als Abdeckung verwenden soll man Holzschnitzel, weil dadurch der Boden sauer wird. Als Unkraut würden in der Pflanzung alle Kräuter und Gräser gelten, die durch Wurzelkonkurrenz oder Beschattung das Wachstum der Sträucher behindern könnten. Allerdings ist weniger die direkte Konkurrenz von Bedeutung als vielmehr die Gefahr, dass verunkrautete Flächen früher oder später geschnitten werden. Dabei lässt es sich nicht verhindern, dass beim Schnitt mit der (Motor-)Sense immer wieder Sträucher verletzt werden. Da die jungen Gehölze aber meist wuchskräftige Jungtriebe oder Ausläufer bilden, wird durch solche Verletzungen die Pflanze sehr stark geschädigt. In einem Umkreis von 50 Zentimetern soll daher immer nur gejätet und nie geschnitten werden.

Wer für solch intensive Pflegemassnahmen keine Zeit hat, kann selbstverständlich auch die Natur arbeiten lassen, d.h. die sich einstellende Spontanvegetation gewähren lassen. Dadurch werden im Winter Mäuse und andere Kleintiere angezogen, die unter der Krautschicht gute Nahrungs- und Überwinterungsbedingungen finden. Wird die Pflanzfläche mit einjährigen Kräutern (Gründüngung oder Ackerbegleitflora) eingesät, so schützt man den Boden ebenfalls vor Austrocknung und fördert mit der Bodengare das Wachstum der Sträucher. Die Pflanzung präsentiert sich besonders mit Ackerunkräutern sehr farbenprächtig. Wer die Arbeit und die Kosten nicht scheut, pflanzt zwischen den Sträuchern zwei- und mehrjährige Kräuter des Gehölzrandes, Schlagvegetation, aber auch Ruderalpflanzen (Königskerze, Weidenröschen, Johanniskraut, Wilde Malven usw.). Mit zunehmender Beschattung durch die Gehölze wandern die lichtbedürftigen Arten an den Rand der Gehölzfläche. Dann wird es Zeit, die Schattenvegetation (Schlüsselblumen, Buschwindröschen usw.) unter der Hecke auszubringen.

### Sträucher-Schnitt

Bei Pflanzungen mit Forstware wird zu Beginn darauf geachtet, dass die jungen Triebe gefördert werden. Die jungen Stockausschläge zeigen oft schon durch ein wesentlich grösseres Blatt an, dass sie gesünder und wuchskräftiger sind.

Ältere Sträucher werden regelmässig (jährlich) sorgfältig geschnitten. Durch den regelmässigen Schnitt kann die charakteristische Wuchsform eines Strauches am besten erhalten bleiben. Hecken können gut und problemlos von Laien geschnitten werden, grössere Solitärsträucher oder hochstämmige Bäume überlässt man besser dem Fachmann. Allerdings geschieht es oft, dass selbst Fachleute die einfachsten Regeln der Schneidekunst missachten. Oft werden Bäume verkrüppelt, oder knorrige, verwachsene Exemplare werden mit allen Mitteln zu gerade wachsenden umgeformt. Dabei gibt es kaum etwas so Eigenwilliges und Ausdrucksstarkes wie es ein alter,

# GEHÖLZE

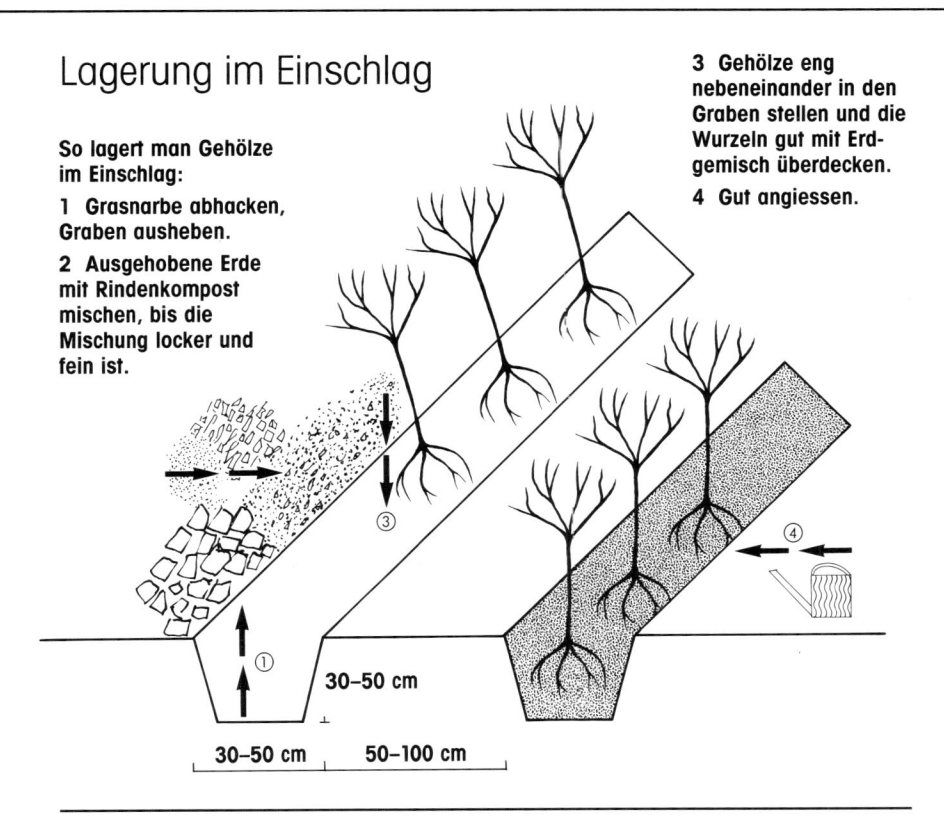

## Lagerung im Einschlag

So lagert man Gehölze im Einschlag:

1 Grasnarbe abhacken, Graben ausheben.

2 Ausgehobene Erde mit Rindenkompost mischen, bis die Mischung locker und fein ist.

3 Gehölze eng nebeneinander in den Graben stellen und die Wurzeln gut mit Erdgemisch überdecken.

4 Gut angiessen.

## Schnittarbeiten vor der Pflanzung

1 Alle Triebe bis zum nächsten gesunden Auge einkürzen.

2 Schwache Konkurrenztriebe an der Verzweigung entfernen.

3 Schwache, verletzte und geknickte Äste ganz entfernen oder auf das nächste gesunde Auge zurückschneiden.

Verletzte (4), zerfaserte (5) und gespaltene (6) Wurzeln frisch anschneiden, eventuell entfernen.

7 Gesunde Wurzeln leicht zurückschneiden.

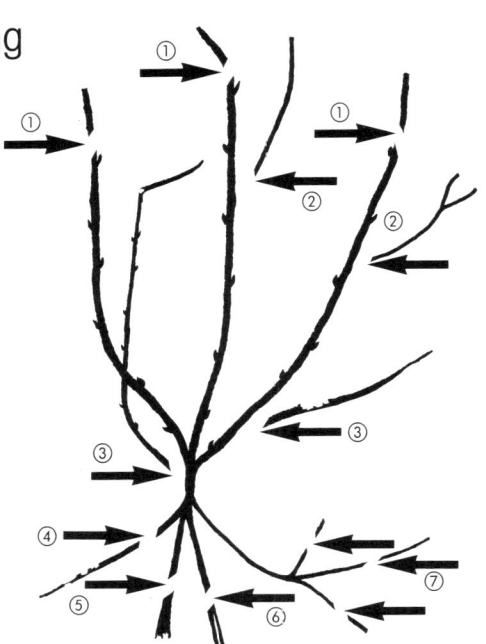

## Das richtige Pflanzen

Pflanzarbeiten sind keine Kunst. Wichtig ist aber, dass die folgenden Punkte beachtet werden: Pflanze nie zu hoch setzen (links), die Wurzeln müssen ganz eingebettet sein; Pflanze auch nie zu tief setzen (rechts), der Stamm könnte sonst geschädigt werden und faulen.

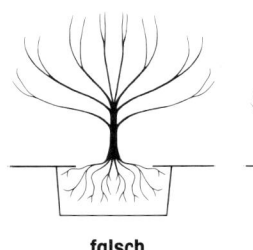

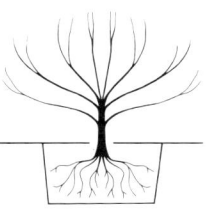

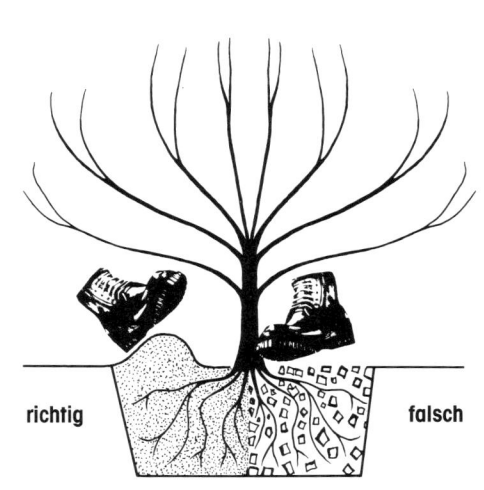

Zuerst die Pflanzgrube sauber ausheben und den Untergrund lockern. Erde mit Rindenkompost vermischen und vorsichtig einfüllen. Giessrand aufschütten und leicht antreten. Gut angiessen, damit auch die letzten Hohlräume mit Substrat gefüllt werden.

Je unsorgfältiger gepflanzt wird, desto länger dauert es, bis der Strauch richtig angewachsen ist. Also nie grobschollige Erde verwenden, und nie diesen Fehler durch besonders kräftiges Einstampfen zu korrigieren versuchen: Wurzelhals, Knospen und Ausläufer könnten so verletzt werden.

**Zwei Holundersträucher, beide sind im zweiten Sommer nach der Pflanzung, beide wurden als leichte Büsche (60–80 cm) im gleichen Garten auf dem gleichen Boden gepflanzt – aber der eine in einen gut vorbereiteten Boden (links) der andere einfach in die Wiese (Mitte). Der Unterschied ist frappant. Und weil man die Wiese jedes Jahr schneidet, wird der kleine Holunder auch ständig verletzt (rechts), ganze Triebe werden mit der Sense abgeschnitten. Es kann noch Jahre dauern, bis sich der Strauch durchsetzt und entwickelt.**

verwachsener und krummer «Lebensbaum» ist. Wichtigste Grundregel ist deshalb, dass beim Schnitt immer auf die dem Baum eigene Wuchsform, auf seinen Charakter eingegangen wird.

### Pflege der Wildhecken

Für den Schnitt von Wildhecken gibt es zwei Methoden: entweder schonend und dauernd schneiden oder aber alle paar Jahre auf den Stock setzen. *Auf den Stock setzen* bedeutet, dass die Sträucher zirka 10 bis 20 Zentimeter über dem Boden ganz abgeschnitten werden. Der Strauch regeneriert sich schnell durch sogenannte Stockausschläge.

Damit die Lebensgemeinschaft *Hecke* nicht zu sehr gestört wird, soll die Hecke nur abschnittweise auf den Stock gesetzt werden. Einige Sträucher (Weissdorn, Liguster) ertragen diese Schnittart schlecht, sie werden von ausschlagkräftigen Arten verdrängt. Andererseits fördert man langsamwachsende Arten dadurch, dass die anderen regelmässig auf den Stock gesetzt werden. Auch Kräuter und spontan angesiedelte andere Gehölze können von der plötzlichen Veränderung der Standortbedingungen (Schatten zu Licht) profitieren und sich voll entwickeln. Will man vermeiden, dass die Hecke nach dem Schnitt kahle Stellen zeigt oder dass die Sträucher ihre typische Form verlieren, führt man auch in der Wildhecke Korrekturschnitte besser relativ häufig und grosszügig durch. Dies heisst nicht, dass man ständig an einer Hecke herumschnipselt, sondern dass der Strauch von Grund auf erneuert wird, d.h. es werden nach Möglichkeit immer ganze Äste am Stock oder an der Verzweigung abgeschnitten.

Wird immer an der gleichen Stelle geschnitten, so reagiert der Strauch mit der Bildung büschel- und quirlartiger Triebe. Das Bild des Strauches wird gestört, der Strauch verliert seine eigene harmonische Wuchsform. Allerdings entstehen dadurch besonders bei Dornengehölzen gute Nistgelegenheiten. Oft hängt der Schnitt auch mit der Nutzung zusammen: Weiden, die für Korbarbeiten geschnitten werden, bilden dicke, oft hohle Köpfe aus. Kopfweiden sind in neuerer Zeit wieder ein beliebtes Element für romantische Gartengestaltungen geworden. Heckenpflege ist also oft verbunden mit der menschlichen Nutzung. Schön wäre es, wenn auch unsere neugepflanzte Hecke genutzt würde, für Bastelarbeiten, als Nutzholzlieferant, für unsere Ernährung und als Apotheke. Denn nur wenn wir die Nützlichkeit einer vielfältigen Kulturlandschaft wiedererkennen, ist auch gesichert, dass die heute gepflanzten Hecken auch morgen noch gepflegt werden.

# GEHÖLZE

## Einheimische Bäume und Sträucher

| | | Wuchshöhe | Reaktionszahl | Feuchtezahl | Licht | Schnitt | Pflegeart | Wuchsform |
|---|---|---|---|---|---|---|---|---|
| Abies alba | Tanne | 30 m | x | x | ◐● | | ± | ♀ |
| Acer campestre | Feldahorn | 15 m | 7 | 5 | ○● | □ | ⊥± | ∨♀ |
| Acer platanoides | Spitzahorn | 30 m | x | x | ◐ | | ⊥± | ♀ |
| Acer pseudoplatanus | Bergahorn | 30 m | x | 6 | ◐ | | ⊥± | ♀ |
| Alnus glutinosa | Schwarzerle | 15 m | 6 | 9 | ◐ | | ⊥± | ∨♀ |
| Berberis vulgaris | Berberitze | 3 m | 8 | 4 | ○● | □ | ⊥± | ∨ |
| Betula pendula | Birke | 15 m | x | x | ○ | | ⊥± | ♀ |
| Buxus sempervirens | Buchs | 5 m | 8 | 4 | ○◐ | □ | ± | ∨♀ |
| Carpinus betulus | Hainbuche | 20 m | x | x | ○◐ | □ | ⊥± | ∨♀ |
| Cornus mas | Kornelkirsche | 7 m | 8 | x | ○◐ | | ⊥± | ∨♀ |
| Cornus sanguinea | Roter Hartriegel | 4 m | 8 | x | ○◐ | □ | ⊥± | ∨ |
| Corylus avellana | Hasel | 6 m | x | x | ○◐ | | ⊥± | ∨ |
| Crataegus oxyacantha | Zweigriffliger Weissdorn | 4 m | 7 | 5 | ○◐ | □ | ± | ∨♀ |
| Crataegus monogyna | Eingriffliger Weissdorn | 4 m | 8 | 4 | ○◐ | □ | ± | ∨♀ |
| Daphne mezereum | Seidelbast | 1,5 m | 7 | 5 | ◐● | | ± | ∨ |
| Euonymus europaea | Pfaffenhütchen | 3 m | 8 | 5 | ○◐ | | ⊥± | ∨ |
| Fagus silvatica | Buche | 30 m | x | 5 | ◐● | □ | ⊥± | ♀ |
| Fraxinus excelsior | Esche | 35 m | 7 | x | ○◐ | | ⊥± | ♀ |
| Hippophaë rhamnoides | Sanddorn | 4 m | 8 | 4 | ○ | | ⊥± | ∨ |
| Ilex aquifolium | Stechpalme | 8 m | 4 | 5 | ○◐ | □ | ± | ∨ |
| Juniperus communis | Wachholder | 6 m | x | 4 | ○ | | ± | ∨ |
| Ligustrum vulgare | Liguster | 5 m | 8 | x | ○◐ | □ | ± | ∨ |
| Lonicera xylosteum | Geissblatt, Heckenkirsche | 3 m | 7 | 5 | ○◐ | □ | ⊥± | ∨ |
| Picea abies | Fichte | 30 m | x | x | ○● | □ | ± | ♀ |
| Pinus silvestris | Föhre | 30 m | x | x | ○ | | ± | ♀ |
| Populus tremula | Aspe | 30 m | x | 5 | ○ | | ⊥± | ♀ |
| Populus nigra | Pappel | 30 m | 7 | 8 | ○◐ | | ⊥± | ♀ |
| Prunus avium | Vogelkirsche | 25 m | 7 | 5 | ○◐ | | ⊥± | ∨♀ |
| Prunus padus | Traubenkirsche | 10 m | 7 | 8 | ○◐ | | ⊥± | ∨♀ |
| Prunus spinosa | Schwarzdorn | 3 m | x | x | ○◐ | □ | ⊥± | ∨ |
| Quercus robur | Stieleiche | 35 m | x | x | ○ | | ⊥± | ♀ |
| Quercus petrea | Traubeneiche | 40 m | x | 5 | ○ | | ⊥± | ♀ |
| Rhamnus catharticus | Kreuzdorn | 4 m | 8 | 4 | ○◐ | | ⊥± | ∨ |
| Rhamnus frangula | Faulbaum | 4 m | 2 | 7 | ○◐ | | ⊥± | ∨ |
| Ribes alpinum | Johannisbeere | 1,5 m | 8 | x | ○◐ | □ | ⊥± | ∨ |
| Rosa canina | Hundsrose | 3 m | x | 4 | ○ | | ⊥± | ∨♀ |
| Salix sp. | div. Weidenarten | bis 30 m | | | ○ | □ | ⊥± | ∨♀ |
| Sambucus nigra | Schwarzer Holunder | 6 m | x | 5 | ○◐ | | ⊥± | ∨♀ |
| Sambucus racemosa | Roter Holunder | 4 m | 5 | 5 | ○◐ | | ⊥± | ∨ |
| Sorbus aria | Mehlbeere | 15 m | 7 | 4 | ○◐ | | ⊥± | ∨♀ |
| Sorbus aucuparia | Vogelbeere | 15 m | x | x | ○◐ | | ⊥± | ∨♀ |
| Sorbus torminalis | Elsbeere | 15 m | 7 | 4 | ○◐ | | ⊥± | ∨♀ |
| Taxus baccata | Eibe | 20 m | 7 | 5 | ◐● | □ | ± | ∨♀ |
| Tilia cordata | Winterlinde | 30 m | x | x | ◐● | | ⊥± | ♀ |
| Tilia platyphyllos | Sommerlinde | 30 m | x | 5 | ◐● | | ⊥± | ♀ |
| Viburnum lantana | Wolliger Schneeball | 4 m | 8 | 4 | ○◐ | □ | ⊥± | ∨ |
| Viburnum opulus | Gew. Schneeball | 3 m | 7 | x | ○◐ | | ⊥± | ∨ |

**Erläuterungen zur Tabelle**

**Reaktionszahl** (nach Ellenberg)
1 Starksäurezeiger
3 Säurezeiger
5 Mässigsäurezeiger
7 Schwachsäurezeiger
9 Basen- und Kalkzeiger
x Erträgt saure und kalkhaltige Böden

**Feuchtezahl** (nach Ellenberg)
1 Starktrockenzeiger
3 Trockenzeiger
5 Frischezeiger
7 Feuchtezeiger
9 Nässezeiger
x Erträgt feuchte und trockene Böden

**Licht**
○ Vollichtpflanze
◐ Halbschattenpflanze
● Tiefschattenpflanze

**Schnitt**
□ Geeignet für geschnittene Hecken

**Pflegeart**
± Schneiden
⊥ Auf den Stock setzen

**Wuchsform**
∨ Strauch
♀ Baum

# Schnitt und Pflege von Hecken und Gehölzen

**1** Mehrtriebige, strauchförmige, starkwachsende Gehölze schneiden wir jährlich oder auch seltener – je nach Platzverhältnissen im Garten. Äste, die zu lang sind, werden ganz abgeschnitten, also unten am Stock, etwa 10–20 cm über dem Boden. Der Strauch regeneriert sich von Grund auf durch Stockausschläge. Geeignet für diese Schnittart sind Hasel, Hartriegel, Pfaffenhütchen, Salweide, Wolliger und Gewöhnlicher Schneeball, Schwarzer Holunder, Traubenholunder, Rote Heckenkirsche, Feldahorn, Hainbuche.

**2** Werden im Gegensatz zu Punkt 1 Äste immer an der gleichen Stelle abgeschnitten, erreichen wir eine starke Verästelung. Der Strauch verliert seine schöne Wuchsform, dafür erhalten wir gute, katzensichere Nistgelegenheiten für Vögel. Geeignet sind dafür besonders Dornengehölze wie Weissdorn, Schwarzdorn, Kreuzdorn, Berberitze, Sanddorn, Hagrose, Stechpalme.

**3** Schonender Schnitt für Arten mit geringer Veranlagung zu Stockausschlägen und für schwachwachsende Gehölze: Es werden nicht ganze Äste herausgeschnitten wie in Punkt 1, sondern man formt das Gehölz durch gezieltes Zurückschneiden auf kräftige Seitentriebe, welche die Funktion von gerüstbildenden Ästen übernehmen können. Die typische Form des Gehölzes soll weitgehend erhalten oder sogar gefördert werden. Typisch können dabei auch eine krumme, knorrige Form sein oder stark ineinanderwachsende Triebe (z.B. von Kletterbäumen).
In dieser Art schneiden wir Liguster, Weissdorn, Kornelkirsche, Vogelkirsche, Traubenkirsche, Elsbeere, Mehlbeere, Vogelbeere u.a.m. Für grosse Laubbäume den Fachmann beiziehen.
Wir sorgen für saubere Schnittstellen (3a): Keine langen Reststücke stehenlassen. Solche Stummel sterben ab, es können so Faulstellen entstehen, die den Strauch schädigen. Aber auch nicht zu nahe am Stamm schneiden, damit die Leitbahnen für den Saftstrom nicht verletzt werden.

**4** Formen von überständigen und hochstämmigen Bäumen: Gehölze mit starker Tendenz, einen Haupttrieb auszubilden, können zu Hochstammbäumen umgeformt werden. Sie dienen entweder als Alleebäume oder bilden ihre Krone über der Strauchhecke als sogenannte Überständer aus. Wir bevorzugen einen Haupttrieb und entfernen alle Konkurrenztriebe (Stockausschläge, Seitentriebe) bis zur gewünschten Höhe. Dafür geeignet sind Ahorn, Hagebuche, Eiche, Linde, Ulme, Esche, Silberweide, Nadelbäume, Vogelkirsche, Wildbirne, Wildapfel, Vogelbeere, Mehlbeere, Elsbeere. Buschig wachsende Sträucher lassen sich mit etwas Sorgfalt ebenfalls zu kleinen Bäumen formen: Das geht mit Holunder, Weissdorn, Feldahorn, Kornelkirsche, Pfaffenhütchen, Traubenkirsche, Salweide u.a.m.

**5** Schnitt von ausgedehnten Hecken: Haben wir grosse Hecken, so pflegen wir sie möglichst zeitsparend, indem wir sie alle 5–10 Jahre vollkommen zurückschneiden (auf den Stock setzen). Alle Triebe werden dabei 10–20 cm über dem Boden abgeschnitten. Nie die ganze Hecke auf einmal auf den Stock setzen, sondern schrittweise alle paar Jahre einzelne Abschnitte. Auf den Stock setzen darf man folgende Arten: Pfaffenhütchen, Haselnuss, Hagebuche, Weide, Hartriegel, Faulbaum, Roter Holunder, Traubenholunder, Esche, Eiche, Ahorn, Schneeball, Geissblatt, Zitterpappel, Silberpappel, Sanddorn, Schwarzdorn, Heckenrose. Nicht auf den Stock setzen darf man Weissdorn, Liguster, Buchs, Wildbirne, Nadelgehölze, Stechpalme.

# GEHÖLZE

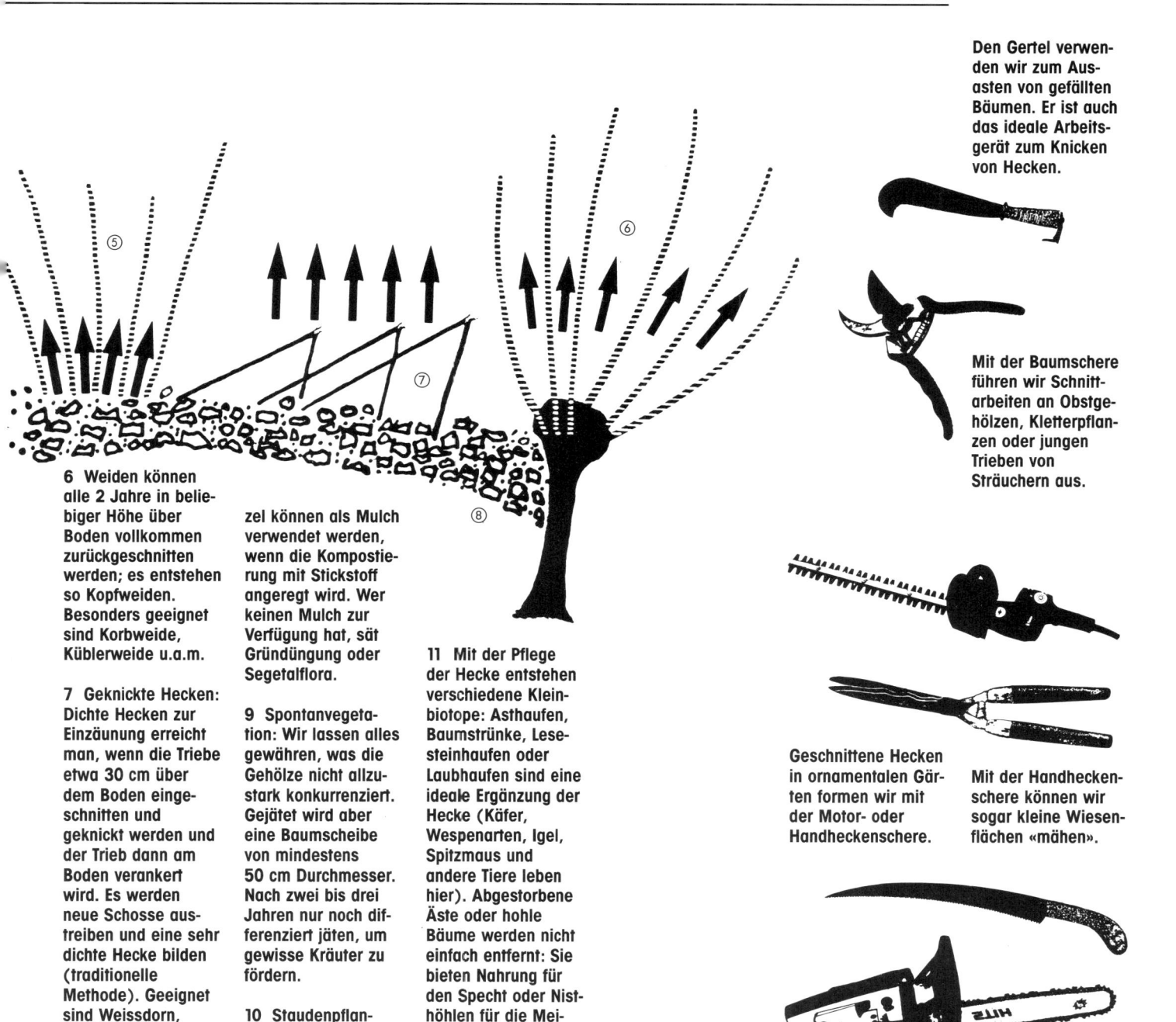

Den Gertel verwenden wir zum Ausasten von gefällten Bäumen. Er ist auch das ideale Arbeitsgerät zum Knicken von Hecken.

Mit der Baumschere führen wir Schnittarbeiten an Obstgehölzen, Kletterpflanzen oder jungen Trieben von Sträuchern aus.

**6** Weiden können alle 2 Jahre in beliebiger Höhe über Boden vollkommen zurückgeschnitten werden; es entstehen so Kopfweiden. Besonders geeignet sind Korbweide, Küblerweide u.a.m.

**7** Geknickte Hecken: Dichte Hecken zur Einzäunung erreicht man, wenn die Triebe etwa 30 cm über dem Boden eingeschnitten und geknickt werden und der Trieb dann am Boden verankert wird. Es werden neue Schosse austreiben und eine sehr dichte Hecke bilden (traditionelle Methode). Geeignet sind Weissdorn, Schwarzdorn u.a.m.

**8** Bodenpflege: Im ersten Jahr wird mit Stroh-, Schilf- oder Rindenhäcksel gemulcht. Holzschnitzel können als Mulch verwendet werden, wenn die Kompostierung mit Stickstoff angeregt wird. Wer keinen Mulch zur Verfügung hat, sät Gründüngung oder Segetalflora.

**9** Spontanvegetation: Wir lassen alles gewähren, was die Gehölze nicht allzustark konkurrenziert. Gejätet wird aber eine Baumscheibe von mindestens 50 cm Durchmesser. Nach zwei bis drei Jahren nur noch differenziert jäten, um gewisse Kräuter zu fördern.

**10** Staudenpflanzung: Im Laufe der Zeit Waldrand- und Waldunterwuchsvegetation auspflanzen und den Heckensaum laufend vervollständigen.

**11** Mit der Pflege der Hecke entstehen verschiedene Kleinbiotope: Asthaufen, Baumstrünke, Lesesteinhaufen oder Laubhaufen sind eine ideale Ergänzung der Hecke (Käfer, Wespenarten, Igel, Spitzmaus und andere Tiere leben hier). Abgestorbene Äste oder hohle Bäume werden nicht einfach entfernt: Sie bieten Nahrung für den Specht oder Nisthöhlen für die Meisen. Wer will, kann in seiner Hecke auch künstliche Nistgelegenheiten schaffen (örtliche Natur- und Vogelschutzvereine anfragen).

Geschnittene Hecken in ornamentalen Gärten formen wir mit der Motor- oder Handheckenschere.

Mit der Handheckenschere können wir sogar kleine Wiesenflächen «mähen».

Für grössere Schnittarbeiten dient uns eine spezielle Baumsäge oder die Motorsäge (Achtung Unfallgefahr).

UNTERWUCHS

# Im Schatten der Gehölze: Unterwuchs und Saumvegetation

Warum sich Naturgärtner Schatten wünschen. Was am Gehölzrand wächst. Wie Farbe unter die Hecke kommt. Wie man durch Jäten die Vielfalt erhöht. Und warum auch tote Pflanzen noch voller Leben sind.

Die Frühlingsplatterbse ist eine der schönsten Pflanzen, die unter der noch kahlen Hecke blühen. Auf dem braunen Moder des Waldbodens kommen die eigenartigen Farbkombinationen ihrer Blüten besonders gut zur Geltung.

Hecken sind oft Begleiter anderer Landschaftselemente. Der Heckensaum ist daher in vielen Fällen durch einen extremen Wechsel in den Standortverhältnissen geprägt – hier zum Beispiel zwischen schattig und extrem trocken. An dieser Gartenhecke findet man neben dem abgebildeten Johanniskraut auch Natternkopf, Wegwarte, Hauhechel, Dost, Thymian, Sonnenröschen und viele andere.

Halbschatten lädt dazu ein, sich in die Urgeborgenheit des Zwielichts zurückzuziehen — umgeben von Kräutern und weichem Moos ganz für sich allein ein wenig das Leben zu geniessen.

# UNTERWUCHS

**G**litzernd fallen die Strahlen der Frühjahrssonne durch die noch kahlen Äste der Bäume. In ihrem Licht beginnen Buschwindröschen, Scharbockskraut, Schlüsselblume und Lungenkraut zu blühen. Die zu braunen, schuppigen Schnecken eingerollten Wedel der Farnkräuter strecken sich der ersten Wärme entgegen. Bärlauch verbreitet seinen scharfen Duft. Kindheitserinnerungen werden wach: Ostergeschenke, eingebettet in hohle, moderige Baumstrünke; Tannzapfenkühe auf ihrer vom Tau glänzenden Mooswiede. Erinnern Sie sich an diese Zauberwelt, an Wichtelkinder, Elfen, an Zwerge und geheime Schätze? An verborgene Schleichwege und versteckte Hütten?

In der hochsommerlichen Hitze ziehen sich auch die Erwachsenen in die Urgeborgenheit des Zwielichtes zurück. In der Hängematte suchen wir stille Einkehr, umhangen vom Urwald der Waldrebe und vom würzigen Geruch des Hopfens. Oder wir dösen mit wohlig gefülltem Bauch in den Tag hinein.

Der Wechsel von Schatten und voller Sonne, von Wärme und Kühle, von trocken und feucht lässt auf engem Raum vielfältige Pflanzengesellschaften entstehen: Waldunterwuchs der Laubwälder, der trockenen Föhrenwälder oder die Krautschicht des feuchten Erlenbruches. Am Rand von Hecken, Gehölzen und Wäldern wachsen die entsprechenden Saumgesellschaften. Im Herbst fallen Massen von organischem Material an, welches von Bodenlebewesen und anderen Kleintieren abgebaut wird. Die dicke Mull- und Moderschicht wird langsam zum dunklen, nährstoff- und humusreichen Waldboden umgewandelt.

## Schatten schaffen

**Je dichter die Bäume stehen, desto stärker wird der Schattenwurf. Wenn Bäume und Sträucher bewusst in verschiedenen Abständen gepflanzt werden, entstehen in einem Hain unterschiedliche Standortverhältnisse für Schatten- und Saumvegetation.**

**Wo der Platz für ausgedehnte Baum- und Strauchpflanzungen fehlt, erreicht man auch mit einer Laube schattige und halbschattige Bereiche. Direkt unter der Laube kann man Frühjahrsblüher, Farne und Waldgräser pflanzen. Im Schlagschatten der Laube und an deren Rand lassen die Lichtverhältnisse auch Saumvegetation zu.**

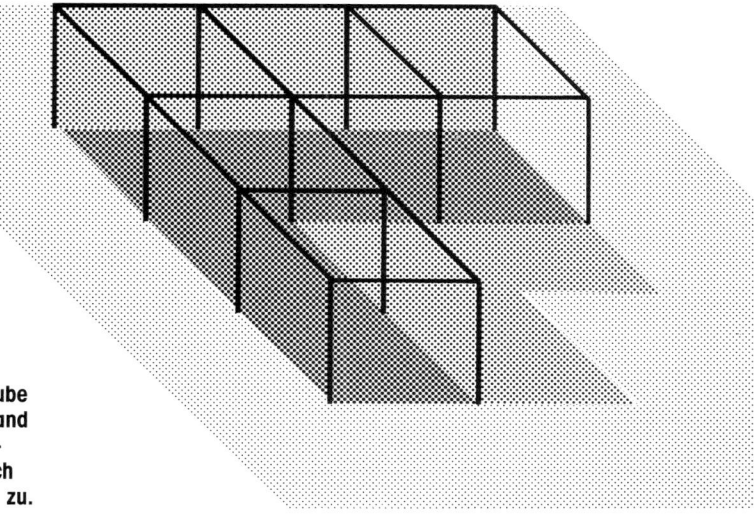

# Gestalten mit Licht und Schatten

**W**aldunterwuchsvegetation zeichnet sich durch mehr oder weniger starke Beschattung – Halbschatten bis Tiefschatten – aus. Bei Laubwäldern kommt noch die unterschiedliche Beleuchtung im Jahreslauf dazu. Saumvegetation ist dagegen durch den raschen örtlichen Wechsel zwischen voller Sonne und Schatten geprägt. Saumgesellschaften sind Übergangsgesellschaften, zum Beispiel zwischen Wiese und Waldunterwuchs oder zwischen Sumpf und Waldunterwuchs. Entsprechend finden wir hier auch Pflanzen der Feucht-, Trocken-, und Pionierstandorte. Haben wir das Glück, einen alten, verwachsenen Garten mit Baum- und Strauchbestand zu besitzen, ist die wichtigste Voraussetzung für Waldunterwuchs- und Saumgesellschaften schon erfüllt. Dabei spielt es keine Rolle, ob die Bäume nun einheimisch sind oder nicht, wir können nach und nach immer noch Gehölze aus der Gegend dazwischen pflanzen. Hauptsache ist, dass wir bereits den Vorteil eines schattigen Standortes haben. In diesen Partien beobachten wir zuerst, welche Pflanzen schon spontan aufkommen, und ergänzen höchstens mit einigen wenigen zusätzlichen Arten, die zum entsprechenden Standort passen (siehe Tabelle am Schluss des Buches).

In neu angelegten Gärten denken wir bereits bei der Gehölzpflanzung an die Schatten- und Saumvegetation:

- Sind die Gehölze genügend weit auseinander gepflanzt für grosse Staudenflächen? (Mindestens zwei auf zwei Meter, eher mehr, wenn wir grosszügige und differenzierte Staudenflächen wollen.)
- Erreichen wir eine genügend dichte Bepflanzung für Arten, die im tiefen Schatten leben? (Eventuell immergrüne Gehölze wie Stechpalme, Eibe oder Fichten mitpflanzen, Sträucher eng pflanzen: 1,5 auf 1,5 Meter und enger.)
- Können wir die Staudenflächen auch betreten? Wir lassen Lücken zwischen den Gehölzen frei, geben einen Weg oder eine Lichtung vor.
- Haben wir am Rand der Gehölze genügend Platz für die Saumvegetation miteingerechnet? (Der Streifen sollte mindestens 50 Zentimeter, besser 1 Meter breit sein.)
- Ist unsere Strauchpflanzung so angelegt, dass sich ein reiches Spiel an Licht und Schatten ergibt? (Auch wenn die Sträucher gross sind?)
- Können wir für die Kinder bereits Grundlegendes mitplanen? (Schleich- und Hohlwege, «grüne Höhlen», Erdwälle für Verstecke.)
- Fehlen Bäume und Sträucher, so schaffen wir einen Schattenbereich mit einer dicht überwachsenen Pergola. Den Boden nicht mit Platten, sondern mit Finnenbahnbelag oder Rindenschnitzel bedecken (siehe Kapitel *Wege, Plätze, Mauern*). Eventuell Boden mit Efeu überwachsen lassen. Die Laube bzw. den Laubengang so planen, dass wir auch beschattete Bereiche erhalten, die nicht begangen werden und sich für die Bepflanzung eignen.
- Wir schaffen auch weitere Möglichkeiten für Schlingpflanzen, zum Beispiel Klettergerüste als Sichtschutzwände, als belebende Elemente, als Einzelsäulen mit Geissblatt oder Hopfen. Wichtig: So stark dimensionieren, dass auch Kinder gefahrlos klettern können! Wir denken auch an Fassadenbegrünung!
- Können wir beim Bau der Gartenanlage die Böden variieren: sandig-kiesiger Boden für lichten Unterwuchs (Föhrenwald), verdichtete Böden für auenwaldartige Sumpfstellen, Sumpfgräben oder schattige Tümpel?

# Pflanzung und Pflege

Schattenvegetation und Saumgesellschaften entstehen zusammen mit der Pflanzung und Pflege der Gehölze, man vergleiche deshalb mit den Kapiteln *Gehölze* und *Stauden*.

### Saumvegetation

Die Saumvegetation wird auf einem sauberen Saatbeet gesät oder besser gepflanzt. Da die Saumgesellschaft eine Übergangsgesellschaft ist, pflanzen wir auch Wiesenblumen, -gräser, Trocken- und Feuchtvegetation mit, je nach Standort.

### Bestehende Gehölzflächen

Wenn in älteren Gärten die Gehölze vernünftig gepflegt wurden, werden wir bereits spontane Saum- und Unterwuchsvegetation vorfinden. Soll diese mit weiteren Arten vervollständigt werden, so suchen wir an geeigneten (mit dem Gartenstandort möglichst identischen) Stellen Samen, welche wir direkt auf den gelockerten Boden ausbringen, oder wir ziehen Setzlinge an und pflanzen diese aus. Da die Konkurrenzkraft der bestehenden, unter Umständen aber monotonen Unterwuchsvegetation oft sehr hoch ist, erreichen wir mit der Auspflanzung von Setzlingen auf grösseren Flächen oft bessere Resultate. Sofern in den Gehölzen bisher das Laub entfernt wurde, verbessern wir den Boden, indem Rindenkompost, Laub(kompost), Holzhäcksel oder Kompost verteilt wird.

### Neu angelegte Gehölzflächen

Wir warten mit der Schattenvegetation, bis die Gehölze gross genug sind. Solange die Gehölze selbst noch wenig Laub abwerfen, fördern wir die Bodengare und die Mull- und Moderschicht, indem wir jedes Jahr genügend organisches Material aufbringen (Laub usw., siehe oben). Wir können auch sofort nach der Gehölzpflanzung lichtbedürftige Arten zwischen die Sträucher pflanzen (Schlagvegetation, Ruderal- und Saumvegetation). Sobald die Sträucher genügend Schatten spenden, werden diese Arten zum Licht hin wandern, wir bekommen nach und nach freien Raum und beginnen damit, Schattenstauden zu setzen oder zu säen. Oder wir holen an verschiedenen Stellen Waldboden, den wir am neuen Standort verteilen. Durch dieses «Impfen» bringen wir nicht nur Pflanzen, sondern auch wichtige Bodenlebewesen des Waldbodens mit ein.

Allenfalls können wir **sehr** häufige Schattenpflanzen auch im Wald beschaffen. Allerdings **nur**, wenn genügend grosse Bestände vorhanden sind (mindestens zehn Quadratmeter) und nur, wenn wir die Mutterpflanzen nicht ausgraben, sondern Ausläufer und Wurzelschosse verwenden. Halten Sie sich **strikte** an diese Regeln. Gewisse Arten ziehen wir aus Stecklingen (siehe Kapitel *Stauden*) oder wir beziehen die Pflanzen (insbesondere seltene Arten) in einer spezialisierten Gärtnerei. Moospolster können wir ebenfalls im Wald beschaffen. Wir sammeln kleine Stücke, teilen sie und stecken das Moos tuffweise am neuen Standort. Wenn nötig können wir die Moospolster und einige Stauden fördern, indem wir teilweise jäten und bei Trockenheit am Anfang giessen. Wir können auch bemooste Äste, Steine oder Strünke aus dem Wald holen, von denen aus sich das Moos selbst ausbreitet.

### Neu angelegte, ungepflegte Gehölzflächen

Wurden unsere Gehölze direkt in die Wiese gepflanzt oder wurde die Pflanzfläche weder abgedeckt noch gejätet, so warten wir, bis die Gehölze gut beschatten. Wir jäten die verbliebenen konkurrenzstarken Arten aus (Wiesengräser wie Knaulgras, Quecken, Placken, Vogelknöterich u.a.). Danach pflanzen, säen und impfen wir, wie oben beschrieben. Wer von Anfang an etwas mehr Zeit für die Pflege der Gehölzfläche einsetzen kann, jätet dauernd die wenigen aggressiveren Arten aus und fördert so die spontane Ansiedlung von schattenverträglichen Stauden. Es werden sich schnell Scharbockskraut, Gundelrebe oder Pfennigkraut ansiedeln. Nach und nach werden auch solche differenziert gejätete Flächen zusätzlich geimpft und angesät.

# Dürre Pflanzenstengel

**D**er Winter naht. Dürr und gelb stehen die letzten Stauden herum. Ihre Blumenpracht ist verblüht, die Stengel sind geknickt. Im Kreislauf der Natur haben sie ihre Aufgabe erfüllt, und auch in den Gärten empfindet man sie jetzt als unordentlich und überflüssig. Darum räumt man sie weg. Aber: Stimmt es, dass sie keinen Zweck mehr haben?

Der deutsche Ökologe Wolfgang Tischler hat sich dürre Stengel genauer angeschaut. Es waren fast meterhohe Brustwurz-Stauden, und sie wuchsen nicht in einem Garten, sondern in einer Sumpfwiese und an einem Seeufer. Auffällig waren die vielen Vögel, vor allem Meisen, die sich im Winter an den Stengeln tummelten, vorerst vereinzelt, im hochwinterlichen Januar immer wieder. Sie suchten die Stengel nicht nur ab, sie schlitzten sie zuoberst auch auf.

Der Zoologe tat es ihnen nach, zu Hause im Labor. Und er fand schnell des Rätsels Lösung: Hier wimmelte es von überwinternden Kleintieren, und auf sie hatten es die Meisen abgesehen. Am besten Standort waren es durchschnittlich sechs Individuen in einem Stengel: Kleintiere aus den verschiedensten Artengruppen.

Eine Bedingung aber musste immer erfüllt sein, damit die hohlen Stengel zum Überwinterungsort werden konnten: Sie mussten zugänglich sein. Dort, wo die Blütendolden noch intakt waren oder wo eine der Scheidewände beim Stengelknoten den Zugang verwehrte, waren auch die Röhren leer. Keiner der Überwinterer war selber in der Lage, sich in den Stengel einzubohren. Die idealen Rückzugsröhren entstanden immer dann, wenn der Stengel aus irgendeinem Grund geknickt war. Manchmal mochte der Wind das getan haben, im beobachteten Gebiet waren es jedoch ein paar Hirsche, die hier lebten und im Herbst regelmässig am Seeufer weideten und dabei die Brustwurz-Stengel anknabberten. Dass sie dabei den Meisen das Überleben im Winter erleichterten, ungewollt natürlich, ist einer der unzähligen einfachen und doch verblüffenden Zusammenhänge und der vielen biologischen Kettenreaktionen, die zwischen Arten in der Natur vorkommen. Dabei können, wie in diesem Beispiel, scheinbar nebensächliche Gegenstände oder Umstände eine grosse Rolle spielen.

Die Beobachtung in Norddeutschland ist kein einmaliger Zufall. Man kann sie leicht selber nachprüfen. In einem Garten im Schweizer Mittelland (Westaargau) habe ich einmal im Frühjahr einige Dutzend dürre und hohle Stengel von Doldenblütlern entlang einer Hausmauer auf dem Boden ausgelegt. Sie waren jeweils etwa 30 Zentimeter lang und zu Bündeln zusammengeschnürt. Anfang Februar des nächsten Jahres habe ich einen ersten Teil geöffnet und auf seinen Inhalt hin untersucht. Ein weiterer Teil blieb an der Wärme, in einem Auffangglas, um allfällige verpuppte Tiere zum Schlüpfen zu bringen. Fast jeder Stengel enthielt Leben: Käfer, Milben, Ohrwürmer, Wanzen, Springschwänze, Spinnen, eine Schmetterlingsraupe. Und fast immer fanden sich Kotballen von nicht mehr anwesenden Gästen. Später schlüpften oder verliessen dann das Winterversteck zusätzlich Zehr-, Schlupf- und Pflanzenwespen, Grabwespen, eine Fliege und ein Käfer, und zuletzt eine in allen Farben schillernde Goldwespe.

Die gleiche Rolle wie Stengel von Doldenblütlern können auch andere Pflanzen übernehmen. Zum Beispiel Stoppeln auf abgeernteten Feldern, Schilfstengel, Disteln oder abgeschnittene und angeschnittene Brombeerstauden. Die Pflanzenstengel dienen nicht nur als Überwinterungsort. Sie sind auch Tagesversteck für nachtaktive Kleintiere, Nachtversteck für tagaktive Tiere, Ort der Eiablage für Spinnen, Schutz zum Verpuppen für Wespen, Brutröhren für Wildbienen und vieles mehr.

Sind dürre Stengel «ordentlich» oder nicht? Soll man sie wegräumen oder nicht? Scheinbar Nutzloses hat in der Natur wohl immer einen Sinn, gehört zu ihrer Ordnung. Wie dürre Stengel einem Heer von Kleintieren das Überleben ermöglichen, so gibt es viele Strukturelemente, Gegenstände, die als sogenannte Requisiten in den Lebensraum von Tieren gehören und für ihr Gedeihen unabdingbar sind. Wir können sie nicht alle kennen, diese Requisiten, aber wir haben eine Chance, sie im Garten bereitzuhalten, wenn wir die Ordnung der Natur auch wieder mehr anerkennen.

# UNTERWUCHS

Gar nichts tun ist aber auch eine Möglichkeit. Wer will, überlässt die ganze Besiedelung der Gehölzflächen mit Krautartigen dem Zufall. Während Jahrzehnten wird sich ständig eine grössere Vielfalt einstellen, wir beobachten unsere Flächen ein Leben lang und sehen mit Geduld und Zuversicht zu, wie die Natur selbst gärtnert.

## Pflegearbeiten

Hat sich die Saum- und Unterwuchsvegetation einmal etabliert, so braucht sie kaum Pflege. Einzelne Pflanzen können wir fördern, indem wir ihnen etwas mehr Platz verschaffen (differenziert jäten). Laub wird immer liegengelassen, da eine Mullschicht den typischen Lebensbereich Gehölz/Gehölzrand fördert. Äste von Gehölzschnitt und Baumstrünke lassen wir an Ort und Stelle, sofern wir sie nicht für Heizzwecke verwenden wollen. Lesesteine aus dem Nutzgarten schichten wir zu Haufen auf. An der Sonne oder im Schatten werden diese Lesesteinhaufen schnell belebt: Kleinsäuger, Amphibien, Reptilien, Spinnen oder Ödlandschrecken finden sich ein.

Wenn die Gehölze zu dicht werden, können einzelne ausgelichtet, auf den Stock gesetzt oder auch ausgestockt werden. Wir bewahren so die Nuancierung in den Lichtverhältnissen. Starkwüchsige Pflanzen, die weite Bereiche überwuchern, werden allenfalls gejätet (Brombeeren, Waldrebe). Meist lassen wir sie aber gewähren und gestehen ihnen auch grosse Bereiche zu (Brennessel, Giersch, Walderdbeere, Weidenröschen u.a.m.).

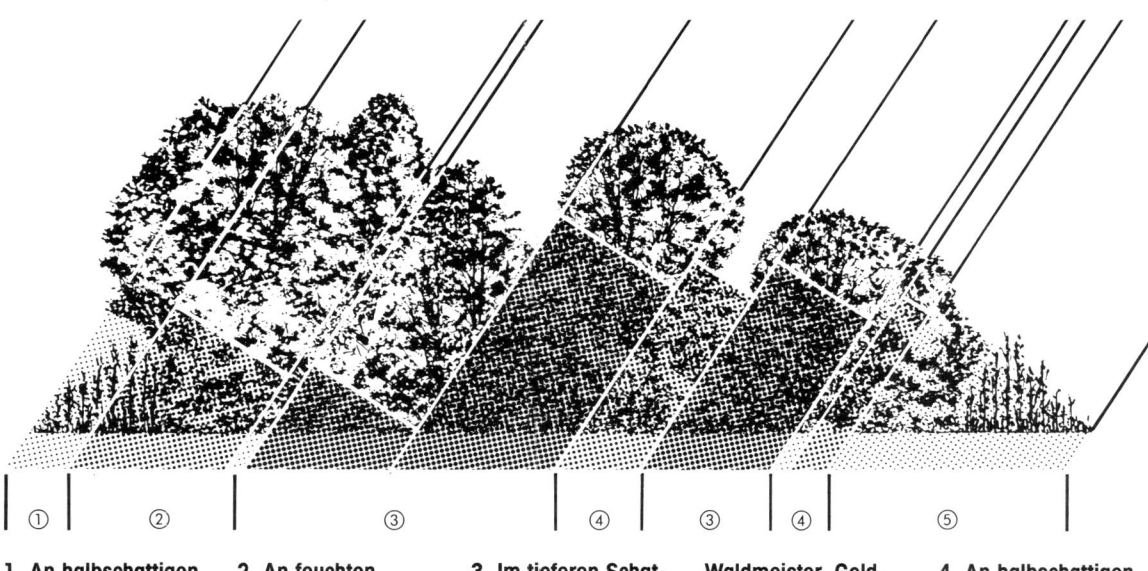

## Waldrand- und Schattenpflanzen

**1** An halbschattigen, eher feuchten Waldrändern wachsen Wasserdost, Giersch, Taubnessel, Rauhhaariges Weidenröschen, Knoblauchhederich, Echte Nelkenwurz, Engelwurz und Seifenkraut.

**2** An feuchten, schattigen Stellen finden sich Schachtelhalm, Sauergräser, Akeleiblättrige Wiesenraute, Nachtviole oder Milzkraut.

**3** Im tieferen Schatten blühen im Frühjahr Buschwindröschen, Leberblümchen, Schlüsselblume oder Seidelbast, in ganz warmen Wäldern auch das Immenblatt. An den Bäumen klettern Waldrebe, Efeu und Geissblatt. Zu finden sind aber auch Bärlauch, Haselwurz, Springkraut, Waldmeister, Goldnessel, Bingelkraut, Salomonssiegel sowie Farne und Sauergräser. Die Vegetation wechselt schnell — je nach Beleuchtung, Boden- und Feuchtigkeitsverhältnissen.

**4** An halbschattigen Stellen oder auf Lichtungen wachsen Waldbeere, Schmalblättriges Weidenröschen, Tollkirsche, Himbeere, Johanniskraut, Nesselblättrige Glockenblume oder Gewöhnliche Akelei.

**5** An einem warmen, gut besonnten Waldrand gedeihen Arten der angrenzenden Standorte, aber auch typische Pflanzen wie Odermennig, Tragant, Kronwicke, Dost, Sichelklee, Blut-Storchschnabel und viele andere.

# Kombinationstabelle nach Farben und Wuchsform

| Lebensbereich Waldrand, Heckensaum, Waldunterwuchs | Rot/Rosa | Weiss | Gelb | Blau |
|---|---|---|---|---|
| **Leitstauden**<br><br>Dominierende Arten, bilden das Thema eines Standortes, einer Pflanzung. | *Dictamnus albus*/Diptam<br>*Epilobium hirsutum*<br>Rauhhaariges Weidenröschen<br>*Eupatorium cannabinum*<br>Wasserdost<br>*Lilium martagon*<br>Türkenbundlilie<br>*Origanum vulgare*/Dost | *Aruncus dioicus*<br>Waldgeissbart<br>*Angelica silvestris*<br>Waldengelwurz<br>*Aconitum vulparia*<br>Eisenhut<br>*Astrantia major*<br>Sterndolde | *Agrimonia eupatoria*<br>Odermennig<br>*Hypericum perforatum*<br>Johanniskraut<br>*Salvia glutinosa*<br>Klebrige Salbei<br>*Solidago virgaurea*<br>Echte Goldrute | *Aquilegia vulgaris*<br>Akelei<br>*Campanula trachelium*<br>Nesselblättrige Glockenblume<br>*Gentiana asclepiadea*<br>Schwalbenwurzenzian |
| **Begleitstauden**<br><br>Flächig verwendete Pflanzen, die die Leitstauden in ihrer Wirkung unterstützen. | *Betonica officinalis*<br>Heilziest<br>*Clinopodium vulgare*<br>Wirbeldost<br>*Dentaria pentaphyllos*<br>Finger-Zahnwurz<br>*Geranium sanguineum*<br>Blutroter Storchschnabel<br>*Geranium robertianum*<br>Stinkender Storchschnabel<br>*Lathyrus silvestris*<br>Waldplatterbse<br>*Melittis melissophyllum*<br>Immenblatt<br>*Prenanthes purpurea*<br>Roter Hasenlattich<br>*Silene dioica*<br>Rote Lichtnelke<br>*Stachys silvatica*<br>Wald-Ziest | *Actea spicata*<br>Christophskraut<br>*Convallaria majalis*<br>Maiglöckchen<br>*Galium silvaticum*<br>Waldlabkraut<br>*Melittis melissophyllum*<br>Immenblatt<br>*Phyteuma spicatum*<br>Ährige Teufelskralle<br>*Polygonatum odoratum*<br>Salomonssiegel<br>*Polygonatum multiflorum*<br>Vielblütiger Salomonssiegel<br>*Polygonatum verticillatum*<br>Quirliger Salomonssiegel<br>*Sanicula europaea*<br>Sanikel | *Agrimonia eupatoria*<br>Odermennig<br>*Astragalus glycyphyllus*<br>Tragant<br>*Cruciata laevipes*<br>Kreuzlabkraut<br>*Geum urbanum*<br>Echte Nelkenwurz<br>*Hieracium silvaticum*<br>Wald-Habichtskraut<br>*Impatiens noli-tangere*<br>Rührmichnichtan<br>*Inula conyza*<br>Dürrwurz<br>*Mycelis muralis*<br>Mauerlattich<br>*Primula elatior*<br>Schlüsselblume<br>*Teucrium scorodonia*<br>Salbeigamander | *Aquilegia vulgaris*<br>Gewöhnliche Akelei<br>*Gentiana asclepiadea*<br>Schwalbenschwanzenzian<br>*Veronica teucrium*<br>Grosser Ehrenpreis |
| **Flächendecker**<br><br>Kriechende, bestandesbildende und bodendeckende Pflanzen. | *Corydalis cava*<br>Hohler Lerchensporn<br>*Geranium sanguineum*<br>Blutroter Storchschnabel | *Aegopodium podagraria*<br>Giersch<br>*Allium ursinum*<br>Bärlauch<br>*Anemone nemorosa*<br>Buschwindröschen<br>*Circaea lutetiana*<br>Hexenkraut<br>*Fragaria vesca*<br>Walderdbeere<br>*Galium odoratum*<br>Waldmeister<br>*Galanthus nivalis*<br>Schneeglöckchen<br>*Majanthemum bifolium*<br>Schattenblümchen<br>*Oxalis acetosella*<br>Sauerklee<br>*Petasites albus*<br>Weisse Pestwurz | *Anemone ranunculoides*<br>Gelbes Windröschen<br>*Astragalus glycyphyllus*<br>Tragant<br>*Chrysosplenium alternifolium*<br>Milzkraut<br>*Lamiastrum galeobdolon*<br>Goldnessel<br>*Lysimachia nemorum*<br>Haingilbweiderich<br>*Lysimachia nummularia*<br>Pfennigkraut<br>*Primula elatior*<br>Schlüsselblume<br>*Ranunculus ficaria*<br>Scharbockskraut | *Hepatica nobilis*<br>Leberblümchen<br>*Veronica officinalis*<br>Wald-Ehrenpreis<br>*Vinca minor*<br>Immergrün |

# UNTERWUCHS

| Violett/Lila | Grün/Braun | Gräser, Farne | Kletterpflanzen Schlinger |
|---|---|---|---|
| *Aquilegia atrata*<br>Dunkle Akelei<br>*Knautia dipsacifolia*<br>Waldwitwenblume<br>*Lathyrus vernus*<br>Frühlingsplatterbse | *Angelica archangelica*<br>Echte Engelwurz<br>*Astrantia major*<br>Sterndolde<br>*Helleborus foetidus*<br>Stinkende Nieswurz | *Athyrium filix-femina*<br>Waldfrauenfarn<br>*Calamagrostis epigejos*<br>Wald-Reitgras<br>*Carex pendula*<br>Hängende Segge<br>*Carex flacca*<br>Blaugrüne Segge<br>*Carex silvatica*<br>Wald-Segge | *Bryonia dioica*<br>Zaunrübe<br>*Clematis vitalba*<br>Waldrebe<br>*Hedera helix*<br>Efeu<br>*Humulus lupulus*<br>Hopfen<br>*Lonicera periclymenum*<br>Wald-Geissblatt |
| *Aquilegia atrata*<br>Dunkle Akelei<br>*Knautia dipsacifolia*<br>Wald-Witwenblume<br>*Pulmonaria officinalis*<br>Lungenkraut<br>*Thalictrum aquilegifolium*<br>Akeleiblättrige Wiesenraute<br>*Veronica urticifolia*<br>Nesselblättriger Ehrenpreis | *Arum maculatum*<br>Aronstab<br>*Astrantia major*<br>Sterndolde<br>*Paris quadrifolia*<br>Einbeere<br>*Scrophularia nodosa*<br>Braunwurz | *Deschampsia cespitosa*<br>Rasenschmiele<br>*Dryopteris filix-mas*<br>Gemeiner Wurmfarn<br>*Holcus mollis*<br>Weiches Honiggras<br>*Luzula pilosa*<br>Frühlings-Hainsimse<br>*Luzula silvatica*<br>Wald-Hainsimse<br>*Melica nutans*<br>Nickendes Perlgras | *Solanum dulcamara*<br>Bittersüsser Nachtschatten<br>*Tamus communis*<br>Schmerwurz<br>*Rubus caesius*<br>Kratzbeere<br>*Rubus fruticosus*<br>Echte Brombeere |
| *Viola odorata*<br>Wohlriechenes Veilchen<br>*Pulmonaria officinalis*<br>Lungenkraut | *Asarum europaeum*<br>Haselwurz<br>*Mercurialis perennis*<br>Bingelkraut<br>*Hedera helix*<br>Efeu | | |

Die Tabelle mit Farben und Wuchsformen erleichtert die Zusammenstellung einer differenzierten Pflanzung. Um eine standortgerechte Vegetation zu erreichen, muss die Tabelle (am Schluss des Buches) mit den genaueren Eigenschaften der jeweiligen Pflanzen mitberücksichtigt werden.

WIESEN

# Vielfalt durch Nutzung: Fette und magere Wiesen

Warum die Umwelt die Wiese beeinflusst. Wie man den Boden vorbereitet. Woher man brauchbares Saatgut bekommt. Wie aus Rasen eine Wiese wird. Und wie man beim Schneiden mit der Sense die Ruhe bewahrt.

Eine Wiese im zweiten Jahr nach der Aussaat (Heublumensaat): Man erkennt Wiesenflockenblume, Skabiosenflockenblume, Skabiose, Wiesensalbei, Margerite, Schafgarbe, Kleearten und die Aufrechte Trespe.

**G**lockenblumen und Wiesensalbei, zirpende Grillen, wogendes Gras und die Luft voller Schmetterlinge - ein Sommertraum, leicht zu träumen und schwer zu erfüllen. Wer früher Moos vertilgte und Löwenzahn ausrottete, führt jetzt, der Naturgartenmode gehorchend, kubikmeterweise Humus ab und bringt Sand, Kies und Magerwiesensaatgut ein: Man unternimmt alles, um die geliebte Magerwiese um ein weiteres seltenes Pflänzchen zu bereichern.

Doch wenn der Naturgärtner verlangt, dass sich die Natur genau seinen eigenen vorgefassten Bildern und Erwartungen gemäss verhält, dann verhindert oder behindert er oft eine eigenständige, ortstypische Entwicklung eben dieser «Natur». Wie entfernt man Rotklee? Was tun gegen Knaulgras und Breitblättrigen Ampfer? Was unternimmt man, wenn Margeriten und Wiesensalbei immer wieder aus der Wiese verschwinden?

Natürlich gibt es Möglichkeiten und Regeln, wie man eingreifen kann. Im praktischen Teil werden sie auch angeführt. Trotzdem: Beobachten, tolerieren, sich freuen an Überraschungen und an eigenständigen Entwicklungen passen besser zum Naturgarten als Eingreifen, Ungeduld, Machbarkeit und Perfektionismus. Die Lebensgemeinschaft *Wiese* entwickelt sich langsam dem entsprechenden Standort und der jeweiligen Pflege gemäss zu einem organischen Ganzen, das nicht immer unseren eigenen Erwartungen entspricht. Eine mit viel Aufwand erzwungene und oft nicht einmal standortgerechte Artenvielfalt kann nicht das erklärte Ziel sein. Die Wiese ist nicht dann am schönsten, wenn Vaters erste *Campanula glomerata* oder sonst eine Renommierseltenheit blüht, sondern wenn die Kinder auf einer bis anhin sterilen Rasenfläche die erste Kette aus Gänseblümchen flechten.

## Die Wiese in ihrer Umwelt

Im feucht-milden, mitteleuropäischen Klima werden Wiesenflächen schnell von Hochstauden und Wald überwuchert, wenn sie nicht ständig gepflegt werden. Die Lebensgemeinschaft *Wiese* ist an diese regelmässige Pflege und Nutzung angepasst. Schnitt, Beweidung, Düngung und Bewässerung sind neben den Bodenverhältnissen, dem lokalen Klima und der Exposition für die Entwicklung von Wiesengesellschaften bestimmend.

### Einfluss der Mahd

In einer häufig gemähten Wiese werden sich vor allem Pflanzen mit Blattrosetten, kriechende Pflanzen oder solche, die Horste und Ausläufer bilden, gut entwickeln (zum Beispiel Günsel, Margerite, Weissklee u.a.m.). Wird nicht übermässig gedüngt und kein Unkrautvertilger verwendet, entsteht ein Naturrasen, der sehr artenreich sein kann. Am ehesten können solche Flächen mit Schafweiden verglichen werden (Allmend). Auch Rasenflächen sind damit als Lebensgemeinschaft sinnvoll und enthalten sogar Arten, die sonst aus der Wiesengesellschaft verdrängt würden (zum Beispiel Feldthymian). Viele Pflanzen blühen zwar in einer extensiv gepflegten Rasenfläche nie, sie überdauern aber während Jahren als Blattrosette und vermehren sich durch Ausläufer und Wurzelsprosse (vegetative Vermehrung). Oft bilden sie dabei ganze Horste. Lässt man den Rasen einige Zeit wachsen, beginnen die Pflanzen wie Blumenteppiche reich und dicht zu blühen. Werden solche Rasenflächen während längerer Zeit als Wiese mit zwei bis drei Schnitten pro Jahr genutzt, blühen die betreffenden Arten weniger dicht, einige verschwinden, andere stellen sich nach und nach neu ein.

**Im ersten Jahr nach der Ansaat sind die unterschiedlichen Bodenverhältnisse noch gut zu unterscheiden: Die humusierte Rasenfläche und die feuchte Fettwiese (unterer Bildrand) präsentieren sich dunkelgrün. Die mageren Wiesenflächen hingegen weisen immer noch offene Stellen auf.**

# WIESEN

Magere Flächen, besonders an südexponierten, trockenen Lagen, oder feuchte Streuwiesen entwickeln ihren möglichen Artenreichtum erst, wenn sie selten (ein- bis zweimal) und spät im Sommer geschnitten werden. Ein früher Schnitt kann einige Arten sehr schnell zum Verschwinden bringen. Besonders einjährige oder zweijährige Pflanzen wie Klappertopf, Wilde Möhre und Bitterling verschwinden, da sie nicht mehr aussamen können. Werden nährstoffreichere Wiesen zu selten geschnitten, fällt das hohe Gras um und es entsteht eine dichte, filzige Decke. Die Blattrosetten werden beschattet und von Mäusen und Schnecken abgefressen. Die Artenvielfalt an typischen Wiesenkräutern kann schnell abnehmen. Dafür wandern Farne, Hochstauden und Gehölze ein, es entsteht eine vielfältige Brachfläche, aber keine typische Wiese.

Viele Wiesenpflanzen haben die Möglichkeit, den Samen auch nach dem Schnitt - während dem Heuen - nachreifen zu lassen. Die Vermehrung durch Samen ist daher auch gesichert, wenn der Schnitt etwas vor der eigentlichen Samenreife erfolgt, vorausgesetzt, die Blüten sind bestäubt worden. Spät blühende Arten wie Rindsauge und Kalkaster dürfen nicht zu früh gemäht werden.

**Einfluss der Düngung**

Durch starke Düngung werden stickstoffliebende Pflanzen gefördert. Es sind meist schnellwachsende, breitblättrige Arten wie Löwenzahn, Breitblättriger Ampfer und Hahnenfuss. Dem stickstoffreichen Standort weniger angepasste, langsam wachsende Arten werden im Wurzelbereich erheblich konkurrenziert. Die Blattrosetten werden von schnellwüchsigen Pflanzen beschattet und entwickeln sich nur noch kümmerlich. Werden sie zusätzlich durch Bodenverdichtung, frühe Mahd oder Schneckenfrass geschwächt, so verschwinden sie oft schon nach einem Sommer.

Allerdings ist eine gezielte Düngung mit organischem Dünger (Kompost, verrotteter Mist) bei gewissen Wiesentypen durchaus angebracht. Die Magerwiese ist nicht an allen Lagen die standorttypische Wiesengesellschaft. Obstwiesen brauchen Dünger für die Entwicklung der Bäume; nordexponierte, kühle Lagen oder frische, wenig durchlässige Böden sind eher für eine Fettwiese geeignet. Fettwiesen sind besonders im schweizerischen Mittelland sehr typisch (dürfen aber nicht mit den heute üblichen, meist überdüngten und intensiv bewirtschafteten Landwirtschaftswiesen verwechselt werden). In diesen Fettwiesen wachsen Arten wie Wiesenbocksbart, Knautie, Löwenzahn, Wiesenflockenblume oder Kukkuckslichtnelke. Werden solche Flächen zu stark abgemagert, können sich viele Pflanzen nicht mehr entwickeln, da die Lebensbedingungen insgesamt zu karg werden. Die Wiese beginnt zu vermoosen, oder Kleearten, die den Stickstoff selbst produzieren, nehmen überhand (Rotklee, Weissklee, Luzerne usw.). Die

**Die Illustration «Wiesenpflanzen nach Standort» soll zeigen, wie die lokalen Bedingungen den Wiesentyp beeinflussen: Je nach Exposition und Bodenbeschaffenheit wachsen andere Wiesengesellschaften mit anderen Pflanzen (siehe Beispiele unter der Illustration).**

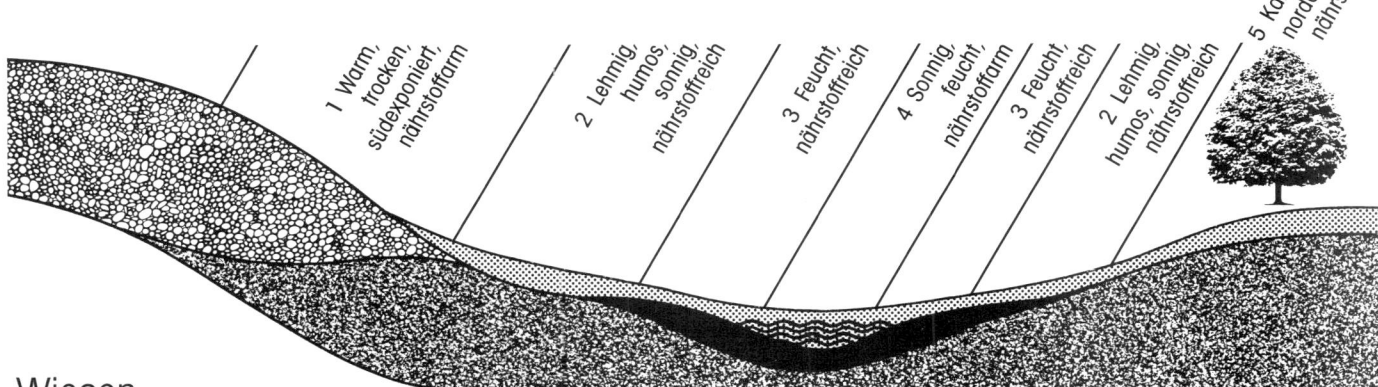

**Wiesenpflanzen nach Standort**

1 Warm, trocken, südexponiert, nährstoffarm
2 Lehmig, humos, sonnig, nährstoffreich
3 Feucht, nährstoffreich
4 Sonnig, feucht, nährstoffreich
5 Kalt, nordexponiert, nährstoffarm

| 1 Hauhechel | 2 Schafgarbe | 3 Kuckuckslichtnelke | 4 Grosser Klappertopf | 5 Rot-/Weissklee |
|---|---|---|---|---|
| Skabiose | Wiesenbocksbart | Wiesenschaumkraut | Herbstzeitlose | Wegerich-Arten |
| Knäuel-Glockenblume | Margerite | Gew. Frauenmantel | Teufelsabbiss | Luzerne |
| Wiesensalbei | Wiesen-Flockenblume | Rote Lichtnelke | Bittere Kreuzblume | Knoblauchhederich |
| Skabiosenflockenblume | Wiesen-Glockenblume | Sumpf-Vergissmeinnicht | Blutwurz | Moos |

Nährstoffarmut allein ist keine hinreichende Bedingung für eine blumenreiche Magerwiese, dazu gehören auch Wärme, Licht und ein durchlässiger, kalkreicher Boden. Allerdings kann sich auch eine nordexponierte oder feuchte Fläche ohne Düngung zu einem interessanten Standort entwickeln, vorausgesetzt, man billigt die entsprechende Entwicklung.

### Beschattung und Licht

Volles Licht ist die wichtigste Lebensgrundlage der Wiesenpflanzen. Fehlen Licht und Wärme, so entsteht eine Waldwiese mit Gräsern und Kräutern des Waldunterwuchses und viel Moos. Beschattung lässt sich ebensowenig mit verstärkter Düngung kompensieren wie sich Vitamine in der menschlichen Ernährung durch Fett ersetzen lassen. Probleme mit Wiesenflächen, auf denen nach und nach gewisse Arten verschwinden, sind bei Gärten häufig gekoppelt mit dem Wachstum der Sträucher und Bäume. Entweder werden die Gehölze entsprechend ausgelichtet oder gefällt, oder aber man freut sich auf die Entwicklung der Waldwiese und hält sich an Fürst Pückler: «Es ist auch ein Vorurtheil, alles Moos in solchen Rasen vertilgen zu wollen. Viele Arten desselben bilden oft im Schatten der Bäume, wo kein Gras aushält, ... von selbst einen Teppich, der an Weiche dem Sammet gleich kömmt, und an Frische den Rasen fast noch übertrifft.» Wer trotz fürstlichem Lob keine Moospölsterchen erträgt, fördert das Aufkommen von Schattenvegetation: Vorbei ist der Traum von Wiesenlabkraut und Wiesenstorchschnabel, es lebe der Waldstorchschnabel und das Waldlabkraut.

### Einfluss des Bodens und der übrigen lokalen Verhältnisse

Die lokalen Bedingungen (Boden, Exposition, Kleinklima, Pflegeart) bestimmen das Erscheinungsbild der Wiesenflächen. Will man eine Pflanzengesellschaft nachhaltig verändern, so erreicht man dies weniger durch Jäten und ständiges Nachpflanzen, sondern vielmehr durch das Verändern der Standortbedingungen. Es genügt dabei nicht, nur einen beliebigen Einflussfaktor zu verändern (nur zusätzlich düngen oder nur abmagern), sondern wir müssen herausfinden, welcher Faktor die Entwicklung der gewünschten Pflanzengesellschaft am stärksten behindert: Wir überprüfen den Kalkgehalt, die Exposition, die Düngung, den Schnittzeitpunkt, die Durchlässigkeit, die Besonnung usw. Oft sind gerade jene Faktoren für die Entwicklung bestimmend, die wir nicht beeinflussen können (Wärme, Niederschläge, Exposition). Durch einen geschickten Bodenaufbau kann bei Neuanlagen die Entwicklung einer Wiese weitgehend vorausbestimmt werden: Wir variieren die Böden von feucht bis trocken, von humusarm bis humusreich oder von kalkarm bis kalkreich, sie können verdichtet, locker, kiesig oder lehmig sein. Jeder Bodentyp ist sinnvoll, vorausgesetzt, er wird auf die örtlichen Gegebenheiten und die übrigen Einflussfaktoren abgestimmt. Auf von Natur aus humosen, feuchten und nährstoffreichen Böden Humus abzustossen und mageres Material einzubringen, ist kaum ratsam: einerseits, weil auf dem wahrscheinlich ohnehin frischen und tiefgründigen Unterboden so oder so nie eine Magerwiese entstehen kann, und andererseits, weil der enorme Aufwand an Maschinen und Transporten nicht zu vertreten ist. Genausowenig lassen sich saure Silikatböden in basische Kalkböden verwandeln.

# Gestaltung von Wiesenflächen

Wiesen sind weite und ruhige Flächen, sie schaffen Raum und können das einzige zentrale Gestaltungselement eines Gartens bilden, überdacht von Obstbäumen, gegliedert durch Rasenpfade. Der Boden kann modelliert werden, ein Wiesental leitet den Blick in die weitere Umgebung oder verbindet Häuser einer Siedlung. Das Gartengelände wird sanft in die Umgebung eingepasst, übernimmt die vorhandenen Strukturen und Geländeformen oder wird deutlich abgesetzt als sichtbares Bauwerk. Künstler unter den Gärtnern schaffen Erdskulpturen, Erdformen oder Rasenbänke und bilden im Gelände rhythmische Berg-und-Tal-

# WIESEN

Landschaften. Im Frühjahr und Herbst sind die Erdmodellierungen exakt und klar ablesbar. Im Sommer werden sie vom hohen Gras überspielt, werden zu weichen, blühenden Wellen, die sich im Wind bewegen. Der Winter formt sie um zu Schneedünen, die in der flachen Wintersonne ein eigenes Muster von Licht und Schatten bilden. Die Wiesenfläche wird modelliert, es entstehen Räume, Inseln, Oasen. Inmitten einer schwingenden Erdform pflanzen wir als Zentrum des Gartens einen Obstbaum. Raum wird von Kindern erforscht und begreifbar: auf dem Berg, hinter dem Hügel, am Berg, entlang der Böschung, in der Mulde, zwischen, jenseits, hinter, darunter darüber; das räumliche Erleben wird mitgeteilt, Orientierung wird zur erlebten Sprache.

Wiesen sollen vor allem auch benutzbare Fläche sein. Wir planen sie nicht nur aus der Sicht der Ökologie als Lebensgemeinschaft, sondern versuchen auch, den Nutzungsanforderungen der Menschen gerecht zu werden.

In einem Gestaltungsplan halten wir unsere Ideen fest. Bevor wir aber mit den praktischen Arbeiten beginnen, klären wir die Randbedingungen und den zu erwartenden Arbeitsaufwand ab.

Brauchen wir für unser Vorhaben Maschinen? Wie steht es mit der Bodenbeschaffenheit, mit der Eignung des vorhandenen Materials, sind Zu- und Abfuhr von Erde, Sand, Kies oder Aushub nötig? Wo beschaffen wir allenfalls die Materialien? Wie stark soll humusiert werden? Um diese Fragen zu klären, zeichnen wir in einem Arbeitsplan alle Materialien und die geplante Terraingestaltung ein. Danach überprüfen wir unser Projekt im Gelände. Mit Pfählen und Schnüren stecken wir die Ausdehnung, die Form, die Höhenunterschiede und Neigungen des geplanten Werkes ab. Erreichen wir unsere Ziele? Sind die Terrainunterschiede nicht zu krass? Fügt sich das Gelände in die Umgebung ein? Wie steht es mit den Böschungen, sind sie zu steil oder gar rutschgefährdet, können sie noch bewirtschaftet werden? Wäre es vielleicht sinnvoll, einen Fachmann beizuziehen? Müssen wir unser Projekt den Behörden zur Bewilligung vorlegen?

Die Wiesenfläche muss später gepflegt werden: Wir überlegen uns jetzt schon, wie das anfallende Gras genutzt wird, ob wir allenfalls Kleintiere halten möchten und wo das Heu aufbewahrt wird.

**Mit Erde kann man den Boden vielfältig modellieren. Es lassen sich weiche Dünenlandschaften, geometrische Formen oder gar Rasenbänke formen. So entstehen auch vielfältige Standorte für Pflanzen: magere, trockene, sonnige Erhebungen und feuchte, nährstoffreiche Vertiefungen. Wir können mit solchen Formen den Garten strukturieren, wir können darin spielen, uns zurückziehen, darauf sitzen oder liegen. Sie können einen Hof, eine Feuerstelle oder einen Gemüsegarten eingrenzen oder ein eigentliches Aussenzimmer für Schulunterricht oder Gespräche sein. Das Modellieren mit Erdmaterial ist eine wunderschöne Beschäftigung.**

# Bodenvorbereitung und Ansaat

**B**odenart, Bodenmodellierung und Humusstärke sind festgelegt. Trax und Bagger beginnen mit den Planierarbeiten. Werden die Arbeiten von einer Firma ausgeführt, die Erfahrung mit dem Bau von Naturgartenanlagen hat, ergeben sich kaum Probleme. Im Normalfall wird der Gärtner oder der Maschinist aber über unsere Sonderwünsche erstaunt und befremdet sein. Immer wird der Fachmann versuchen, alles so zu machen, wie er es bis jetzt immer gemacht hat – nicht aus bösem Willen, sondern aus seiner Berufserfahrung heraus oder durch die Macht der Gewohnheit.

Genaue Pläne ersetzen daher das ständige Gespräch und eine aufmerksame Bauleitung nicht. Wo soll der Unterboden gelockert, wo verdichtet werden, wird wirklich nicht stärker als vorgegeben humusiert, stimmen die Gefälle, sammelt sich das Wasser auch wirklich dort, wo die Feuchtwiese entstehen soll? Werden die Erdmaterialien richtig eingesetzt: lockeres Material für die Magerwiese und als Untergrund für Rasenflächen, dichtes, schweres Material für die Feuchtwiese?

Wir achten besonders auf die Ausführung der Bodenmodellierung: ein scharfer Wall ist keine sanfte Welle, und eine geschwungene Böschung wird nicht eckig angelegt. Es lohnt sich darauf zu beharren, dass die Ideen der Gestaltung auch genau in die Tat umgesetzt werden. Oft wird man sich aber vom Fachmann belehren lassen müssen. Er weiss zum Beispiel am besten, ob eine Böschung nicht zu steil wird, ob nicht die Gefahr besteht, dass Material abrutscht. Nach den rohen Planier- und Humusierungsarbeiten lassen wir den Boden etwas ruhen. Mit Vorteil bleibt er über den Winter liegen, durch den Frost wird die Bodenstruktur krümelig. Die Arbeiten werden erleichtert, wenn man folgende Regeln einhält:

- Wird Humus während mehreren Wochen auf einer Baustelle gelagert, so deponieren wir ihn in Walmen, die nicht höher als 1,50 Meter sind, und säen mit Gründüngung ein.
- Humus und Auffüllmaterial werden nie nass, sondern immer bei trockener Witterung eingebracht.
- Der Unterboden wird vor der Humusierung gut gelockert (aufgerissen). Ausnahme: Feuchtwiesen.
- Für Magerwiesen verwenden wir möglichst lockeres, sandiges, kiesiges oder schluffiges Material, welches beim Trocknen nicht hart, sondern krümelig wird.
- Fehlt solches Material, wird auch die Magerwiese 5 Zentimeter stark humusiert.

Werden diese Regeln beachtet, so können wir erwarten, dass die Wiese gedeiht. Frisch humusierte (verhärtete) Flächen oder Rohböden werden, wenn sie genügend abgetrocknet sind, gefräst. Mit dem Fräsen erreichen wir eine feine Bodenstruktur. Auch bei schweren Böden wird es jetzt möglich sein, mit der Schaufel die gröbsten Unebenheiten auszugleichen. Diese Schaufelplanie ist wichtig, damit wir später bei der Mahd keine Schwierigkeiten haben (Löcher, Buckel). Steine und Wurzeln werden entfernt und in der Nähe (Hecke) zu einem Lesesteinhaufen aufgeschichtet. Direkt vor der Saat wird der Boden sehr fein planiert. Mit dem Kräuel wird so lange das grobe Material «abgekräuelt», bis die Bodenoberfläche eine äusserst feine Krümelstruktur aufweist. Dies ist wichtig, weil das Saatgut feine und feinste Samen enthält (z.B. Glockenblumenarten), die sich nicht entwickeln können, wenn sie in tiefe Spalten fallen.

### Aussaat

Angesät wird von Anfang Mai (nach den letzten Frösten) bis Ende Juni und von Mitte August (sobald das Wetter etwas abkühlt) bis Mitte September. Sehr späte Herbstsaaten entwickeln sich nur bei warmem und feuchtem

**Mit der Schaufel und dem Karst wird grob planiert, Unebenheiten ausgeglichen und das Gelände modelliert (sog. Schaufelplanie).**

**Für die Saat braucht es eine Feinplanie: Mit dem Kräuel werden grobe Steine, Schollen usw. entfernt.**

**Mit der Fräse erreicht man auch in unbelebten, harten Böden die für die Saat nötige feine Struktur.**

# WIESEN

Herbstwetter. Die Ansaat erfolgt von Hand oder mit der Maschine. Für Handsaaten wir das Saatgut mit Sand vermischt (verdünnt), man kann es so regelmässiger ausbringen. Die Saatgutmenge pro Quadratmeter ist sehr gering: mit 2 bis 5 Gramm pro Quadratmeter erreichen wir die besten Ergebnisse (Rasenfläche 30 bis 35 Gramm pro Quadratmeter). Mit diesen niedrigen Mengen wird die Wiese am Anfang sehr locker wachsen. Die einzelnen Pflanzen haben Platz, um sich gut zu entwickeln, und Arten, die später keimen (Frostkeimer), finden immer noch genügend Licht und freien Raum. Das Saatgut wird kreuzweise ausgesät, höchstens ganz leicht eingearbeitet und mit der Walze oder Fussbrettern leicht angeklopft. Bei guten Bedingungen keimen die Gräser und Kräuter innert zwei Wochen. Einmal angefeuchtet, darf die Saat nicht mehr austrocknen. An sehr heissen Tagen wird selbst tagsüber gegossen, damit die Keimlinge durch die hohen Oberflächentemperaturen nicht verbrennen. Als Verdunstungsschutz können wir den Boden auch dünn mit gehäckseltem Heu abdecken. Bei anhaltender Trockenheit warten wir mit Giessen, bis der erste Regen fällt und den Boden gut durchfeuchtet. Gegossen wird vorsichtig mit dem Sprenger, nicht mit scharfem Strahl. Es sollen sich keine Rinnsale bilden, die den Samen abschwemmen könnten. Bis zur Keimung wehren wir uns auch gegen allzu gefrässige Vögel (Schreckbänder, Vogelscheuchen usw.).

## Saatgutbeschaffung

Im Handel werden leider Samenmischungen angeboten, die mit ganz wenigen Ausnahmen nur das Prädikat «völlig ungenügend» verdienen. Sicher sind die seriösen Saatguthändler daran interessiert, das Problem zu lösen, und es ist zu erwarten, dass in nächster Zukunft auch brauchbare Mischungen auf den Markt kommen. Bei vielen handelsüblichen Standard-Blumenwiesenmischungen handelt es sich um Saatgut, welches kaum spezifische Wiesenblumen enthält. Diese Mischungen sind durchaus geeignet, um ein Gartenblumenbeet anzusäen, nicht aber um eine einheimische Wiese zu schaffen. Andere Mischungen sind von besse-

**Heublumensaatgut (links):** Man erkennt die Samen von Salbei, Margerite, Skabiose, Flockenblume, Knautie und viele andere. Das Bild rechts zeigt, wie die Wiese fünf Wochen nach der Heublumensaat aussehen soll: Noch sind genügend offene Stellen für das Wachstum der Rosetten vorhanden. Die einjährigen Kräuter werden jetzt mit dem Rasenmäher geschnitten. An Wiesenpflanzen erkennt man Salbei, Margerite, Schafgarbe, Flockenblume, Klee- und Grasarten.

# Bläulingsgeschichte

Jedesmal, wenn unser Naturgarten von einem Bläuling besucht wird, freuen wir uns ganz besonders. Was zieht das blaue Schmuckstück unter den Schmetterlingen an, das uns an blühende Bergweiden und an Ferien erinnert? Können wir den Bläuling vielleicht mit der Futterpflanze seiner Raupe ganz gezielt fördern?

Bevor wir erwartungsvoll die Stauden setzen, die gemäss Schmetterlingsbuch als Raupenfutter dienen, lassen wir uns noch einmal die Geschichte vom Aussterben des Schwarzgefleckten Bläulings in England durch den Kopf gehen.

1979 ist er auf dem Inseland zum letztenmal geflogen. Dabei gab es, wie Forschungen gezeigt haben, noch viele Weiden, wo die Futterpflanze der Raupe noch vorkam, eine Wildthymianart. Der Grund des Aussterbens lag an etwas anderem: Wie viele Bläulingslarven ist auch diejenige des Schwarzgefleckten Bläulings darauf angewiesen, vor der Verpuppung noch eine Zeitlang in einem Ameisennest leben zu können. Dort nährt sie sich von Ameisenbrut. Ein günstiges Kleinklima und eine Schutzmacht über dem Kopf sind weitere Vorteile, die dieses spezielle biologische Verhalten bietet. Vor den Angriffen der Ameise weiss sich die Raupe zu schützen, indem sie aus Drüsen ein süsses Sekret ausscheidet, nach dem die Ameisen geradezu gierig sind. Das Zusammenspiel zwischen Bläulingsraupen und Ameisen ist aber so fein aufeinander abgestimmt, dass nur ganz bestimmte Bläulings- und Ameisenarten miteinander «funktionieren». In unserem Fall war genau diejenige Ameise aus den früheren Schmetterlings-Biotopen verschwunden, auf die die Raupe des Schwarzgefleckten Bläulings auf Gedeih und Verderb angewiesen ist.

Warum ist die Ameise verschwunden? war die nächste, logische Frage der Forscher. Die Untersuchung aller früheren Bläulings- und Ameisenstandorte führte zur verblüffenden Beobachtung, dass das Vorkommen der Ameisen von der Höhe des Graswuchses auf der Weide abhängt: Wo intensiv geweidet wird, ist das Gras kurz, und die Ameisen können leben. Wo die Vegetation höher wird, stirbt die Ameise aus – und mit ihr der Schmetterling. Da die entsprechende Ameise (eine Verwandte unserer roten, stechenden Gartenameise) in wärmeren Ländern auch in höherem Gras vorkommt und ausserdem in kühleren Landstrichen an südexponierte Hänge gebunden ist, könnte die in England beobachtete Empfindlichkeit gegenüber hoher Vegetation mit dem Wärmebedürfnis der Ameisen zusammenhängen: Hohes Gras lässt weniger Wärme auf die Erde. Vor allem zwei Faktoren waren schuld, dass in den früheren Bläulings-Biotopen das Gras nicht mehr kurzgeweidet wurde: ein Rückgang der Schafhaltung, die wirtschaftlich unrentabel geworden war, und eine Abnahme der Wildkaninchen wegen der Kaninchenkrankheit Myxomatose.

Zwar hat nicht jeder Schmetterling so hochspezielle Ansprüche bei seiner Brutbiologie und ist deshalb so extrem anfällig für eine einzige Umweltveränderung. Doch lehren uns die Erkenntnisse der Ökologie, dass jede Tier- und Pflanzenart auf hundertfache Weise mit anderen Arten und mit der unbelebten Umwelt in Beziehung steht und damit auf andere Organismen und auf hunderte von Bedingungen in der Umwelt angewiesen ist. Einige davon kennen wir, einige werden wir noch kennenlernen, doch wird es uns trotz Computerzeitalter nie möglich sein, alle Details und Zusammenhänge in der Natur zu entschlüsseln und zu verstehen. Das Fördern einzelner Arten mit einzelnen Massnahmen mag in einigen Fällen gelingen. Weit häufiger stellt sich aber der gewünschte Erfolg nicht ein, weil wir zuwenig wissen. Auch Naturschutzziele sind nicht einfach so «machbar», auch bestimmte ökologische Naturgartenwünsche und -vorstellungen können nicht einfach so eingekauft und im Garten verwirklicht werden – vom besten Gärtner und vom besten Ökologen-Büro nicht. Aber ein Garten, der als Gesamtes mit Gespür für die Ansprüche der Natur eingerichtet wird, verbessert die Lebensbedingungen für viele Arten, und darum stellen sich auf jeden Fall Erfolge ein – auch wenn es nicht immer die geplanten sind.

# WIESEN

rer Qualität, sie enthalten einheimische Arten, aber in falscher Zusammensetzung, oder aber die einheimischen Arten stammen aus anderen Klimagebieten, zum Teil sogar aus Übersee. Es ist nicht nötig zu erklären, dass auch diese Wiesenblumen unserem Klima nicht angepasst sind und dass es sich dabei um eine berufsmässige Florenverfälschung handelt.

Mit handelsüblichem Saatgut angesäte Wiesen blühen im ersten Jahr sehr reich – allerdings blühen keine Wiesenblumen, sondern besonders attraktiver Mohn, Kamille, mehrfarbige Kornblumen usw. (Ackerunkräuter!). Im zweiten Jahr bleibt die Farbenpracht aus (Ackerunkräuter sind an die Bodenbearbeitung im Acker gebunden: Umbruch im Herbst!). Was noch blüht, sind einige Kleearten, vielleicht Wiesenmargeriten. Wenn überhaupt vorhanden, wurden die wenigen Rosetten der Wiesenblumen schon lange von Schnecken gefressen, denn der stolze Gartenbesitzer liess seinen Acker bzw. seine Wiese möglichst lange blühen. Solche Wiesen bieten während Jahren das jämmerliche Bild eines Kleefeldes und haben wenig mit dem Wunschbild einer vielfältigen Magerwiese zu tun. Das Unglück kann erklärt werden, wenn man sich die horrend hohen Preise der einzelnen Wildblumensamen im Grosshandel vor Augen hält:

### Preisbeispiele von Wiesenblumensamen

*(Preise in Franken 1985)*

| | |
|---|---|
| *Skabiose* | ca. 4500.–/kg |
| *Büschelglockenblume* | 1930.–/kg |
| *Wiesensalbei* | 750.–/kg |
| *Wiesenstorchschnabel* | 3560.–/kg |
| *Margerite Kulturform* | 170.–/kg |
| *do., aber Wildform* | 310.–/kg |
| *Mohn Kulturform* | 130.–/kg |
| *do., aber Wildform* | 480.–/kg |
| *Wiesenknopf* | 14.40/kg |
| *Gräser in Sorten* | 5.– bis 30.–/kg |
| *Kleearten* | 2.80 bis 11.–/kg |
| *Mischungen* | 14.20 bis 66.–/kg |

Die Nachfrage ist gross, das Angebot klein, die Preise schwindelerregend. Das Problem wird gelöst, indem im Saatgut
• keine eigentlichen Wiesenpflanzen enthalten sind,
• zwar Wiesenpflanzen beigemischt wurden, aber keine einheimischen Arten,
• zwar einheimische Arten, aber von unsicherer Herkunft enthalten sind (nicht den lokalen Bedingungen angepasst),
• zwar Wiesenblumen, aber gezüchtete Formen (grossblumige Kulturformen usw.),
• zwar die Arten einheimisch sind, aber die Artenzusammensetzung ungünstig gewählt wurde (abhängig vom Preis der einzelnen Arten).

Eine Mischung in der Preislage zwischen 10.– und 30.– Franken pro Kilogramm *kann* gar keinen genügend grossen Anteil an derart teuren Wildblumen enthalten. Wer Mischungen in dieser Preislage bevorzugt, sollte wenigstens Klarheit haben über das, was er sich anschafft: Genaue Zusammensetzungen fehlen aber oft auf den Packungen. Es heisst dort schlicht und einfach: «Mit über 50 einheimischen Gräsern und Kräutern». Einige Wiesenblumen werden zwar auch in solche Wiesen spontan einwandern. Wenn aber Wiesensaatgut gar nicht die gewünschten Arten enthält, dann ist es besser, gar nichts zu säen: Wir warten auf das, was sich von selbst ansiedelt. Mit etwas Glück wird innert wenigen Jahren eine Wiesenfläche entstehen, die unter Umständen ganz artenreich sein kann, sofern in unmittelbarer Nähe Naturwiesen als Samenspender vorhanden sind. Wer auch für diese Methode keine Sympathie empfindet, der kann sein Saatgut selber suchen: entweder indem man Einzelsamen von verschiedenen Kräutern sammelt oder indem man bei einem Bauern, der entsprechendes Wiesland bewirtschaftet, auf dem Heustock Heublumen zusammenwischt. Einzelsamen zu sammeln ist extrem arbeitsintensiv. Heublumen vom Bauern enthalten neben den gewünschten Samen meist auch Samen von Kunstwiesen und überdüngten Landwirtschaftswiesen. Die beste Möglichkeit, Samen zu beschaffen, ist die Methode, Saatgut selbst zu dreschen:

### Herstellen von Wiesensaatgut

In der nähern Umgebung sucht man sich eine geeignete (d.h. dem eigenen Standort entsprechende) artenreiche Wiese. Die Wiese muss für unser Vorhaben vom Bauern gepachtet werden, wir holen also zuerst sein Einverständnis, welches am leichtesten mit einem generösen Angebot zu erreichen ist. Ende Juni bis Anfang Juli wird die Wiese an einem eher frischen, feuchten Morgen geschnitten. Die Samenbestände kleben dann noch zusammen, und wir verlieren wenig Samen beim Aufladen und beim Transport. Das Schnittgut wird auf einen grossen Hartplatz (Asphalt) geführt. Die Schnittarbeiten und das Aufladen müssen bei warmem Wetter spätestens am frühen Vormittag abgeschlossen sein, denn sobald das Schnittgut etwas antrocknet, werden die Samen ausfallen! Auf dem Hartplatz wird das Gras getrocknet und gut gedroschen. Am besten lässt man Kinder auf dem Gras herumtoben oder schlägt beim Wenden des Heus mit der Gabel tüchtig zu. Ist das Gras trocken, so werden auch alle Blüten abgesamt haben. Jene, die zum Schnittzeitpunkt noch am Blühen oder unreif waren, reifen oft nach, so dass die Ausbeute erstaunlich hoch sein kann. Das Heu wird zusammengenommen und für die Viehfütterung verwendet. Die Heublumen wischen wir mit einem weichen Besen zusammen und füllen sie in Säcke ab.

Das ganze Prozedere ist sicher arbeitsintensiv, aber auch ein unvorstellbar schönes Sommererlebnis. Bei der Mahd am frühen Morgen wird man vielen Tieren begegnen: Kröten, Blindschleichen, Eidechsen und Schmetterlingen (Vorsicht: nicht zu tief mähen!). Während dem Dreschen lernt man, welche Pflanze welchen Samenstand hat und wie der Samen ausschaut. Die Ausbeute wird pro Hektar Magerwiese ungefähr 150 bis 300 Kilogramm ungereinigte Heublumen ergeben. Die Heublumen werden ohne Reinigung gesät (zirka 10 bis 20 Gramm pro Quadratmeter). Der Erfolg mit diesen Samen ist überwältigend: Wiesensalbei, Skabiosenflockenblume, Schafgarbe, Margerite, Wiesenflockenblume usw. blühen bei Frühjahrssaaten schon im ersten Herbst. Auch in diesen Wiesen werden nicht alle Arten, die am Anfang keimten, überdauern; sie werden sich erst nach und nach zu standorttypischen Pflanzengesellschaften entwickeln.

Die Methode kann auch abgekürzt werden, wenn man sofort Verwendung für das Saatgut hat: Wir bringen das abgeschnittene Gras direkt auf der Aussaatfläche aus und lassen es dort liegen. Der Samen wird gleich an der richtigen Stelle ausfallen. Das trockene Gras bleibt bis zur Keimung liegen als Schutz vor Verdunstung und Verbrennung der Keimlinge. Das Schnittgut von sehr locker wachsenden Wiesen reicht mindestens für die doppelte Fläche, bei dichteren Wiesen auch für die drei- bis fünffache Fläche. Während der Keimung kontrollieren wir, ob das Heu die Keimlinge nicht zu sehr beschattet. Besteht die Gefahr, dass sie vergeilen, entfernen wir das Heu sorgfältig.

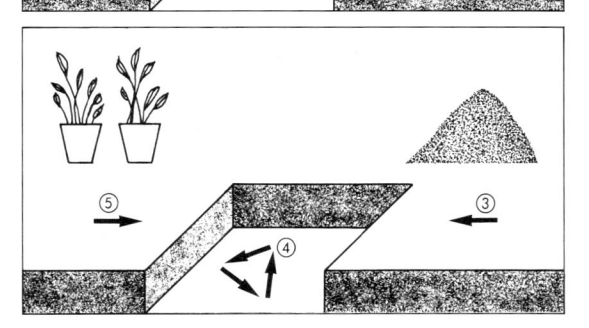

**Ist eine Rasenfläche zuwenig artenreich, kann man sie durch Auspflanzen von Wiesenblumensetzlingen bereichern. Die Setzlinge werden aus Samen gezogen, die auf artenreichen Wiesen gesammelt wurden.
Das Vorgehen:
1 Alte Grasnarbe mit dem Spaten abstechen (10–20 cm tief).
2 Rasenziegel kompostieren.
3 Sand oder Magererde einbringen.
4 Unterboden und Sand gut durchmischen, eventuell auch Humus beimischen.
5 Setzlinge pflanzen, eventuell in den ersten Wochen Schneckenfrass mit Schneckenstellriemen abwehren.**

## Bestehende Rasen umwandeln

Rasenflächen werden vor allem durch pflegerische Massnahmen nach und nach in vielfältige Lebensgemeinschaften umgewandelt.

Erste Stufe: Das Gras wird zwar noch regelmässig kurz geschnitten, es wird aber nicht mehr gedüngt und selbstverständlich kein Unkrautvertilger mehr angewendet. Durch das häufige Mähen werden weiterhin Nährstoffe

# WIESEN

abgeführt, und Wiesenpflanzen, die sich zu entwickeln beginnen, sind immer am vollen Licht. Ein so gepflegter Rasen wird sich schnell zu einer artenreichen Allmendwiese entwickeln, auf der immer noch gespielt und geruht werden darf. Oft ist damit die Umwandlung schon abgeschlossen.

Zweite Stufe: In den folgenden Jahren wird immer seltener gemäht, d.h., wir mähen nach Bedarf, immer dann, wenn die Familie den Rasen benützen will oder wenn wir Futter für die Haustiere benötigen. Auf unserer Rasenfläche werden viele Pflanzen blühen: Löwenzahn, Margerite, Gänseblümchen, Günsel und Wiesenschaumkraut. Gemäht wird noch etwa alle zwei bis sechs Wochen. Für diese Pflege genügt der herkömmliche Rasenmäher.

Dritte Stufe: Sobald der Schnitt noch seltener erfolgt, werden wir zur Sense greifen müssen. Wir mähen jetzt flache Stücke nur noch dreimal im Jahr und südexponierte Hänge nur noch zweimal. Wir lassen uns weiter von der Entwicklung überraschen und freuen uns, dass der Reichtum an Tieren so schnell zunimmt: Grashüpfer, Schaumzikaden, Spinnen, Schmetterlinge, Käfer.

Wir können Wiesenpflanzen auch ansiedeln, indem wir sie auspflanzen. Wiesenblumensamen werden in Kistchen ausgesät und starke Setzlinge gezogen (siehe Kapitel *Stauden*). Wir legen im Rasen kleine Pflanzflächen von zirka zwei bis vier Quadratmetern an. Der Rasen wird in diesen Beeten abgestochen und der Unterboden gut mit Sand vermischt. In diese Pflanzfläche setzen wir nun unsere Wiesenblumensetzlinge (zirka sechs bis acht Stück pro Quadratmeter). Die Wiesenblumen werden gut gepflegt (d.h. Jäten einjähriger Kräuter und Rasengräser), und wir wehren am Anfang gegen Schneckenfrass (z.B. mit Kleie als Lockmittel, ablesen und andere biologische Methoden). Nach kurzer Zeit werden die gepflanzten Blumen starke Blattrosetten bilden, blühen und sich versamen. Solche Rasenflächen wirken am Anfang sehr gekünstelt (Blumenbeete), doch die gepflanzten Blumen verwildern, und wir erhalten bald eine durchschnittliche Wiese. Haben wir keinen Erfolg, so unterlassen wir weitere Ansiedlungsversuche, lassen ergeben wachsen, was eben kommt. Wem dieser etwas langwierige Weg zu kompliziert ist, der hackt die bestehende Grasnarbe ab (Grasziegel kompostieren) und bricht den ganzen Boden um, danach wird wie vorne beschrieben eine Heublumenmischung eingesät. Ansaat von Wiesenkräutern von trockenen, mageren Standorten hat aber wenig Sinn, wenn der Boden noch sehr nährstoffreich, der Standort sehr schattig oder feucht ist. Wir suchen eine standortgerechte Lösung (Fettwiese, Feuchtwiese, Schattenvegetation).

## Schnitt von naturnahen Wiesenflächen

Frisch gesäte Wiesen oder umgewandelte Rasenflächen sollen eher zu häufig als zu selten gemäht werden. Der erste Schnitt erfolgt bei rund zehn Zentimetern Wuchshöhe. Einjährige Kräuter wie Gänsefuss, Hirtentäschel usw. sind dann schon hoch und beginnen die langsam wachsende Wiese zu beschatten. Wir können mit dem hoch gestellten Rasenmäher oder (nur für ganz Geschickte!) mit der Sense mähen. Bei mageren Wiesen ist bis zum Herbst kein weiterer Schnitt mehr nötig, da mit diesem ersten Schnitt die Konkurrenz der einjährigen Kräuter genügend ausgeschaltet worden ist. Im Frühjahr frisch gesäte Wiesen werden im Herbst bereits blühen (Margeriten, Flockenblumen, Schafgarben, Salbei), wir schneiden daher spät (Ende September) ein zweites Mal. Fettwiesen werden im ersten Jahr häufig geschnitten, d.h. monatlich oder immer, wenn die Wiese bzw. die einjährigen Kräuter 15 bis 30 Zentimeter hoch sind. Die Blattrosetten der Wiesenblumen werden so nicht beschattet, und die Schnecken können sich nicht zu stark vermehren.

In den folgenden Jahren werden die Wiesen regelmässig zur gleichen Zeit und im gleichen Rhythmus geschnitten: Fettwiesen drei- bis viermal (Mai/Juni, Juli/August, September), Magerwiesen ein- bis zweimal (Juni/Juli, August/September). Im Herbst schneiden wir

**Der Naturgärtner wird wieder mit Rechen und Heugabel umgehen müssen.**

## Kombinationstabelle nach Farben und Wuchsformen

| Lebensbereich Magerwiese/Fettwiese | Rot/Rosa | Weiss | Gelb | Blau |
|---|---|---|---|---|
| **Leitstauden**<br>Dominierende Arten, bilden das Thema eines Standortes, einer Pflanzung. | *Dianthus superbus*<br>Prachtnelke<br>*Lychnis flos-cuculi*<br>Kuckuckslichtnelke<br>*Ononis spinosa*<br>Dorniger Hauhechel<br>*Onobrychis viciifolia*<br>Esparsette | *Achillea millefolium*<br>Schafgarbe<br>*Anthriscus silvestris*<br>Wiesenkerbel<br>*Heracleum sphondylium*<br>Wiesenbärenklau<br>*Leucanthemum vulgare*<br>Wiesenmargerite | *Buphthalmum salicifolium*<br>Rinderauge<br>*Galium verum*<br>Echtes Labkraut<br>*Medicago falcata*<br>Sichelklee<br>*Potentilla erecta*<br>Aufrechtes Fingerkraut | *Campanula glomerata*<br>Knäuelglockenblume<br>*Phyteuma orbiculare*<br>Kugelige Teufelskralle<br>*Salvia pratensis*<br>Wiesensalbei |
| **Begleitstauden**<br>Flächig verwendete Pflanzen, die die Leitstauden in ihrer Wirkung unterstützen. | *Cardamine pratensis*<br>Wiesenschaumkraut<br>*Lychnis flos-cuculi*<br>Kuckuckslichtnelke<br>*Onobrychis viciifolia*<br>Esparsette<br>*Sanguisorba officinalis*<br>Grosser Wiesenknopf | *Achillea millefolium*<br>Schafgarbe<br>*Galium mollugo*<br>Wiesenlabkraut<br>*Leucanthemum vulgare*<br>Wiesenmargerite<br>*Pimpinella saxifraga*<br>Kleine Bibernelle<br>*Silene nutans*<br>Nickendes Leimkraut | *Anthyllis vulneraria*<br>Wundklee<br>*Galium verum*<br>Echtes Labkraut<br>*Lathyrus pratensis*<br>Wiesenplatterbse<br>*Leontodon hispidus*<br>Rauher Löwenzahn<br>*Lotus corniculatus*/Hornklee<br>*Medicago falcata*/Sichelklee<br>*Ranunculus bulbosus*<br>Knolliger Hahnenfuss<br>*Tragopogon pratensis*<br>Wiesenbocksbart, Habermarch | *Campanula glomerata*<br>Knäuelglockenblume<br>*Campanula rotundifolia*<br>Rundblättrige Glockenblume<br>*Phyteuma orbiculare*<br>Kugelige Teufelskralle<br>*Salvia pratensis*<br>Wiesensalbei<br>*Vicia cracca*<br>Vogelwicke |
| **Flächendecker**<br>Kriechende, bestandesbildende und bodendeckende Pflanzen. | *Thymus serpyllum*<br>Quendel, Feldthymian | *Bellis perennis*<br>Gänseblümchen<br>*Euphrasia officinalis*<br>Gewöhnlicher Augentrost | *Hippocrepis comosa*<br>Hufeisenklee<br>*Helianthemum nummularium*<br>Sonnenröschen<br>*Hieracium pilosella*<br>Mausohr<br>*Medicago lupulina*<br>Hopfenklee | *Campanula rotundifolia*<br>Rundblättrige Glockenblume<br>*Polygala vulgaris*<br>Kreuzblümchen |

nicht zu spät: Im dürren Gras, in Mulden oder in der Nähe von Hecken hat sich vielleicht bereits ein Igel eingewintert, den wir mit der Sense verletzen könnten. Gräser und Blumen überstehen die Winterkälte schlecht, wenn sie zu tief am Vegetationspunkt geschnitten wurden und nicht mehr nachwachsen bis zum ersten Frost. Wiesenflächen, die wir auch für Spiele und Feste benützen, schneiden wir einfach nach Bedarf ohne bestimmte Regel mit dem Balkenmäher, der Sense oder zur Not mit dem hochgestellten Rasenmäher – wie's gerade geht.

Das geschnittene Gras verwenden wir als Futter für Kleintiere wie Kaninchen, Meerschweinchen, Schafe, Ponys. Wer keine Verwendung findet, verschenkt das Magerwiesenheu einem Bauern oder einem Pferdebesitzer. Man kann das Heu auch kompostieren – allerdings ist es doch recht schade, wenn der Kaninchenbraten (und der Kaninchenmist für den Gemüsegarten!) auf diese Art und Weise vergeben wird. Wenn wir kompostieren, dann kann der Kompost von Wiesenflächen nur dann für den Garten verwendet werden, wenn er sehr

# WIESEN

| Violett/Lila | Gräser Grün |
|---|---|
| *Centaurea jacea* Wiesenflockenblume *Centaurea scabiosa* Skabiosenflockenblume *Knautia arvensis* Ackerknautie, Witwenblume *Scabiosa columbaria* Skabiose | **Gräser** Diverse Süss- und Sauergräser (Binsen, Seggen u.a.) |
| *Campanula patula* Wiesenglockenblume *Centaurea jacea* Wiesenflockenblume *Colchicum autumnale* Herbstzeitlose *Knautia arvensis* Ackerknautie, Witwenblume *Prunella grandiflora* Grosse Braunelle *Scabiosa columbaria* Skabiose | *Sanguisorba minor* Kleiner Wiesenknopf |
| *Ajuga reptans* Kriechender Günsel *Glechoma hederacea* Gundelrebe *Prunella grandiflora* Grosse Braunelle *Prunella vulgaris* Kleine Braunelle | *Alchemilla vulgaris* Frauenmantel *Plantago lanceolata* Spitzwegerich |

drei Wochen ist der gemähte Teil wieder so regeneriert, dass die übrige Wiese auch gemäht werden kann.

Mäharbeit ist harte Knochenarbeit: Wer sich anfangs auf das hautnahe Erleben des alternativen Landlebens freute und mit glänzenden Augen von althergebrachten Bräuchen wie ausgedehnte Vesper mit Speck und saurem Most träumte, sei gewarnt. Manch einer war schon entnervt, wenn die Sense – statt zu schneiden – das Gras nur sanft zur Seite legte oder ständig im Boden steckenblieb. Mücken und Fliegen, Schweiss und Schwielen verleiten auch sanfte Gemüter oft zu unflätigen Ausdrücken. Wenn sich das Gras nach getaner Arbeit in wochenlangem Regen zu Faulschlamm statt zu Heu verwandelt, wenn Frau und Kinder, Schwiegermutter und Nachbarn mit wenig Applaus Vaters «Ballett mit einer Sense» bestaunen, dann halte man sich besser an folgende Regeln: Statt den Bauernregeln glaube man den Wetterprognosen. Je früher man aufsteht, desto weniger Zuschauer, desto feuchter das Gras und desto leichter die Schnittarbeiten. Und: Gut gedengelt ist halb geschnitten. Wer Glück hat, kennt vielleicht einen Bauern, der sich mit Sense und Dengelhammer, mit Wetzstein und Heugabel noch auskennt und der seine Fähigkeiten mit Geduld weiterzugeben weiss.

heiss kompostiert wurde und wir sicher sind, dass die Samen nicht mehr keimfähig sind. Sonst verwenden wir ihn nur für Hecken oder für die Düngung von Obstgehölzen.

Die Lebensgemeinschaft *Wiese* ist zwar auf die Schnittarbeiten angewiesen: Sie wird aber – mindestens kurzfristig – durch diese extremen Eingriffe auch stark gestört. Wir achten deshalb darauf, dass nie die ganze Fläche in einem Arbeitsgang gemäht wird, sondern dass immer noch Rückzugsräume für Insekten und Spinnen erhalten bleiben. Nach etwa zwei bis

**Sense für den Wiesenschnitt.**

**Wetzstein und Köcher mit Wasser: damit wird zwischendurch nachgeschärft.**

**Nur eine gut gedengelte Sense ist scharf. Gedengelt wird mit dem Dengelhammer auf dem Dengelstock.**

**Auf grossen Flächen ist der Motorbalkenmäher eine Hilfe.**

## PIONIERE

# Geplantes «Chaos»: Die wilde Pracht der Pioniere

Warum Pionierflächen doch nicht chaotisch sind. Wo man Unkraut wachsen lässt. Wie sich Pioniervegetation auch nebenbei ergibt. Warum man pflegt und Unerwartetes dennoch hinnimmt. Und weshalb winzige Blumen die grossen Werke der Gartenarchitektur bedrohen.

Über diese Steine wird das Dachwasser von zwei Häusern dem nahen Bach zugeleitet. Bei starkem Regen wird das Wasser immer wieder Boden abschwemmen, es entstehen so neue Pionierflächen. Neben trockenverträglichen Pflanzen wie Schafgarbe, Mauerpfeffer und Wilde Möhre finden wir deshalb hier auch Feuchtstauden: Seifenkraut (Bildmitte), Rauhhaariges Weidenröschen und Pfennigkraut.

Eine Ruderalfläche auf sandigem, leicht humusiertem Boden: Im Vordergrund erkennt man die zarten, zitronengelben Blüten und die hohen Samenstände der Färber-Resede. (Auf dem gleichen Standort könnte auch die Gelbe oder Wilde Resede vorkommen.) Dahinter blühen der Rainfarn und die Wilde Möhre. Am Boden machen sich Gräser, Weiss- und Rotklee breit. Der Standort ist nicht spontan entstanden, es wurde angepflanzt.

Um dieses neu gebaute Einfamilienhaus herum ist im Frühjahr der Boden frisch humusiert worden. Die ganze Fläche wurde danach mit einer Ackerunkrautmischung eingesät. Der Boden kann sich so beleben und wird bei den Pflanzarbeiten im folgenden Herbst entsprechend locker sein. Trotzdem blüht der Garten bereits im Sommer recht bunt: Kornrade, Mohn, Käslikraut und Kamille sind auf dem Bild zu erkennen. Ein sonniger Teil des Gartens wird sicher auch weiterhin für diese und andere Ackerunkräuter zur Verfügung stehen.

# PIONIERE

**N**aturwiesen und Hecken, Weiher und romantische Gartenlauben werden von jedermann als schön und erstrebenswert betrachtet. Wenn aber der Naturgarten Ängste und Ablehnung hervorruft, dann immer durch das wilde Grün der Pionierstandorte, der Unkrautflächen. So wird denn der ordnungsliebende Bürger mit leichtem Frösteln dieses Kapitel lesen. Denn jetzt wird dem Wilden, der Urtümlichkeit, dem Chaos als Ursprung des Lebendigen gehuldigt: unüberschaubar, ungärtnerisch, unschön, unbegreiflich; aber kindergerecht, erlebnisreich, urtümlich, mit allen Nuancen an Farben und Strukturen, ein ständiges Auf- und Abschwellen von Werten; gross und staubklein, grell und dumpf, tausend Arten von Grün und im Herbst ebenso viele ineinanderfliessende Braun- und Gelbtöne, feucht und trocken, sandig, moosig, überwuchert, stachelig, abwehrend, geborgen.

Gefährlich ist es, sich mit dieser Wildnis auseinanderzusetzen. Subversiv zersetzend ist dieses Gewucher, aber heilsam und befreiend ist es, wenn man seine Bedürfnisse (und die der Kinder) so wahrnimmt. Wer sich – in vollem Wissen um sein «asoziales», «wertzerfressendes» Tun – mit einer Ruderalfläche, einem Waldschlag oder gar einem Unkrautacker abgibt, muss nicht staunen, wenn ihm der Gemeindepräsident und seine tief empörten Kollegen der Flurkommission die Leviten bzw. die gesetzlichen Bestimmungen verlesen, die da lauten, dass jeder sich strafbar macht, der Unkraut nicht bekämpft.

Was wir hier bauen, hat eben noch nicht umsatz- und absatzfördernd zu sein, ist noch von keiner weltumspannenden und kunststoffproduzierenden Wirtschaft als Weg aus der Ökologieklemme in die Weltverbrüderung lanciert worden.

Welche Regellosigkeit und Gesetzlosigkeit! Nicht einmal an die primitivsten pflanzensoziologischen Einteilungen halten sich diese Pflänzchen; sie wandern wild im ganzen Garten herum, wuchern dort, wo sie gar nicht dürften, und scheren sich einen Dreck um die Wissenschaft und die Gunst der Naturgärtner. Pietätlos benehmen sich diese Pioniere auch gegenüber der Gartenarchitektur, massen sich an, alles zu überwuchern und zu verändern, pflanzen sich unermüdlich fort, gedeihen fett in jeder Ritze und dringen unaufhaltsam in jede Gartenecke ein. Die grosse Gartengeometrie verspotten sie mit süssen, hellblauen Wegwartenblüten und sanften, romantischen Feldthymiankissen. Um das Werk von Gartenarchitekten und Gärtnern wäre es schnell geschehen, würde ihnen nicht die allgewaltige Chemie mit Herbizidwaffen zur Seite stehen.

Pionierstandorte entstehen immer dort, wo nach einem massiven Eingriff, nach einer Katastrophe das Leben neu beginnt: wenn Humus abrutscht oder beim Bau entfernt wird, wenn die Vegetationsdecke umgegraben oder wenn ständig gejätet wird; wenn der Wald geschlagen wird und plötzlich Licht im Übermass vorhanden ist; auf allen vom Menschen gebauten und genutzten Flächen: auf Dächern, entlang von Strassen und Wegen, auf Plätzen, in Kiesgruben, auf alten Feuerstellen, verlassenen Werkhöfen und unbenutzten Geleiseanlagen. Auch die extremsten und lebensfeindlichsten Standorte werden langsam und stetig von der Natur zurückerobert. Pionierpflanzen sind diesen Bedingungen gut angepasst: Sie wurzeln tief oder sammeln Wasser in verdickten Blättern, sie produzieren Unmengen von Samen oder helfen sich mit Wurzelausläufern, sie halten den Boden zusammen oder lockern verdichtete Flächen, sie sprengen Steine und wehren sich mit Giften und Stacheln.

Die Pflanzen der Pionierstandorte lassen sich vereinfacht in drei verschiedene Pflanzengesellschaften einteilen:

### Ruderalflora

Ruderalpflanzen (vom lateinischen *rudus* = Schutt, Ruine) wachsen an Wegrändern und auf Schuttflächen, sind also Begleiter der menschlichen Siedlungen. Tiere und Pflanzen dieser Rest- und Zufallsflächen gehören zum Teil zu den am meisten bedrohten Arten. Sie haben es in unseren blitzsauberen Dörfern, in denen ohne Nutzen und Bewilligung nichts mehr wachsen darf, besonders schwer.

# PIONIERE

Auf magerem, kiesigem Steinboden, in Pflasterritzen und an Wegrändern leben Sonnenanbeter: Wegwarte, Feldthymian, Huflattich, Wegwespen, Mörtelbienen und Ameisenlöwen. Trockene, magere Ruderalflächen (im folgenden auch *Trockenstandort* genannt) gehören im Naturgarten mit zu den schönsten und farbenprächtigsten Standorten. Es ist erstaunlich, was alles im Kies, in Steinen und trockenem, steinhartem Lehm leben kann und sich dort erst noch üppig entwickelt.

An schattigeren, feuchten oder nährstoffreichen Stellen entwickeln sich andere Pflanzen. Auch sie gehörten früher zum gewohnten Bild unserer Städte und Dörfer. Rund um Gärten, in der Nähe von Miststöcken, in Strassengräben und an Komposthaufen blühen undurchdringliche Hochstaudenfluren: Wilde Malven, Brennnesseln, verwilderte Gartenpflanzen, Hundskamille, einjähriges Rispengras, trittfester Breitwegerich, Melden, Guter Heinrich, Resede und Knoblauchhederich oder Seifenkraut. Überall dort, wo wir nährstoffreichen Boden finden, können solche Flächen wieder entstehen.

### Segetalflora

Dies ist die zweite Gruppe von Pflanzen, die den Menschen während Jahrhunderten begleitete: Ackerunkräuter. Ihren Namen haben sie vom lateinischen *seges* = Saat, Ackerfeld. Sie entwickeln sich jedes Jahr zusammen mit dem Getreide neu aus Samen. Ackerbegleitflora im Garten ist ein wunderschönes Stück Nostalgie, alte Kinderbücher und -lieder kommen einem in den Sinn beim Klang ihrer poetischen Namen: Kornrade, Kornblume, Adonisröschen, Ackerrittersporn und Venusspiegel. Jeder, der ein freies Gartenbeet hat oder eine sonnige Ecke in der Wiese umbricht, kann an diesen Freuden teilhaben. Werden Dinkel, Gerste, Weizen oder Roggen mitgesät, kann man das Korn sogar mahlen und einmal im Jahr wirklich eigenes Brot essen.

### Waldschlag

Eine andere Pioniergesellschaft trägt den wenig romantischen Namen *Waldschlag*. Man bezeichnet damit jene Gesellschaft von Gräsern sowie ein-, zwei- und mehrjährigen Kräutern, die immer dann üppig zu wachsen beginnen, wenn der Wald geschlagen wird und plötzlich volles Sonnenlicht ganz andere Standortbedingungen schafft. Auf Waldschlägen wachsen so typische Pflanzen wie Königskerze, Himbeere, Brombeere, Schmalblättriges Weidenröschen, Tollkirsche, Tausendgüldenkraut oder – vor allem im westlichen Europa – der Rote Fingerhut. An feuchteren Stellen im Schlag finden wir auch Sumpfpflanzen: Blutweiderich, Spierstaude, Baldrian und Seggenstöcke. Ein richtiger Waldschlag zeichnet sich auch dadurch aus, dass überall Holzreste, Baumstrünke und Asthaufen herumliegen: Unterschlupf für Igel, Paradiese für Käfer und andere holzbewohnende Insekten. Wer im eigenen Garten einen Waldschlag anlegt, wird wohl kaum warten wollen, bis er wirklich einen Wald schlagen kann. «Schlagflächen» werden im Garten bewusst angelegt und enthalten meist auch Pflanzen anderer Standorte: Wiesenblumen, Ruderalpflanzen, Waldunterwuchs, Pflanzen von Feuchtstandorten, Ackerkräuter. Es handelt sich demnach um eine gemischte Staudenfläche und nicht um einen Waldschlag im Sinne der Pflanzensoziologie. Der Waldschlag ist das typische Beispiel dafür, dass die Standorte und Gestaltungsmittel im Naturgarten zwar oft von Leitbildern aus der Kulturlandschaft beeinflusst sind, dann aber verfremdet und ganz und gar künstlich und bewusst angelegt werden.

Pionierflächen entstehen im Naturgarten nicht einfach von selbst, ohne menschliches Dazutun. Wir brauchen einige Kunstgriffe, um unsere Pionierflächen so schön artenreich zu präsentieren. Was vordergründig als naturgewolltes Chaos erscheint, ist oft ein mit buchhalterischer Akribie, mit mütterlicher Vorsorge und väterlicher Liebe gehätscheltes «Gartenbeet»: Chaos (oder natürliche Ordnung?) als Gestaltungsziel.

Fehlt die gärtnerische Zuwendung, so werden auch die Pionierflächen jenen Weg gehen, den bei uns fast alle Pflanzengesellschaften gehen: Gehölze wie Weiden, Birken, Heckenrosen oder Eschen leiten den Weg von der Staudenfläche zum Buschwald ein.

Während im Halbschatten Baldrian blüht, wuchert am sonnenüberfluteten Hang Ruderalvegetation mit Sigmarswurz, Brennessel, Leinkraut und Schafgarbe (Zustand ein Jahr nach der Pflanzung).

An dieser Stelle wurden während der Bauzeit Kies und Baumaterial gelagert. Der verbliebene trockene und magere Boden wurde als Standort für eine langsamwachsende, wärmeliebende Pioniervegetation genutzt. Ein Jahr später haben Thymian, Rinderauge, Wilde Möhre und Leimkraut den Ort bereits besiedelt. Übrigens: Dort, wo der Dachvorsprung vor Regen schützt, haben Ameisenlöwen ihre Fangtrichter gegraben.

# Planung von Pionierstandorten

**Planung der Ruderalvegetation**

Ruderalpflanzen sind, wie in der Einführung erwähnt, Begleiter. Ruderalflächen können damit auch nicht eigentlich «geplant» werden. Was wir planen, sind vielmehr diejenigen Elemente, die später von Unkraut begleitet oder überwuchert werden sollen: Mauern, Wege, Plätze, Treppen, Feuerstellen, Spielplätze usw. Wir denken auch an Restflächen wie Baumscheiben, Sickerflächen entlang von Fassaden, ungenutzte Ecken bei Einfahrten, Verkehrsinseln, Innenhöfe, Flachdächer (Garagen, Dachterrassen) und andere extrem trockene und nährstoffarme Standorte.

Ein struppiger Garten mit Sand, Kies und Steinen – man kann hier weder die Füsse baden noch Federball spielen und dennoch seinen Seelenfrieden finden.
Hier dürfen Kinder genussvoll Löcher buddeln und Berge anhäufen, Hütten bauen und Festungen errichten. Sie werden ihren ganzen Ramsch, ihre ganzen Schätze anschleppen. Für einmal wird man von der Erziehung zu Sauberkeit und Ordnung absehen. Besser noch: Man beteiligt sich an diesem Treiben, schleppt seine eigenen gesammelten Werke an: Wertvolles und Wertloses, Gewagtes und Banales, Kunst und Kitsch, Schrott und Schutt, Hölzernes vom «Wurzelsepp», Souvenirs aus Pisa und das Hochzeitsgeschenk der Tante Frieda. Was man damit auch immer anstellt – die Pioniere werden es bald mit einem versöhnlichen Grünschleier überzogen haben.
Moral und Nutzanwendung: Auch Pionierflächen sind Elemente eines bewusst angelegten, gestalteten Gartens, der bewohnt und benutzt wird, aber dennoch auf die Pflanzen und Tiere dieser Standorte Rücksicht nimmt.

# PIONIERE

Wollen wir Ruderalflächen als Gestaltungselement im Garten inszenieren, lassen wir uns von unterschiedlichen Bildern leiten: Erosionsflächen, Strassenböschungen, Kiesgruben, Ruinen, ungenutzte Liegenschaften, Baustellen, Abstellgeleise, verwachsene Flurstrassen usw. Überall können wir interessante Stellen finden, die uns anregen und Ideen geben. Der eigenen Phantasie und dem eigenen Geschmack gehorchend, legen wir die Flächen grosszügig oder eng strukturiert, mit vielen oder wenigen Materialien an: geometrische Bodenmuster, Kieshügel, Gruben, «Moränen» oder eine eigene Sahara mit Sanddünen. Wie wär's mit einer Kiesgrube voller Puten, ionisch-römischen Säulen oder mit einem Gartenzwergreservat? Oder orientieren wir uns doch an den schaurig-schönen Bauschuttgärten von Le Roy. Aber aufgepasst: Solche Spielereien brauchen viel Platz!

Eigentliche Ruderalflächen finden wir noch auf abgelegenen Gehöften und Weilern oder in Bergdörfern. Bei der stilgerechten Renovation von alten Häusern, besonders von Bauernhäusern, können wir auch die Umgebung wieder rekonstruieren. In Freilichtmuseen wurde dies bereits versucht.

Die idealen Ruderalflächen sind aber immer jene, die unter gewissen Bedingungen wieder spontan entstehen: Hinterhöfe, Hausecken, Pflasterritzen, Kiesstrassen und Kiesplätze. Es ist oft besser, solche spontan entstandenen Flächen nicht zu zerstören als à tout prix Ersatzflächen «herzustellen».

Andererseits können bewusst als Gartenschmuck angelegte Ruderalflächen den Betrachter auf die Schönheit dieser missachteten Vegetation aufmerksam machen. Sie können uns an Ferien, an Wärme erinnern, und in diesem Umfeld erscheinen uns dann die unscheinbarsten Pflanzen als einmalig und stimmungsvoll.

### Planung der Schlagflächen

Wir achten auf sonnige bis halbschattige Lage. Der Schlag kann zu einem eigentlichen Irrgarten und Spielgarten werden: Holzstämme, Kletterbäume, von Brombeeren überwucherte Höhlen und Kriechgänge, Asthaufen. Wir schaffen Möglichkeiten für Versteckspiele, Unterschlüpfe. Mit den Blumen und Gräsern der Schlagvegetation lässt sich auch gärtnerisch arbeiten, wir legen im Grunde einen Blumengarten an, geordnet und geplant nach Farben, Wuchscharakter und Höhe: Eingangsbereiche, Sitzplätze im Blumenmeer, Gartenteile mit bestimmten Farbthemen. Der Übergang zwischen Naturgarten und Ziergarten wird hier fliessend, und wir verwenden die Schlag- (und Ruderal)vegetation auch im Ziergarten.

### Planung von Ackerflächen

Voraussetzung sind einzig ein guter, humoser Boden und viel Sonne. Auch bei Segetalflora können wir uns überlegen, ob wir bestimmte Farben oder Farbkombinationen vorziehen wollen. Mit Ackerkräutern lassen sich ebenfalls Zierbeete anlegen, wir säen sie auf Verkehrsinseln oder als farbige Punkte und Bänder im Garten. Waldschlag, nährstoffreiche Ruderalstandorte und Ackerflächen lassen sich auch in bestehenden Gärten ohne grossen Aufwand verwirklichen, weder Erdbewegungen noch Materialaufwand sind nötig, und sie wachsen am besten in humosem Gartenboden.

# Anlegen von Pionierstandorten

Für Trockenstandorte (trockene, magere Ruderalflächen) muss das nährstoffarme und durchlässige Material tiefgründig eingebracht werden. Es genügt nicht, wenn der Humus entfernt und auf den immer noch nährstoffreichen Unterboden eine dünne Schicht Kies aufgebracht wird: Nährstoffe werden von der Umgebung eingeschwemmt, oder die Pflanzen finden in tieferen Schichten Nahrung. Pflanzen, die den extremen Bedingungen eines Trockenstandortes gar nicht angepasst wären, nehmen dann schnell überhand. Es ist ohnehin fraglich, ob man überhaupt grossflächig Trockenstandorte anlegen soll. Der Energieverschleiss für

# Unkraut-Pflanzer und Blattlaus-Züchter

Insektenkundler und Landwirtschafts-Fachleute wissen, dass die vielleicht wirksamsten Feinde von schädlichen Raupen nicht etwa grösser, sondern kleiner sind als die Raupen selber: Parasiten aus der Ordnung der Hautflügler, kleine Wespen, die ihre Eier auf oder in die Eier oder Raupen der Schmetterlinge ablegen. Die Wespenlarven leben nach dem Schlüpfen im Innern ihrer «Wirte» und mästen sich hier. Zuerst zehren sie von den nicht lebenswichtigen Organen des Wirtstieres, kurz vor ihrer eigenen Verpuppung töten sie es dann. Die Zahl und der Erfolg dieser Parasiten beeinflussen weitgehend die Überlebensraten der Schädlinge und damit auch den Schaden, den sie anrichten. Diesem Parasitenbefall hat das Interesse des kanadischen Entomologen K. Leius gegolten.

In verschiedenen Obstgärten hat er grosse Mengen von Eiern und Puppen eines Spinners gesammelt, dessen Raupe als Blattfresser Schaden stiftet. Ausserdem haben ihn die «Maden» aus verwurmten Äpfeln interessiert, bei denen es sich zoologisch ebenfalls um Schmetterlingsraupen handelt, nämlich um diejenigen einer Wicklerart. Der Forscher hat genau ausgezählt, wie viele Eier, Puppen und Raupen der schädlichen Schmetterlinge von Parasiten befallen waren und die Ergebnisse aus unterschiedlichen Obstanlagen verglichen. Bei der ersten Gruppe von Obstgärten wuchsen die Bäume inmitten von artenreichen Wiesen und Krautfluren, wo es den ganzen Sommer hindurch vielfältig blühte. Bei der zweiten herrschte am Boden eine artenarme Decke aus Gräsern vor. Das Ergebnis des Vergleichs war verblüffend: In den «blumigen» Obstanlagen waren 18mal mehr Raupen parasitiert – und damit zum Tode verurteilt – als in den artenarmen. Bei den Eiern hiess der entsprechende Faktor 4, bei den Obstmaden 5. Der Forscher nimmt an, dass das Angebot an Nektar, der Nahrung für die ausgewachsenen Nützlinge, ihren Fortpflanzungs-Erfolg und ihre Langlebigkeit beeinflusst, was man auch schon in anderen Untersuchungen hat nachweisen können.

Doch die genaue Entschlüsselung von Ursache und Wirkung ist hier weniger wichtig als die einfache Beobachtung des Zusammenhangs. Denn ähnliche Beziehungen werden in der ökologischen Forschung immer wieder aufgedeckt. Sie machen verständlich, warum ökologische Vielfalt eine wichtige Grundlage für die natürliche Regulation ist. Und so besehen wird «Un»-Kraut, das in bunter Vielfalt den sonst nackten oder monoton bewachsenen Boden bedeckt, zum erwünschten Kraut.

Wie wichtig scheinbar nebensächliche Kräuter sein können, hat vor einigen Jahren eine Gruppe von Teilnehmern eines Kurses über Landwirtschaftsfragen erfahren. Beim Besuch eines grossen, aargauischen Gemüse-Produktionsbetriebes, dessen Inhaber auf chemische Schädlingsbekämpfung verzichtet, fiel ihnen in den geräumigen Treibhäusern entlang der Wände ein vielleicht 30 Zentimeter breiter Streifen von Spinat auf, dessen Blätter über und über von Blattläusen bedeckt waren. Dieser Spinat nahm sich recht kläglich aus neben den Reihen der für den Verkauf bestimmten Gemüsesorten.

Doch beim Spinat mit den Läusen handelte es sich weder um eine missratene, noch um eine vergessene Kultur. Er diente vielmehr einzig und allein als Nahrung und Lebensraum für Blattläuse. Die Läuse wiederum bildeten die Basis für eine «eiserne Reserve» an Blattlaus-Parasiten – auch hier vor allem winzige Wespen – im Treibhaus. Ohne diese «Hilfsläuse» wäre der Parasitenbestand im Treibhaus jeweils in allen lausarmen Zeiten, etwa zwischen Ernte und Neupflanzung, fast ganz zusammengebrochen. Die Wespen wären dann auch nicht zur Stelle gewesen, um bei einer beginnenden Blattlaus-Entwicklung auf den Kulturen rechtzeitig regulierend einzugreifen.

Ähnliches kann und soll sich auch in denjenigen Gärten abspielen, die durch Gemüsebeete bereichert sind. Jeder biologische Gärtner weiss zum Beispiel, dass Marienkäfer, ihre Larven, die Larven von Florfliegen und Schwebfliegen oder auch Ohrwürmer gefrässige Blattlausvertilger sind. Müssen sich die Bestände dieser Blattlaus-Feinde zuerst zahlenmässig aufbauen, wenn sich auf den Kulturen eine Lausplage abzeichnet, dann kommt ihre Wirkung zu spät: Bis sie in genügender Zahl vorhanden sind, ist auch der Schaden schon da! Wenn sie sich aber vorher auf den Wildstauden des Naturgartens in Ruhe entwickeln konnten, am verlausten Holunderstrauch vielleicht oder bei den Lausherden des unscheinbaren Ampfers, dann haben wir eher eine Chance, dass sie da sind, wenn wir sie brauchen. Im Gegensatz zu hochgezüchteten Zierstauden ertragen standortheimische Pflanzen «ihre» Läuse auch bestens. Sie sind ja seit Jahrtausenden daran gewöhnt und darauf eingerichtet.

Lassen wir also die Blattläuse im Naturgarten gewähren und betrachten wir sie als Chance für interessante Beobachtungen: Den Ameisen zuschauen, wie sie bei den Läusen Honigtau sammeln; die Blattlausfeinde kennenlernen, sie vielleicht bei einem Überfall auf ihre Beute ertappen oder sogar einer Blattlaus-Geburt beiwohnen.

# PIONIERE

den Materialtransport müsste zu Zurückhaltung mahnen – ganz abgesehen von der Tatsache, dass auch Kiesmaterialien zu den knappen Rohstoffen gehören. Trockenstandorte sollen eher dort verwirklicht werden, wo so oder so Kies für den Bau von Wegen und Plätzen gebraucht wird. Auf vielen Baustellen finden wir aber ideales, kiesiges, sandiges oder auch lehmiges Material, welches wir gut verwenden können. Wir versuchen auch, in der Umgebung bei Bauvorhaben geeigneten Aushub zu erhalten, und führen unseren Humus mit dem gleichen Transport ab.

Besonders geeignet für extreme Trockenstandorte sind Dachflächen. Der Aufbau sollte aber unbedingt mit einem Fachmann besprochen werden: Tragfähigkeit und Aufbau des Daches, Durchwurzelungsgefahr, Bauschäden, Isolation und Entwässerung sind nur einige Stichworte, die mit einem Bauingenieur oder einem (Garten-)Architekten diskutiert werden sollten. Auch bei sehr wenig Substrat (10 Zentimeter) ergeben sich vielfältige Standorte. In extrem trockenen Sommern können die Pflanzen zum Teil eingehen, die Vegetation wird sich aber bald regenerieren.

Schlag-, humose Ruderal- und Segetalflächen brauchen eine sorgfältige Bodenvorbereitung, wie sie bereits in den Kapiteln *Gehölze* und *Wiesen* beschrieben wurde. Bei Umgestaltungen hacken wir den alten Rasen sorgfältig ab und graben die Fläche um. Danach sät man im ersten Jahr mit Vorteil einjährige Kräuter (Akkerunkräuter oder Gründüngung) ein. Im zweiten Jahr wird der Boden noch einmal gut (wie ein Gartenbeet!) vorbereitet. Man erreicht dadurch, dass die Wurzeln und Ausläufer der alten Grasnarbe die umgebrochene Fläche nicht nach kurzer Zeit wieder in eine Wiese verwandeln.

## Pflanzung, Saat

Auf Spaziergängen suchen wir Standorte, die unserem Garten entsprechen, und sammeln dort Samen. Pflanzen und Samen können auch in einigen wenigen spezialisierten Gärtnereien bezogen werden. Für humose Ruderal- und Schlagflächen ziehen wir aus den Samen Setzlinge; Direktsaat ist weniger geeignet, da auf diesen Standorten andere, konkurrenzkräftigere Arten die Keimlinge verdrängen könnten.

Auf extrem trockenen und nährstoffarmen Flächen wird die typische trockenresistente Vegetation nicht von anderen Arten bedrängt. Wir können daher die Samen direkt ausbringen. Vor allem Ein- oder Zweijährige werden sich schnell entwickeln. Mehrjährige Pflanzen können angezogen und gesetzt werden. Bei einigen Arten (vor allem Sedumarten) genügt es, wenn wir einige Zweige oder Blätter direkt in die Erde stecken. In Kiesgruben, an Wegrändern oder auf Felsschutt finden wir oftmals vielfältige Pioniergesellschaften. Hier können wir Bodenmaterial oberflächlich abschürfen und auf dem neuen Standort wieder ausbringen: wir «impfen» den neuen Standort mit Samen, Wurzelausläufern, Kleintieren, Moosen, Flechten usw.

Ackerkräuter säen wir zusammen mit Getreide im Herbst oder im zeitigen Frühjahr. Samen von Ackerunkräutern können wir (im Gegensatz zu allen anderen Pflanzen) auch in weiter entfernten Regionen sammeln, ohne Bedenken zu haben, dass typische regionale Rassen vermischt werden oder dass die Kräuter dem neuen Standort nicht angepasst sind. Ackerbegleitflora wurde so oder so erst in relativ junger Zeit mit dem Beginn des Ackerbaues aus mediterranen Gegenden eingeschleppt.

**Auf einer für diesen Zweck konstruierten Dachfläche kann man mit einer dünnen Schicht Kies (10–30 cm) vielfältige Pionierflächen schaffen. (Unbedingt mit einem Bauingenieur über Belastung und Dichtung reden.)**

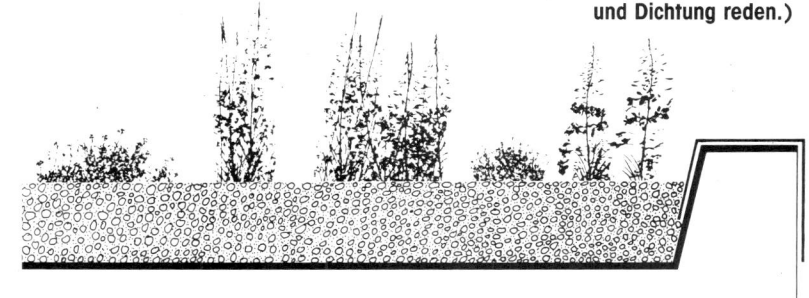

**Im Regenschatten von Gebäuden können extreme Pionierflächen entstehen.**

**Durch die Rückstrahlung der Fassade können hier auch wärmeliebende Pflanzen gedeihen. Die Verwendung von Kiesmaterialien ist auch als Feuchtigkeitsschutz für die Fundamente von Vorteil. Humusieren sollte man erst in einer Entfernung von mehreren Metern von der Trockenfläche entfernt. Der Humus sollte dabei immer tiefer als die Kiesfläche liegen, damit keine Nährstoffe eingeschwemmt werden.**

## Waldschlag-Pflanzen

Sie geben zwar oft viel Arbeit, weil einige von ihnen recht stark wuchern. Trotzdem gehören Waldschlag-Pflanzen zu den erklärten Gartenlieblingen – besonders das brennendrote Schmalblättrige Weidenröschen, welches (wie viele andere Stauden auch) im Herbst oft noch ein zweites Mal blüht, wenn man seine Triebe vor der Samenreife etwas einkürzt. Keine starken Wucherer (weil nur zweijährig) sind die schon als reine Blattrosetten sehr eleganten Königskerzen. Selbst bei ihnen lassen sich Blütezeit und Blühkraft durch Zurückschneiden steigern. Gelb blühen auch die Greiskrautarten. Das Fuchs-Greiskraut gehört dabei zu den eigentlichen Charakterpflanzen von Waldschlägen. Auch das Jakobs- oder das Raukenblättrige Greiskraut sind hier anzutreffen. Beide sind schöne und langanhaltende Blüher. Während das Weidenröschen auch als Wildgemüse gekocht werden kann und andere Waldschlagpflanzen wie Himbeeren und Brombeeren zu den klassischen Wildfrüchten gehören, sind die Tollkirsche und der Fingerhut stark giftig. Den Fingerhut mit seinen intensivroten, gefleckten Blüten wird wohl niemand als Salat geniessen wollen – die Tollkirsche hingegen mit ihren süssen und schönen Beeren kann für Kinder gefährlich werden. Zum Glück kennt man gegen das Atropin der Tollkirsche entsprechende Gegengifte, so dass man die Gefahr auch nicht überschätzen sollte. Als Heilpflanze wird die Tollkirsche in der Medizin heute noch gebraucht. Früher fand sie auch Verwendung als färbender und berauschender Zusatz im Rotwein, als Halluzinogen (sog. Hexenpflaster) oder als Schönheitsmittel (Augentropfen). Eine oft verwendete Heilpflanze ist auch das wunderschön blühende Tausendgüldenkraut. Es gehört zwar zu den Charakterarten der Waldschläge, dennoch wird es, da es nur einjährig ist, oft von anderen Pflanzen verdrängt.

## Dorf-Unkräuter

Überall dort, wo die Vegetation nicht zu oft gestört wird und genügend Nährstoffe vorhanden sind, wachsen die Dorf-Unkräuter in wildem Durcheinander in den Himmel – allen voran die riesige Karde, deren blaue Blüten Heerscharen von Sommervögeln anlocken und deren Samenstände im Winter den Distelfinken als Futterplatz dienen. Wo die Karde blüht, sind meist die intensiv dunkelvioletten Distel- und Klettenarten nicht weit. Die Kletten haben teilweise sehr scharfe Widerhaken; man kann sich beinahe daran verletzen. Nicht angenehm anzufassen ist bekanntlich auch die Brennessel. Trotzdem ist sie fester Bestandteil von Unkrautflächen im Naturgarten: Sie dient als Frasspflanze für Schmetterlingsraupen, als Heilkraut, Wildgemüse und als vielseitiger Helfer im Biogarten. Ebenfalls im Biogarten verwendet wird der intensiv riechende Rainfarn. Mit seinen dunkelgelben Blütenköpfen wirkt er wunderschön in Sträussen. Viel Farbenpracht bringen auch die auf Ruderalflächen typische Sigmarswurz und das Seifenkraut, die hier oft zusammen mit verwilderten Zierpflanzen vorkommen: mit der Kanadischen Goldrute, dem Drüsigen Springkraut und den Herbstastern. Eine elegante, ruhige Erscheinung ist der gewöhnliche Beifuss, der mit dem nahe verwandten Wermut zu den bekannteren Heilkräutern gehört. Diese beiden Arten sind oft mit der blauen Ochsenzunge, dem Natternkopf und der eigenartig rotbraun blühenden Hundszunge vergesellschaftet und zusammen mit dem nahe verwandten Gartenborretsch ebenfalls heilkräftig. Unglaublich leicht und zerbrechlich wirken der Gelbe und der Gewöhnliche Steinklee. Wie ein leichter Farbdunst wirken sie zusammen mit anderen Blüten, etwa mit dem kraftvollen Weiss der Wilden Möhre oder dem knalligen Gelb der Nachtkerze. Nicht umsonst sind Dorf-Unkräuter für Naturgärtner die schönsten Kräuter.

# PIONIERE

## Pflanzen an der Hitze

Nicht weniger farbig als die Dorf-Unkräuter, aber geordneter und verhaltener wirken die extremen Trockenflächen. Besonders häufig ist hier die Familie der Schmetterlingsblütler anzutreffen: Ginster, Kronwicke, Esparsette oder der Dornige Hauhechel. Der Hauhechel sieht beinahe wie ein kleiner Strauch aus, seine Triebe sind übervoll von rosaroten Blüten. Mit starken Dornen wehrt er sich gegen Frass, seine Blätter sind klebrig und gut gegen Wasserverlust geschützt. Ebenfalls als Verdunstungsschutz dienen die langen filzigen Haare des zitronengelben Kleinen Habichtskrautes oder die fleischigen Blätter der Mauerpfefferarten, die auch als erfrischender Wildsalat Verwendung finden. Der intensive Geruch vieler Pflanzen an heissen Orten deutet auf einen hohen Gehalt an ätherischen Ölen hin, sie sind daher oft Heil- und Küchenkräuter.
Der Dost überrascht uns mit Blütenfarben, die von beinahe Weiss bis zu Dunkelrostrot reichen. An Heilpflanzen finden wir den Wundklee, dessen Namen an seine frühere Verwendung zur Wundheilung erinnert. Heute noch empfohlen wird das Johanniskraut. Ebenfalls sehr gesund soll die würzige Wegwarte sein. Ihre blauen Blüten verwelken bereits in der ersten Hitze des Tages, und es wird niemandem gelingen, damit Sträusse zu binden. Eigenartig ist die Blattfarbe des Durchwachsenen Bitterlings: Ihr Blaugrün ergibt der Pflanze ein Aussehen, als wäre sie mit ihren goldenen Blüten aus Wachs. Ähnlich in der Wuchsform und auch mit dem Bitterling verwandt ist das Tausendgüldenkraut; beide passen in Sträussen wunderbar zusammen.
Man kann unendlich über die zarten Schönheiten trockener Standorte schwärmen, über Glockenblumen, Kreuzblumen, Moschusmalve, über Gamander und Echtes Labkraut. Leider bieten aber nur die allerwenigsten Gärten ideale Bedingungen für diese Seltenheiten.

## Kurzlebiges Unkraut

Je häufiger der Boden gehackt und gejätet wird, desto schneller muss die Vermehrung erfolgen: Gänsefuss-Arten, Melden, Fuchsschwanz und Kamillen versamen sich innert weniger Wochen. Die Echte Kamille wird man gerne gewähren lassen, sie sollte als Heilpflanze nie fehlen. Längere Entwicklungszeit brauchen Wintergetreidebegleiter wie die Kornblume: Sie keimen im Herbst und überwintern als Rosetten.
Die Mohnblüte ist eine der am meisten fotografierten Blumen. Nicht minder fotogen wären allerdings auch das grellrote Adonisröschen, der blaue Ackerrittersporn, die violettrote Kornrade oder das rosarote Saat-Kuhkraut. Alle drei sind Giftpflanzen. Die Samen der Kornrade vergifteten früher das Mehl, wenn sie mitgemahlen wurden. Roter und Blauer Ackergauchheil, der Venusspiegel (blau mit weisser Mitte) und die Ackerröte verzieren den Boden mit einem zarten Farbschleier.
Selten wird sich in einem Garten der Stechapfel einfinden. Er hat eine lange weisse, elegante Blüte, seine grosse Frucht soll verführerisch gut schmecken – ist aber stark giftig. Noch seltener ist das Bilsenkraut; seine dunkelvioletten, aussen beigen, mit einem braunen Netz überzogenen Blüten erinnern an eine Schönheit aus Tausendundeiner Nacht. Ein Strauss davon ist eine Kostbarkeit. Mehrjährige Acker- und Gartenunkräuter sind der Giersch, das Scharbockskraut oder die seltene Traubenhyazinthe und der Doldenmilchstern. Giersch und Scharbockskraut sind – einmal im Ziergarten verwildert – wirklich lästige Unkräuter. Dafür sind beide Wildgemüse: Das Scharbockskraut wurde früher gegen Vitamin-C-Mangel gegessen (Skorbut). Sobald sie aber blühen, sind beide leicht giftig.
Ob einem ein Kraut noch Kraut oder schon Unkraut ist, hängt demnach ganz davon ab, ob man seine Schönheit erkennt und ob man es für den eigenen Vorteil zu nutzen weiss.

## Kombinationstabelle nach Farben und Wuchsformen

| Lebensbereich humose Ruderalflächen, Wegränder, Schuttplätze, Waldschlag | Rot/Rosa | Weiss | Gelb | Blau |
|---|---|---|---|---|
| **Leitstauden** Dominierende Arten, bilden das Thema eines Standortes, einer Pflanzung. | *Digitalis purpurea* Roter Fingerhut *Epilobium angustifolium* Schmalblättriges Weidenröschen *Leonurus cardiaca* Herzgespann, Löwenschwanz *Malva alcea* Sigmarswurz, Rosenmalve *Saponaria officinalis* Echtes Seifenkraut | Diverse Doldenblütler | *Chrysanthemum vulgare* Rainfarn *Digitalis grandiflora* Grossblütiger Fingerhut *Hypericum perforatum* Echtes Johanniskraut *Pastinaca sativa* Echter Pastinak *Pulicaria dysenterica* Flohkraut *Senecio fuchsii* Fuchs-Greiskraut *Senecio erucifolius* Raukenblättriges Greiskraut | *Cichorium intybus* Wegwarte |
| **Begleitstauden** Flächig verwendete Pflanzen, die die Leitstauden in ihrer Wirkung unterstützen. | *Arctium lappa* Grosse Klette *Leonurus cardiaca* Herzgespann, Löwenschwanz *Malva silvestris* Käslikraut *Polygonum persicaria* Flohknöterich | *Silene alba* Weisse Lichtnelke *Silene vulgaris* Leimkraut | *Chelidonium majus* Schöllkraut *Pastinaca sativa* Echter Pastinak *Pulicaria dysenterica* Flohkraut *Reseda luteola* Resede, Färber-Wau | *Cichorium intybus* Wegwarte |
| **Flächendecker** Kriechende, bestandesbildende und bodendeckende Pflanzen. | *Convolvulus arvensis* Zaunwinde *Lamium maculatum* Gefleckte Taubnessel *Rumex acetosella* Kleiner Sauerampfer | *Lamium album* Weisse Taubnessel *Sagina procumbens* Liegendes Mastkraut *Sedum album* Weisser Mauerpfeffer | *Linaria vulgaris* Leinkraut *Potentilla anserina* Gänsefingerkraut *Potentilla reptans* Kriechendes Fingerkraut *Sedum acre* Fetthenne, Mauerpfeffer *Tussilago farfara* Huflattich | *Veronica serpyllifolia* Quendelblättriger Ehrenpreis |
| **Ein- und zweijährige Pflanzen** | *Anagallis foemina* Blauer Ackergauchheil *Dianthus armeria* Rauhe Nelke *Digitalis purpurea* Roter Fingerhut *Galeopsis tetrahit* Stechender Hohlzahn *Geranium dissectum* Schlitzbl. Storchschnabel *Malva neglecta* Kleines Käslikraut *Papaver rhoeas* Klatsch-Mohn | *Alliaria petiolata* Knoblauchhederich *Datura stramonium* Stechapfel *Melilotus alba* Weisser Steinklee *Silene alba* Weisse Lichtnelke *Solanum nigrum* Schwarzer Nachtschatten | *Melilotus officinalis* Echter Steinklee *Oenothera biennis* Nachtkerze *Reseda luteola* Resede, Färber-Wau *Reseda lutea* Resede, gelber Wau *Verbascum densiflorum* Grossblütige Königskerze *Verbascum nigrum* Schwarze Königskerze *Verbascum thapsus* Kleinblütige Königskerze | *Anagallis arvensis* Ackergauchheil *Anchusa officinalis* Ochsenzunge *Echium vulgare* Natternkopf |

# PIONIERE

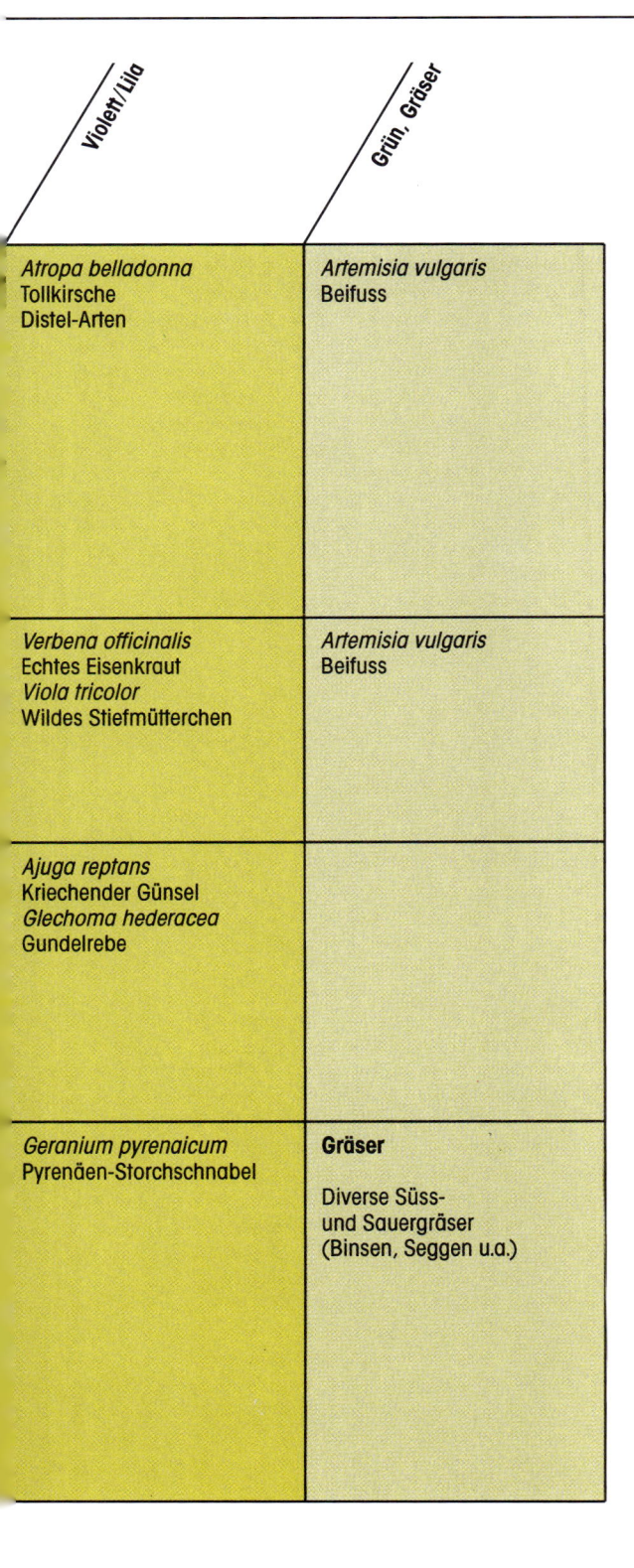

# Pflege der Pionierflächen

| Violett/Lila | Grün, Gräser |
|---|---|
| *Atropa belladonna* Tollkirsche<br>Distel-Arten | *Artemisia vulgaris* Beifuss |
| *Verbena officinalis* Echtes Eisenkraut<br>*Viola tricolor* Wildes Stiefmütterchen | *Artemisia vulgaris* Beifuss |
| *Ajuga reptans* Kriechender Günsel<br>*Glechoma hederacea* Gundelrebe | |
| *Geranium pyrenaicum* Pyrenäen-Storchschnabel | **Gräser**<br>Diverse Süss- und Sauergräser (Binsen, Seggen u.a.) |

Trockene Ruderalflächen, Wegrand- und Pflasterritzenvegetation brauchen praktisch keine Pflege. Sie «pflegen» sich von selbst, weil wir diese Flächen benutzen, begehen, bespielen und befahren. In den ersten Jahren werden sich die Pflanzen allmählich üppiger entwickeln und immer grössere Areale einnehmen. Die anfangs karge und herbe Erscheinung weicht einem üppigen Meer von blühenden Stauden. Leguminosen sammeln ständig Stickstoff, tierische Leichen und Pflanzenreste werden humifiziert: der magere Standort wird nach und nach stickstoffreicher. Schon im zweiten Jahr werden einige Pflanzen überhandnehmen: Leinkraut, Nachtkerze, Karde, Kronwicke und Kleearten können sich rasant entwickeln. Wir fördern weniger konkurrenzkräftige Arten, indem wir ziemlich rabiat jäten. Nach einigen Jahren ist die Fläche meist dennoch stark überwuchert, Ein- und Zweijährige können sich im dicken Pflanzenfilz kaum mehr entwickeln und verschwinden langsam. Es wird Zeit, den ganzen Standort wieder in das Pionierstadium zurückzubringen. Wir roden die Flächen völlig und brechen teilweise um oder bringen zusätzlich Kies- und Sandmaterial ein. Wuchern die Pionierflächen sehr schnell zu, so haben wir entweder zu viele konkurrenzstarke Arten eingebracht oder aber der Trockenstandort ist offenbar gar nicht so trocken und nährstoffarm, wie wir erhofften. Wir lassen uns am besten von der unerwarteten Entwicklung weiterhin überraschen und freuen uns an dem, was trotz - oder gerade wegen - unseren ständigen Bemühungen und «Fehlern» wächst. Tun wir gar nichts mehr, werden wir bald von einem kleinen Saalweiden-Schwarzdorn-Föhren-Wäldchen umgeben sein.

Humose Ruderalstandorte, Waldschlag: Nach dem Anpflanzen (oder noch besser vor der Pflanzung) decken wir diese Flächen mit Schilf, Holzabfällen oder Rindenmulch ab. Wir

**Die Tabelle mit Farben und Wuchsformen erleichtert die Zusammenstellung einer differenzierten Pflanzung. Um eine standortgerechte Vegetation zu erreichen, muss die Tabelle (am Schluss des Buches) mit den genaueren Eigenschaften der jeweiligen Pflanzen mitberücksichtigt werden.**

# Kombinationstabelle nach Farben und Wuchsform

| Lebensbereich trockene Pionierstandorte | Rot/Rosa | Weiss | Gelb | Blau |
|---|---|---|---|---|
| **Leitstauden**<br><br>Dominierende Arten bilden das **Thema** eines Standortes, einer Pflanzung. | *Malva alcea*<br>Rosenmalve<br>*Malva moschata*<br>Moschus-Malve<br>*Onobrychis viciifolia*<br>Esparsette<br>*Ononis spinosa*<br>Dorniger Hauhechel | *Filipendula vulgaris*<br>Knollen-Spierstaude<br>*Silene vulgaris*<br>Leimkraut<br>Div. Doldenblütler | *Isatis tinctoria*<br>Färberwaid<br>*Hypericum perforatum*<br>Johanniskraut<br>*Tanacetum vulgare*<br>Rainfarn<br>*Potentilla recta*<br>Aufrechtes Fingerkraut | *Anchusa officinalis*<br>Ochsenzunge<br>*Cichorium intybus*<br>Wegwarte<br>*Echium vulgare*<br>Natternkopf<br>*Linum perenne*<br>Dauer-Lein |
| **Begleitstauden**<br><br>Flächig verwendete Pflanzen, die die Leitstauden in ihrer Wirkung unterstützen. | *Centaurium erythraea*<br>Tausendgüldenkraut<br>*Coronilla varia*<br>Kronwicke<br>*Teucrium chamaedrys*<br>Gamander | *Anthericum ramosum*<br>Ästige Graslilie<br>*Silene nutans*<br>Nickendes Leimkraut<br>*Silene vulgaris*<br>Leimkraut | *Anthyllis vulneraria*<br>Wundklee<br>*Euphorbia cyparissias*<br>Zypressen-Wolfsmilch<br>*Hippocrepis comosa*<br>Hufeisenklee<br>*Lotus corniculatus*<br>Hornklee | *Campanula rotundifolia*<br>Rundblättrige Glockenblume<br>*Campanula glomerata*<br>Knäuelglockenblume<br>*Cichorium intybus*<br>Wegwarte<br>*Phyteuma orbiculare*<br>Kugelige Teufelskralle |
| **Flächendecker**<br><br>kriechende, bestandesbildende und bodendeckende Pflanzen. | *Ononis repens*<br>Kriechender Hauhechel<br>*Polygala comosa*<br>Schopfige Kreuzblume | *Sedum album*<br>Weisser Mauerpfeffer<br>*Polygala chamaebuxus*<br>Buchsblättrige Kreuzblume | *Helianthemum nummularium*<br>Sonnenröschen<br>*Hieracium pilosella*<br>Mausohr<br>*Linaria vulgaris*<br>Leinkraut | *Campanula rotundifolia*<br>Rundblättrige Glockenblume<br>*Polygala vulgaris*<br>Gewöhnliche Kreuzblume<br>*Veronica teucrium*<br>Grosser Ehrenpreis |
| **Ein- und zweijährige Pflanzen** | *Centaurium erythrea*<br>Tausendgüldenkraut<br>*Dianthus armeria*<br>Rauhe Nelke<br>*Geranium dissectum*<br>Schlitzbl. Storchschnabel | *Daucus carota*<br>Wilde Möhre<br>*Linum catharticum*<br>Purgierlein | *Blackstonia perfoliata*<br>Bitterling<br>*Carlina vulgaris*<br>Golddistel<br>*Inula conyza*<br>Dürrwurz | *Anchusa officinalis*<br>Ochsenzunge<br>*Echium vulgare*<br>Natternkopf |
| **Lebensbereich Ackerbegleitflora** | *Adonis aestivalis*<br>Adonisröschen<br>*Anagallis arvensis*<br>Ackergauchheil<br>*Convolvulus arvensis*<br>Ackerwinde<br>*Galeopsis tetrahit*<br>Stechender Hohlzahn<br>*Lathyrus tuberosus*<br>Knollenplatterbse<br>*Papaver rhoeas*<br>Klatsch-Mohn<br>*Polygonum persicaria*<br>Floh-Knöterich<br>*Vaccaria hispanica*<br>Saat-Kuhkraut | *Anthemis arvensis*<br>Acker-Hundskamille<br>*Matricaria chamomilla*<br>Echte Kamille<br>*Solanum nigrum*<br>Schwarzer Nachtschatten | *Ranunculus arvensis*<br>Acker-Hahnenfuss<br>*Viola arvensis*<br>Ackerstiefmütterchen | *Anagallis foemina*<br>Blauer Ackergauchheil<br>*Cantaurea cyanus*<br>Kornblume<br>*Anchusa arvensis*<br>Ackerkrummhals<br>*Consolida regalis*<br>Ackerrittersporn<br>*Myosotis arvensis*<br>Ackervergissmeinnicht |

# PIONIERE

| Violett/Lila | Gräser/Getreidearten |
|---|---|
| **Aster amellus**<br>Kalk-Aster<br>*Centaurea jacea*<br>Flockenblume<br>*Centaurea scabiosa*<br>Skabiosenflockenblume<br>*Scabiosa columbaria*<br>Tauben-Skabiose | **Gräser**<br><br>Diverse Süss-<br>und Sauergräser<br>(Binsen, Seggen u.a.) |
| *Prunella grandiflora*<br>Grosse Braunelle<br>*Scabiosa columbaria*<br>Tauben-Skabiose<br>*Verbena officinalis*<br>Echtes Eisenkraut | |
| *Thymus pulegioides*<br>Gewöhnlicher Thymian | |
| *Cynoglossum officinale*<br>Hundszunge | |
| *Fumaria officinalis*<br>Erdrauch<br>*Legousia speculum-veneris*<br>Venusspiegel<br>*Sherardia arvensis*<br>Ackerröte<br>*Viola tricolor*<br>Wildes Stiefmütterchen | **Getreidearten**<br><br>Einkorn<br>Emmer<br>Dinkel<br>Buchweizen<br>Lein/Flachs<br>Roggen |

verhindern so, dass sich im ersten Jahr Wiesengräser, Quecken oder einjährige Gartenkräuter durchsetzen. Unsere frisch angepflanzten Flächen sind eben etwas ganz und gar Künstliches. Indem wir gezielt pflanzen, kürzen wir die jahrzehnte-, im Schlag auch jahrhundertelange Entwicklung bewusst ab, wir raffen die Zeit. Im ersten Jahr haben wir eher einen Hackfruchtstandort, auf dem vor allem die entsprechenden Unkräuter wachsen würden. Dies wäre an sich nicht schlimm, wenn nicht die noch kleinen Rosetten der Schlag- und Ruderalpflanzen dadurch beschattet würden und unter den schneller wachsenden Kräutern zu ersticken drohten. Auch bei einem wirklichen Waldschlag laufen diese Prozesse des gegenseitigen Verdrängens ab; dass sich die meisten Arten doch irgendwo durchsetzen, liegt neben den Standortbedingungen vor allem auch an der Fläche eines «richtigen» Waldschlages von 10 000 und mehr Quadratmetern. In unseren kleinen Gartenflächen wollen wir aber auf einer sehr viel kleineren Fläche eine mindestens so hohe Artenzahl erreichen! Wenn wir bestimmte Arten unbedingt durchbringen wollen, bleibt uns nichts anderes übrig als zu jäten. Auch in späteren Jahren ist dies oft nötig, da einige Schlag- und Ruderalpflanzen überhandnehmen, insbesondere jene, die Wurzelschosse und Ausläufer bilden oder sich sehr stark aussamen (Sigmarswurz, Brennessel, Schmalblättriges Weidenröschen). Ob wir stark eingreifen oder dem Konkurrenzkampf zwischen den einzelnen Arten einfach zuschauen, hängt ganz von den Nerven, der Neugier und dem gärtnerischen Ehrgeiz des jeweiligen Gartenbesitzers ab. Die minimale Leistung, die jeder erbringen sollte, ist einzig ein periodisches Entbuschen, eine Arbeit, die man lieber zu früh als zu spät anpackt, wenn man den Wunsch verspürt, nicht im Wald, sondern unter freiem Himmel zu leben.

Ackerflächen: Einfacher kann die Pflege der Segetalflächen beschrieben werden: Ohne Wenn und Aber gibt es hier ein klares Rezept: Der Acker wird jedes Jahr (nach der «Ernte») umgestochen. Korn und Unkrautsamen werden sofort oder erst im Oktober wieder in ein sauberes Saatbeet gesät – und der ganze Farbenzauber beginnt von neuem.

**Die Tabelle mit Farben und Wuchsformen erleichtert die Zusammenstellung einer differenzierten Pflanzung. Um eine standortgerechte Vegetation zu erreichen, muss die Tabelle (am Schluss des Buches) mit den genaueren Eigenschaften der jeweiligen Pflanzen mitberücksichtigt werden.**

WASSER

# Zentrum des Lebens: Wasser im Garten

Warum der Weiher-Boom nicht nur eitel Freude auslöst. Weshalb man trotzdem mit der Mode gehen sollte. Wie man Weiher baut. Weshalb auch Pfützen und Tümpel schön sind. Und warum man auch ohne Gartenweiher stolzer Biotop-Besitzer ist.

Nicht immer hat man das Glück, eine Quelle im eigenen Garten zu finden. Hier wird Quellwasser durch einen Bach zu einem kleinen Weiher geführt. Gelbe Schwertlilie, Bachnelkenwurz, Rauhhaariges Weidenröschen, Wasserdost und Blutweiderich ziehen sich so als Farbband durch den Garten.

Ein Lehmtümpel – mit dem Material gebaut, das auf dem Bauplatz schon vorhanden war. Bereits nach einem Jahr beginnen die Wasserpflanzen, den neuen Standort zu besiedeln. Ideal sind solche Pfützen vor allem für die Gelbbauchunke.

Teil eines grossen Weihers, der mit Folien abgedichtet ist: Mit Steinen wurden Überwinterungsquartiere für Amphibien geschaffen. Da in diesem Garten noch kleine Kinder spielen, ist der angrenzende Sandplatz provisorisch eingezäunt.

# WASSER

Nur wer selbst schon stundenlang auf der faulen Haut lag und dem faszinierenden Leben am Weiher zuschaute, wird verstehen, was uns Wasser im Garten bedeutet. Hier ist der Ort, an dem man, wie Tucholsky so schön sagt, «mit der Seele baumeln» kann: Ruhe, Meditation, Zwiegespräche mit Wesen und Dingen, die uns nicht gehören, die wir nicht verstehen, die uns aber doch nahe sind; Wasser, Lebensspender, Ursprung, wir lauschen in die Natur, in uns selbst hinein. Mitten in unseren Träumereien werden wir aufgeschreckt, Steine klatschen ins ruhige Wasser, Wellen, Kindergeschrei; Frösche fangen, das Wunder einer schlüpfenden Libelle betrachten - Kinder lernen Schritt für Schritt mit der Natur umzugehen. Die Kaulquappen werden von «bösen» Rückenschwimmern gefressen; was ist gut, was schlecht? Wie werten wir Vorgänge, die ablaufen, ohne dass wir eingreifen können? Schnell verändert sich ein Gewässer, wird trüb, schlammig, kristallklar, Pflanzen wuchern, Tiere besiedeln den Weiher, andere verschwinden wieder, passen sich den veränderten Lebensbedingungen nicht schnell genug an.

Wenn ein Gartenweiher so sehr zum Zentrum der Erfahrungen und des Lebens eines Gartenjahres werden kann, wenn wir ihn wirklich geniessen, dann ist nichts gegen den Bau eines Feuchtgebietes einzuwenden. Leider sind Gartenweiher aber zu jenem Gartenelement geworden, welches am leichtesten zu vermarkten ist. Statt auf das Lebendige einzugehen, wird Natur zum (zwar ökologisch verbrämter) Konsumgut. *Holen Sie sich Ihr e i g e n e s Stück Natur zurück* und ähnlich heisst es in Inseraten. Wer schon einen Swimming-pool besitzt, darf sich jetzt auch ein Biotöpchen leisten. Der neue Besitz wird ausstaffiert, Springbrunnen und Algenentfernungsmittel, Froschfutter und Goldfisch feiern ihren Einstand. Seerosen rot und gelb, Ersatznatur, Plastiknatur, *unser* Biotop, *mein* Frosch – und wenn er zu laut wird, dann eben kein Frosch. Am liebsten mitten im supergrünen Rasen, in Nierenform mit Manneken-Pis en miniatur und unterwasserbeleuchtetem Kupferstorch: Fastidylle, Wohlstandspfütze.

Trotzdem: Wasserflächen fehlen in unserem Siedlungsgebiet immer noch sehr. Verlorene Feuchtgebiete, zugeschüttete Bäche und meliorierte Sumpfgebiete werden zwar durch ein paar Gartenweiher (und seien sie noch so «natürlich») nicht ersetzt. Aber das stürmische Leben am Wasser, diese unglaubliche Vielfalt zeigt beängstigend klar, was alles zerstört wurde. Wenn wir dies begreifen, hat unser Gartenweiher sein Ziel erreicht.

# Planung von Gartenweihern

Weit mehr Gartenbesitzer können sich eher für den Bau eines Weihers entschliessen als für eine gesamthaft naturnahe Gartengestaltung. Entsprechend vielfältig ist die angebotene Literatur zum Thema *Wassergarten*. Die darin geäusserten Meinungen, was ein «Wassergärtner» zu tun und zu lassen habe, widersprechen sich ständig, es werden Gesetzmässigkeiten aufgestellt, die meist unhaltbar sind. Dem ausgedehnten Literaturstudium ist das Studium der Natur vorzuziehen: Wo finden wir in der Landschaft Feuchtgebiete, wie sind sie beschaffen, wie entwickeln sie sich, welche Lebewesen finden wir? Es gibt in der «freien» Natur keinen idealtypischen Gartenweiher, dafür aber eine unglaubliche Vielfalt an Gewässertypen: Tümpel, Torfstiche, Bäche, Kiesgrubenpfützen, Waldweiher. Keines dieser Gewässer erfüllt alle unsere Anforderungen: Ist der tiefe, grosse Weiher für die Geburtshelferkröte geeignet, so genügt der Gelbbauchunke durchaus eine kleine, vegetationslose Pfütze. Trotz einer genauen Planung werden wir uns damit abfinden müssen (bzw. uns darüber freuen), dass sich unser Werk verändert, die Natur sich eigenständig entwickelt.

Dennoch ist es wichtig, dass wir unsere Ziele und Wünsche formulieren: Erfüllt ein Brunnen oder ein Spieltümpel unsere Bedürfnisse vielleicht besser als ein Weiher? Können irgendwo

Pfützen entstehen, oder soll sich ein Sumpfgraben als farbiges Band durch den Garten ziehen? Genügt vielleicht eine feuchte Wiese, eine Mulde, oder eine Tränke für Vögel? Gibt es auf dem Gelände einen eingedolten Bach, der wieder frei fliessen könnte, oder kann eine Quelle gefasst werden? Wo könnte man allenfalls Dachwasser versickern lassen, statt es in die Kanalisation zu leiten? Gehört der Weiher an den Schatten oder an die Sonne, wie gross soll er sein, und braucht er einen Zufluss?

### Lage zum Haus

Je näher unser Gewässer beim Haus bzw. beim Sitzplatz liegt, desto intensiver können wir beobachten. Die Störungen durch den Menschen sind dabei nicht überzubewerten: Die Tiere kümmern sich nach kurzer Zeit nicht mehr besonders um die Anwesenheit von Menschen. Ist der Weiher vom Haus aus einsehbar, so erleben wir nicht nur die Sonnenstunden, sondern geniessen auch das Spiel von Regen, Wind und Eis während des ganzen Jahres. Je weiter weg vom Sitzplatz oder vom Haus entfernt der Weiher ist, desto ruhiger kann sich die Tier- und Pflanzenwelt entwickeln. Entfernte Gartenteile werden so aufgewertet, ein zweiter Sitzplatz, ein versteckter Ort, Stille und Geborgenheit entstehen.

### Lage zur Umgebung

Bevor wir ernsthaft an den Bau eines Feuchtgebietes denken, klären wir ab, ob sich das Gelände überhaupt dafür eignet. Mitten in der Stadt, umgeben von Strassen, wird sich ein Weiher zwar mit Insekten, Schnecken usw. besiedeln. Wer aber Lurche erwartet, wird enttäuscht. Tiere einzusetzen hat da keinen Sinn: Amphibien brauchen einen grösseren Lebensraum, die Gewässer sind oft nur für die Zeit der Fortpflanzung und für die Kaulquappen wichtig. In der übrigen Zeit leben die meisten Amphibien in der weiteren Umgebung der Laichgewässer. Ein Feuchtgebiet inmitten eines sonst unbelebten Siedlungsgebietes wird leicht zur Biotopfalle. Wandern die Tiere aus (zum Beispiel auf der Suche nach einem Winterquartier), werden sie bald zugrunde gehen: Strassentod, Gifte, Rasenmäher, Katzen und mangelnde Unterschlüpfe sind dafür verantwortlich. Eher auf ein Feuchtgebiet verzichten soll man auch dort, wo der Untergrund kiesig, wasserdurchlässig und trocken oder das Gelände so steil ist, dass natürlicherweise an dieser Stelle nie ein Feuchtgebiet entstehen würde.

### Besonnung und Beschattung

In besonnten, warmen Gewässern ist die Lebensaktivität besonders hoch, Pflanzen wachsen üppig, die Verlandung schreitet rasch voran. Auch die Fauna entwickelt sich schnell und vielfältig. Amphibien finden frühzeitig eisfreie Laichplätze. Jedoch bilden sich in warmen, besonnten Gewässern eher Algen. Auch schattige Stellen eignen sich für Feuchtgebiete: Sie sind zwar weniger aktiv, weniger farbenprächtig und haben eine geringere Artenvielfalt, dafür enthalten sie dem entsprechenden Standort angepasste, spezielle Arten.

### Tiefe und Grösse

Kleine Tümpel sind nicht weniger wertvoll als grosse Gartenweiher: Eine alte eingegrabene Badewanne oder ein altes Spülbecken, eine Pfütze auf dem Hofplatz genügen für die Entwicklung einer Lebensgemeinschaft. Mehrere kleine Weiher, die sich unterschiedlich entwickeln, sind allenfalls einem besonders grossen vorzuziehen, wobei aber gerade grössere Weiherflächen einen kleinen Garten grosszügig und weit erscheinen lassen.

Eine optimale Weihertiefe kann nicht angegeben werden. Bei einer Tiefe von weniger als 30 Zentimetern können Weiher im Winter durchfrieren und im Sommer auch austrocknen. Doch dies ist für die Lebensgemeinschaft «*Pfütze*» nicht nur unerheblich, sondern im Gegenteil überlebenswichtig. Nur auf diese Weise können sich die solch extremen Verhältnissen angepassten Arten gegen konkurrenzstärkere durchsetzen. Das Problem liegt eher

**Wenn immer möglich sollten Weiher dort zu liegen kommen, wo Wasser natürlicherweise auch vorkommen könnte. Der Weiher fügt sich so besser ins Gartengelände ein. Also: Wir bauen ihn nicht mit einem Damm gestützt in einen Steilhang, sondern eingetieft in einer Mulde.**

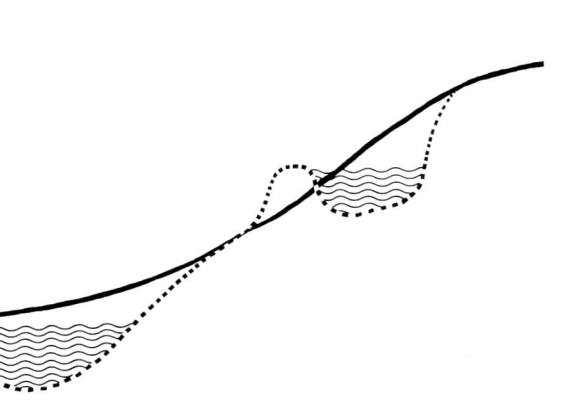

# WASSER

darin, dass wir auch in kleinen Pfützen die gleiche Artenvielfalt erwarten wie in grossen Weihern. Selbst wenn grössere Tümpel einmal durchfrieren, ist dies keine Katastrophe: Amphibien überwintern meist ausserhalb des Wassers, und wenn sie zum Teil im Wasser überwintern (z.B. Wasserfrosch, Grasfrosch), so ertragen sie auch Temperaturen am oder leicht unter dem Gefrierpunkt.

Dass es trotzdem zu Froschleichen im Frühjahr kommt, hat weniger mit der Temperatur als vielmehr mit dem Sauerstoffmangel zu tun, der gerade bei kleinen Gartenweihern häufig auftritt: Künstliche Dichtungen und dicke Eisdeckel unterbinden nämlich den Sauerstoffaustausch. Befindet sich viel organisches Material im Weiher, welches sich abbaut, so wird der Sauerstoff verbraucht, es herrschen anaerobe Verhältnisse: Unser Tümpel beginnt zu faulen, und die Lebewesen können ersticken.

Damit im Frühjahr das Eis bald schmilzt, sollte ein Weiher wenigstens *ein* Flachufer haben. An diesen seichten Stellen wird im Frühjahr das Wasser schnell erwärmt. Flachufer und seichte Nebentümpel sind ideale Brutstätten für Amphibien. Ein Ufer gilt als flach, wenn es nicht steiler als im Verhältnis 1 : 4 geneigt ist. Mit einem solchen Neigungsverhältnis wäre demnach ein Weiher mit 4 Metern Durchmesser 50 Zentimeter tief. Wenn beim gleichen Durchmesser ein Ufer als Steilufer ausgebildet ist, wird der Weiher 80 bis 100 Zentimeter tief. Allgemein werden Weiher eher zu tief angelegt, vor allem wenn man berücksichtigt, dass Gewässer für kleine Kinder gefährlich sein können. (Selbstverständlich befreit uns auch ein flacher Weiher nicht von der Pflicht, ihn einzuzäunen, wenn Krabbel- und Kleinkinder in der Nähe sind.) Viele Wasserpflanzen brauchen gewisse maximale und minimale Wassertiefen. Mit einer differenzierten Tiefenstufung können diese Anforderungen leicht verwirklicht werden. In kleinen und demnach flachen Weihern verzichten wir jedoch auf gewisse Pflanzen (z.B. Seerosen).

**Weiherformen**

Klassisch ist die Form, die wir so gut von Möbeln der fünfziger Jahre kennen: die Nierenform. Offenbar kommen nierenförmige Weiher dem Idealbild der Natur, der organischen Form am nächsten. Selbstverständlich muss aber nicht jedes Wässerlein nierenförmig sein. Alle Formen sind denkbar: quadratisch, kreisrund, sternförmig, eine langestreckte Sumpfschlange, ein rechteckiger Wassergraben, ein verschlungener, gewundener Wassergarten, Bodensee oder Zürichsee. Die Formen werden sowieso durch den Verlandungsprozess schnell verschwinden. Die Natur sucht sich ihr eigenes Erscheinungsbild: Halbinseln entstehen, die Ufer verwachsen, ganze Teile verlanden. Eigentlich ist es daher müssig, sich über die präzise Form eines Weihers genaue Gedanken zu machen. Lassen wir doch die Natur im Verlandungsprozess ihre eigenen Formen suchen!

Eine idealtypische Weiherform lässt sich auch aus ökologischer Sicht nicht ableiten. Zwar wird eine möglichst lange Uferlinie die Standortvielfalt erhöhen und es werden sich mehr Pflanzen und Tiere ansiedeln können. Vielfalt allein ist aber auch nicht das erklärte Ziel der Ökologie. Es bleibt auch hier dem Gartenbesitzer und Planer überlassen, seinen eigenen Vorstellungen und Werten entsprechende Formen zu gestalten. Die Bedürfnisse anderer Lebewesen müssen aber immer beachtet werden: So sind zum Beispiel überragende Platten und steile Betonufer Todesfallen für Kleinsäuger und Insekten. Selbst Amphibien können solche Gewässer meist nicht mehr verlassen.

Oft werden Weiherformen von praktischen Überlegungen geprägt: Wenn Baumaterialien materialgerecht verwendet werden, bringen sie uns automatisch zur «richtigen» Form. Lehmweiher verlangen ruhige, weiche Formen, denn nur so kann der Lehm auf einfache Art eingebracht werden. Ebenso werden Asphalt- und Folienweiher besser in einfachen, geschwungenen Formen angelegt: Asphalt muss mit Walzen verdichtet werden, Folien lassen sich ohne entsprechende Schweissarbeiten nicht in eckige Formen legen. Mit Beton (auch mit Spritzbeton) lassen sich hingegen problemlos auch gerade und strengere Formen gestalten.

## Zu- und Abfluss von Wasser

Wer das mitteleuropäische Klima kennt und trotzdem befürchtet, sein Weiher könnte in der heissen Sonne ständig austrocknen, ist ein unverbesserlicher Optimist. Wasserstandsschwankungen gehören zu jedem Gewässer und sind für Pflanzen und Tiere unbedenklich. Selbst wenn ein Weiher einmal völlig austrocknet, wird die Natur diese kleine Katastrophe schnell verkraften. Durchschnittliche Gartenweiher werden durch das Regenwasser genügend gespiesen, auf eine Zuleitung kann verzichtet werden. Im Schwankungsbereich zwischen zeitweise überschwemmten und zeitweilig trockenen Böden leben viele, oft sogar seltene und bedrohte Arten, die diesen extremen Bedingungen angepasst sind. Ist frisches Quellwasser von sehr guter Trinkwasserqualität vorhanden, so dürfen wir dieses ohne Bedenken in den Weiher leiten. Solche Quellweiher werden entsprechend kühl bleiben und sind daher oft besonders klar und rein.

Wasser von schlechterer Qualität (Bachwasser, Sickerwasser aus der Landwirtschaft) sollte hingegen nicht verwendet werden. Der hohe Nährstoffgehalt (insbesondere Phosphate) bewirkt ein üppiges Algenwachstum. Diese Nährstoffe reichern sich besonders in völlig dichten Weihern immer mehr an, die Wasserqualität kann sehr schlecht werden: Der Weiher beginnt zu stinken, zu faulen, er «kippt um». Solches Wasser kann gereinigt werden, indem es in einem Bachlauf über verschiedene Rieseltreppen geführt und durch Sumpfbeete geleitet wird. Nährstoffe gelangen aber auch sonst ständig in das Weiherwasser: Laubfall und Tierleichen bringen sehr viel Phosphat in ein verhältnismässig kleines Gewässer ein. Wenn wir Goldfische darin halten und diese auch noch mit Futter mästen, wird die Wasserqualität unter Umständen sehr stark verändert. Andererseits besitzen Gewässer einen hohen Grad an Selbstreinigungskraft.

Wird Regenwasser (Dachwasser) dem Weiher zugeleitet, so kann dieser nachhaltig beeinflusst werden. Durch den hohen Säuregehalt wird das Wasser im Teich angesäuert. Besonders an der Oberfläche können kurzfristig sehr tiefe pH-Werte auftreten. Man kann dem begegnen, indem man dem Weiher periodisch Kalkstein(pulver) zufügt. (pH-Wert kontrollieren, Normalwert 6 - 8.) Wird das Dachwasser zuvor durch eine Sumpfklärung geleitet, welche genügend Kalkstein enthält, sind keine Schädigungen mehr zu erwarten. Nach einer längeren Trockenzeit leiten wir das Dachwasser jedoch zuerst in die Kanalisation, um zu vermeiden, dass auf dem Dach abgelagerte Schadstoffe aus Industrie und Heizungen in den Weiher gelangen. Das lässt sich mit einer einfachen Dachwasserklappe steuern. Trinkwasser bzw. Leitungswasser hat (sofern es nicht chloriert ist) keinen nachteiligen Einfluss auf das Leben im Wasser. Allerdings wird sich die Wasserqualität im Weiher kurzfristig verändern, wenn frisches, unbelebtes Trinkwasser eingeleitet wird, und kurzfristig können gewisse Tiere und Pflanzen in ihrer Entwicklung gestört werden; auch Algen können sich vermehrt bilden. Besonders wenn Leitungswasser mit dem Schlauch in starkem Strahl eingeleitet wird, vermischen sich Weiherwasser und Bodenschlamm stark. Abgelagerte Schadstoffe, Sedimente, tierische und pflanzliche Faulprodukte werden aufgewirbelt und beeinflussen die Wasserqualität während einiger Zeit. Die Folge wird ein trüber Weiher sein, mit oft sehr starkem Algenwachstum. Wir verzichten deshalb darauf, unseren Gartenweiher mit Trinkwasser zu versorgen, zumal es unnötig ist, die Wasserstandsschwankungen immer auszugleichen. Ausserdem ist es ziemlich absurd, wenn bei anhaltender Trockenheit und allgemeiner Wasserverknappung jedermann sein Biotöpchen mit Frischwasser versorgt.

Ein Überlauf ist unnötig, wenn kein Wasser zugeleitet wird und der Untergrund des übrigen Geländes nicht wasserdicht ist, d.h., nicht lehmhaltig ist. Bei dichtem Boden oder bei Zufuhr von Wasser sorgt man, sofern kein natürlicher Abfluss (Bach) vorhanden ist, für grosse Versickerungsflächen oder baut einen Sickerschacht (Gewässerschutz und Baureglemente beachten!). Überschüssiges Wasser kann notfalls auch in die Kanalisation geleitet werden, allerdings werden so oft Wassertiere mitgeschwemmt, oder Pflanzen und Schlamm können die Kanalisation verstopfen (Kontrollschacht mit Schlammsammler nötig).

# WASSER

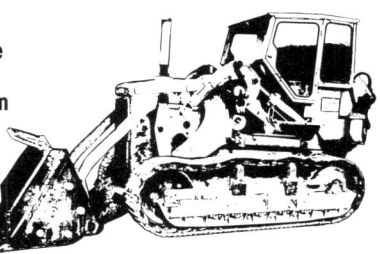

## Vorgehen beim Weiherbau

### Bauplanung

Der Bau eines Weihers muss in seinem Ablauf gut vorbereitet sein. Wieviel Material fällt beim Aushub an, wo wird das Material gelagert, muss es abtransportiert werden oder kann damit das an den Weiher anschliessende Gelände modelliert werden? Eignet sich der Aushub als Substrat für Wasserpflanzen, muss zusätzliches Material zugeführt werden, bestehen Transportmöglichkeiten, können Maschinen eingesetzt werden? Es lohnt sich, diese Detailfragen mit einem Fachmann zu besprechen. Erst jetzt erhalten wir auch Klarheit über die zu erwartenden Kosten. Ein Fachmann kann uns auch beraten, ob für unser Vorhaben eine Baueingabe nötig ist.

Ein weiterer Planungsschritt darf beim Weiherbau nicht vergessen werden: Um ein klares Bild von unserem Vorhaben zu bekommen, markieren wir den Umfang des geplanten Gewässers im Garten mit Sägemehl. Besonders bei Umgestaltungen werden nämlich oft wichtige Details des bestehenden Gartens vergessen: Reicht der Abstand zu den Bäumen? Ist das Gelände eben oder muss beim Aushub das Gefälle ausgeglichen werden? Stimmen die gewünschten Bezüge zum Sitzplatz, zum Haus? Erreichen wir mit unserer Planung unsere Ziele? Alle diese Fragen können wir am besten im Garten selbst beantworten: Ein Plan ist zwar ein wichtiges Hilfsmittel, aber in der Realität ergeben sich häufig neue Gestaltungsideen, Probleme und Möglichkeiten. Wenn wir überzeugt sind, dass unser Vorhaben, so wie im Garten abgesteckt, richtig ist, klären wir noch ab, ob nicht irgendwelche Leitungen (Telefon, Strom, Wasser, Abwasser, Fernsehen) durch diesen Teil des Gartens führen und ob sie allenfalls tief genug sind oder umgelegt werden können.

**Der Raupenlader (Trax) kann grosse Mengen Material über weite Strecken transportieren. Er ist geeignet für den Aushub von grossen Weihern.**

### Folienweiher

Am einfachsten können künstliche Gewässer mit Kunststoffolien abgedichtet werden. Dies ist zwar eine bewährte Methode; vom baubiologischen Standpunkt aus ist allerdings die Verwendung von Kunststoff nicht ganz unbedenklich. Zum Einsatz kommen vor allem Folien aus Polyvinylchlorid (PVC) oder Kautschuk. PVC-Folien können Weichmacher und Schwermetalle enthalten. Sie sind meist nicht trinkwasserecht, bei der Verbrennung entsteht giftige Salzsäure. Kautschukfolien bestehen zwar aus einem Stoff, der auch in der Natur vorkommt. Bei der Herstellung wird aber Schwefel verwendet, beim Verbrennen solcher Abfälle entsteht daher Schwefeldioxid oder -trioxid. Es ist sicher sinnvoll, so wenig Kunststoffe wie möglich einzusetzen, selbst wenn ihre einfache Handhabung viele Vorteile bringt.

Damit die Festigkeit genügt, sollen nur Folien mit einer Dicke von mindestens 0,8 Millimetern gebraucht werden. Dünnere und entsprechend billigere Folien sind nicht reissfest, können von Wurzeln durchwachsen oder von spitzen Gegenständen leicht beschädigt werden. Sehr dünne Folien sind bei einem Schaden auch nicht mehr zu reparieren. Grosse Reissfestig-

**Der Bagger kann auch kompliziertere Formen ausheben. Die Grösse der Maschine soll auf die zu bearbeitende Fläche abgestimmt sein.**

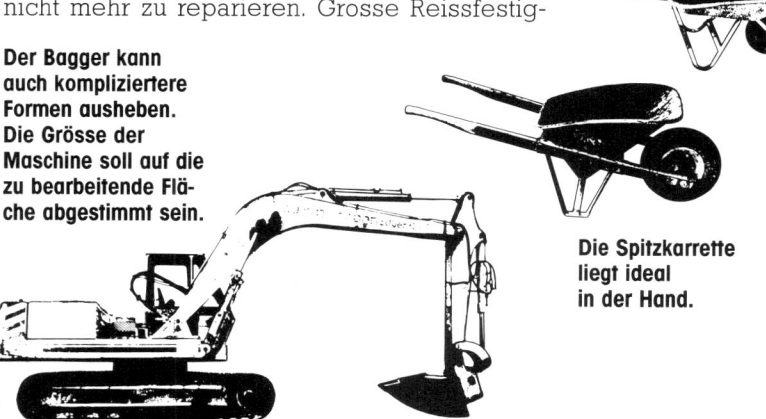

**Für den Weiheraushub braucht man neben Schaufel und Spaten einen stabilen Pickel.**

**Ein Gartenschubkarren eignet sich nicht für den Transport von schweren Materialien.**

**Die Spitzkarrette liegt ideal in der Hand.**

keit wird bei Folien entweder durch eine Gewebearmierung, die im Kunststoff eingebettet ist, oder durch eine hohe Dehnbarkeit erreicht.

Die meisten Folien werden vorkonfektioniert geliefert oder sie sind in allen gewünschten Grössen erhältlich. Zusätzlich können Folien auch direkt auf dem Bau zusammengeschweisst werden. Die Grösse der Folie ermittelt man am besten dann, wenn der Rohaushub fertig ist: Man misst mit dem Messband die grösste Abwicklung in der Länge und in der Breite (je zirka 10 Zentimeter Zugabe auf jeder Seite).

### Vorarbeiten

Die rohe Form wird mit Sägemehl ausgestreut. An den wichtigsten Punkten schlagen wir zusätzlich Pfosten ein. An den Pfosten wird der zukünftige Wasserspiegel eingetragen. Wir verwenden eine lange Latte mit Wasserwaage oder ein Nivelliergerät, um an allen Pfosten die gleiche Sollhöhe des Wasserspiegels einzutragen. Aus praktischen Gründen wählt man dabei nicht die effektive Wasserlinie, sondern eine Linie, die überall über dem gewachsenen Terrain liegt (zum Beispiel Wasserhöhe plus 20 Zentimeter). Unterlässt man die Nivellierung, so kann es leicht geschehen, dass später ganze Weiherteile nie mit Wasser gefüllt sind, da sie zu hoch, über der Wasserlinie, liegen. Ein Gefälle im Terrain von 3 Prozent ist von Auge nicht ersichtlich, auf nur 10 Meter Distanz macht aber die Höhendifferenz dieses scheinbar ebenen Geländes schon 30 Zentimeter aus!

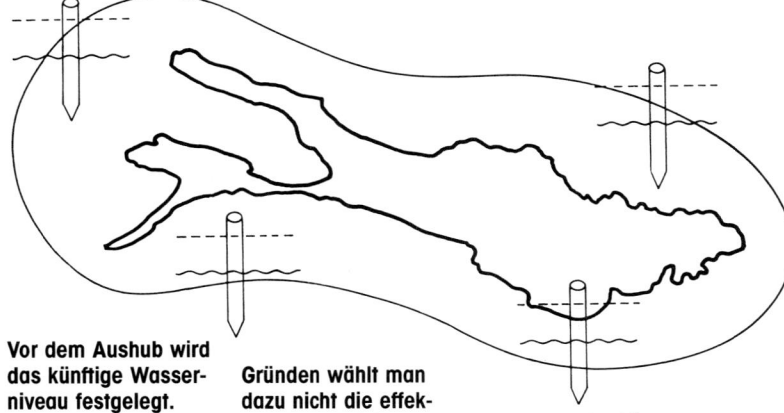

Höhenunterschiede, die jetzt festgestellt worden sind, können mit dem Aushub leicht ausgeglichen werden. Damit der Weiher nicht aufgesetzt wirkt, ist es besser, eventuelle Höhenunterschiede durch Eingraben in die Böschungen und nicht durch Dämme auszugleichen. Der erste Aushub erfolgt nicht entlang der endgültigen Weiherform, sondern entlang der abgesteckten *Rohform*. Buchten, Halbinseln usw. werden nachher auf der ausgelegten Folie aufgeschüttet. Man erspart sich damit viel Ärger mit unnötigen Folienresten und erhält erst noch grosse Sumpfzonen. Ausgehoben wird eine Schicht von 20 bis 30 Zentimetern, was meist etwa der Humusstärke entspricht. Wichtig ist, dass diese 20 bis 30 Zentimeter nicht im Verhältnis zum gewachsenen Terrain gemessen werden, sondern im Abstand zur abgesteckten (horizontalen!) Wasserlinie. Die abgestochenen Rasenziegel können kompostiert und später zusammen mit dem anfallenden Humus im Gemüsegarten Verwendung finden. Grosse Mengen müssen unter Umständen abgeführt werden.

Erfolgt der Aushub von Hand, so ist das geeignete Werkzeug für die erste Schicht der Spaten. Alle weiteren, nicht durchwurzelten Schichten lassen sich mit Schaufel und Pickel ausheben. Für den Transport lohnt sich die Anschaffung einer stabilen Schubkarre: Sie soll tief und schmal sein, damit das Gewicht gut in der Hand liegt. Maschineller Aushub erfolgt am besten mit einem Löffelbagger mit schwenkbarem Humuslöffel. Bei grösseren Weihern (über 200 Quadratmeter) kann auch ein Trax (Raupenlader) eingesetzt werden (frühzeitig mit Baugeschäft oder Gartenbauer Kontakt aufnehmen und die Arbeiten besprechen).

Auf der ausgehobenen Fläche streuen wir jetzt die *endgültige* Weiherform (mit allen Kurven, Inseln usw.) aus. Der nachfolgende Aushub hält sich nun an diese Form. Er kann in Stufen oder gerundet ausgeführt werden, soll aber insgesamt nicht zu steil sein. Die tieferen Schichten des Aushubmaterials sind meist als Substrat für Wasserpflanzen geeignet, sie werden daher separat deponiert (möglichst nahe am Weiher, damit die Transportwege kurz bleiben).

**Niveauunterschiede stellt man mit einem Baunivellierer, mit einer Wasserwaage oder zur Not mit einem wassergefüllten Schlauch fest.**

**Vor dem Aushub wird das künftige Wasserniveau festgelegt. Dazu werden entlang der rohen Form Pfähle eingeschlagen. An ihnen zeichnet man die Wasserlinie ein. Aus praktischen Gründen wählt man dazu nicht die effektive Wasserlinie, sondern eine Linie, die überall höher als das Terrain liegt (z.B. 30 cm über der Wasserlinie). Jetzt kann man abschätzen, wieviel Boden abgetragen bzw. aufgeschüttet werden muss, damit der Wasserstand stimmt.**

# WASSER

## Bau eines Folienweihers

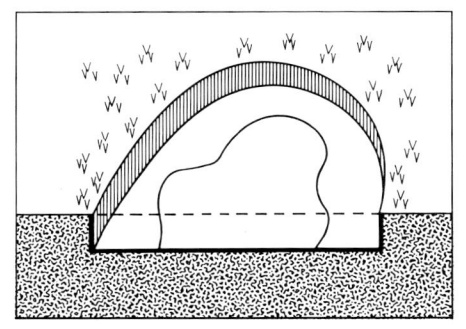

**Zuerst wird die rohe Form ausgehoben. Der erste Aushub ist spatentief (20–30 cm), und zwar gemessen an der Wasserlinie (nicht am bestehenden Terrain).**

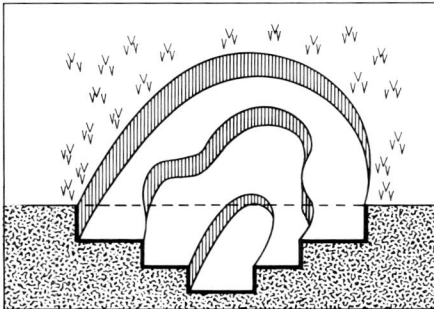

**Die zuerst ausgehobene Fläche soll horizontal sein. Auf ihr streut man die endgültige Form mit Sägemehl ab. Der weitere Aushub erfolgt stufenweise oder gerundet.**

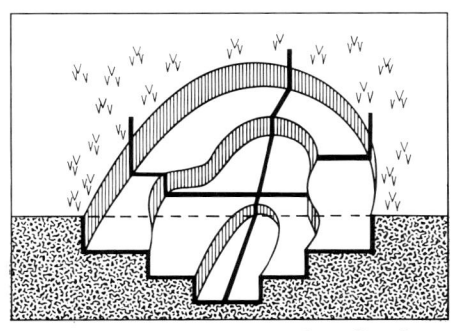

**Nach dem Aushub wird die Grösse der Folie bestimmt. Man legt dazu das Messband in die Hohlform und misst die grösste Breite und Länge (Zugabe je 10 cm).**

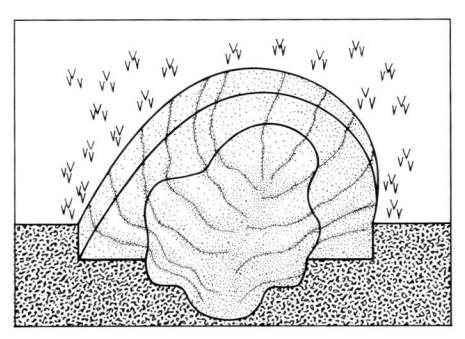

**Vor dem Verlegen der Folie wird der Untergrund gut abgeglättet. Alle spitzen Gegenstände muss man entfernen und die ganze Fläche mit 5 cm Sand abdecken.**

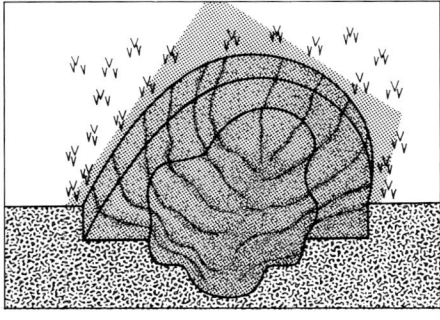

**Jetzt wird die Folie verlegt. Man achtet darauf, dass dabei keine Steine usw. unter die Folie rutschen. Folie auf der obersten Stufe mit Steinen beschweren.**

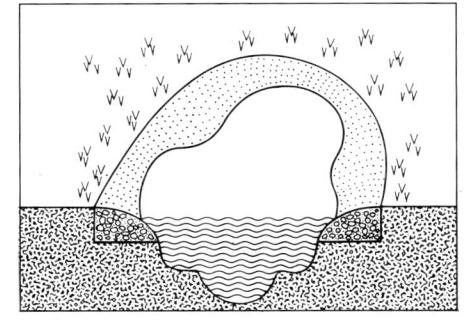

**Beim Einbringen des Substrates vorsichtig arbeiten, damit die Folie nicht verletzt wird. Folienrand immer wieder gut hochziehen. Überschüssige Folie vorerst nur grob abschneiden.**

Das wichtigste am ganzen Aushub ist, dass die oberste Stufe sauber ausgearbeitet wird. Sie wird mit dem Spaten nachbearbeitet (vor allem bei maschinellem Aushub). Diese Stufe hält das Substrat für die Uferzone und verhindert dessen Abrutschen. Auch wird das Ufer nach einiger Zeit gut betretbar, ohne dass die Gefahr besteht, dass Kinder mitsamt der Ufervegetation in den Weiher rutschen.

Die fertige Weiherform wird jetzt sorgfältig planiert; spitzige Gegenstände und Steine werden entfernt. Damit die Folie vor Verletzungen geschützt ist, wird die ganze Fläche mit gewaschenem Sand rund fünf Zentimeter dick abgedeckt.

### Mäuseschutz

Wer will, kann am Rande ein Mäuseschutzgitter verlegen. Im allgemeinen ist dies zwar überflüssig, wer aber gar kein Risiko eingehen mag, kann sich diesen zusätzlichen Schutz leisten (zum Beispiel ein Sechseck-Geflecht-Gitter mit einer Maschenweite von 6 Millimetern, oder als Ersatz eine 5 bis 10 Zentimeter dicke Schicht aus gebrochenem Schotter, der gut mit Sand verfüllt und überdeckt wird).

# Der Rand beim Folienweiher

**Richtig:** Folie senkrecht gestellt, exakt abgeschnitten. Sie ist von oben nicht mehr zu sehen. Die waagrechte Stufe hält das Substrat auch dann noch, wenn das Ufer betreten wird.

**Falsch:** Zu steile Randausbildung, keine waagrechte Stufe. Wird der Weiherrand betreten, rutscht das Substrat ab. Hier herrscht für Kinder höchste Unfallgefahr.

**Falsch:** Folie waagrecht verlegt, mit Kies oder Rasenziegeln abgedeckt. Die Folie wird immer wieder sichtbar, auf der dünnen Überdeckung können keine Pflanzen wachsen. Zudem wirkt die Fläche als Fliessblatt: Es droht Wasserverlust.

**Falsch:** Folie eingegraben. Über Falten in der Folie wird Wasser entsprechend dem Heberprinzip abgesogen. Am Rand wird der Folienwulst immer wieder sichtbar.

**Richtig:** Steilufer werden bis zur Weihersohle mit grösseren Steinen, Hartbrandziegeln oder ähnlichem verbaut.

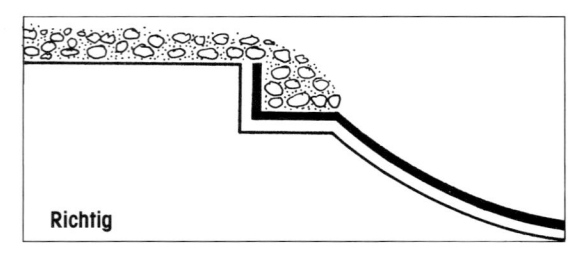

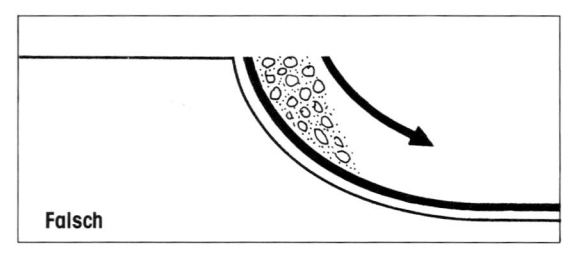

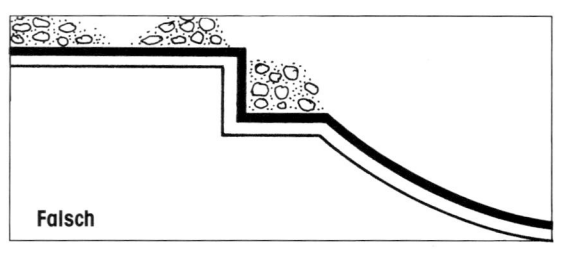

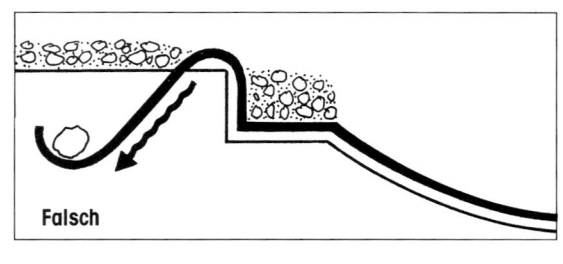

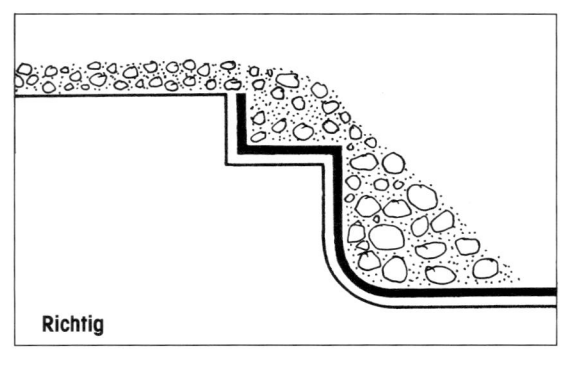

## Verlegen der Folie

Die nach Mass bestellte Folie kann nun ausgelegt werden. Allenfalls wird ein Spezialist (Lieferant anfragen) die Folie direkt auf dem Bau in die richtige Form schweissen. Die Folie wird mit einigen Steinen so beschwert, dass sie nicht abrutschen kann. Rümpfe, die durch das Verlegen entstehen, können belassen werden.

Die vorgesehene Uferzone (eventuell auch tiefere Stufen) werden mit Substrat aufgefüllt. Dafür geeignet sind Aushub, Lehm oder Wandkies. (*Wandkies* ist der Fachausdruck für unbehandelten Kies direkt ab Kieswand oder Grube.) Ungeeignet ist Humus: Er beginnt unter Wasser zu faulen und ist zu nährstoffreich. Mit der Wahl des Substrates steuern wir die Entwicklung des Gewässers. Das magerste Material sind Steine und Betonkies (gewaschener Kies). Gut geeignet ist Wandkies, vor allem zweiter Qualität. An Stellen, die üppiger wachsen sollen, kann man Aushub verwenden. Lehmiger Aushub wird zusätzlich mit Wandkies überdeckt, damit er unter Wasser nicht abfliesst. Mit etwas Glück erhält man von einer Naturschutzgruppe Material, welches bei der Pflege von Feuchtgebieten anfällt, zum Beispiel Aushubmaterial von verlandeten Weihern, die regeneriert wurden. Das Material ist oft torfig, enthält sehr viel Kleintiere, Pflanzen, Samen usw.

Unterhalb der ersten Stufe (20 bis 30 Zentimeter unter der Wasserlinie) darf die Folie frei bleiben. Dies ist für die spätere Pflege von Vorteil. Einige Steinhaufen oder Röhren (Fluchtorte, Unterschlupf) werden an tieferen Stellen trotzdem angebracht. Wie der Weiher ausgestaltet wird, ist jedem selbst überlassen. Baumstämme, Kies Geröll, Findlinge, flache Steinplatten usw. können verwendet werden. Kinder lieben es, den Weiher bis ins Detail auszustaffieren; lassen Sie ihnen freie Hand. Wer Angst hat, der Weiher entspreche dann nicht mehr seinen ästhetischen Anforderungen, er werde kitschig oder pompös, darf ruhig in die Zukunft schauen: Die Wasserpflanzen werden so schnell wuchern, dass sie alle Kunstfehler bald überdecken.

Vorstehende Folienteile werden weder eingegraben noch zugedeckt, sondern abgeschnitten und als Sondermüll (keine Verbren-

# WASSER

nung) auf eine entsprechende Deponie gebracht. Decken wir die überlappende Folie einfach zu (zum Beispiel mit Rasenziegeln), entsteht ein unschöner Wulst, und die Folie kommt im Laufe der Zeit doch immer wieder zum Vorschein. Ähnlich wie bei einem Fliessblatt kann über diese Stellen Wasser kapillar abgesogen werden. Wird die Folie gar rund um den Weiher eingegraben, kann es geschehen, dass das Wasser nach dem Heberprinzip abgepumpt wird.

Wer die Folie nicht vollständig mit Substrat abgedeckt hat und sich an deren Anblick stört, rührt in einem Kessel Lehmbrühe an und spült diese mit scharfem Wasserstrahl (Schlauch) in das Weiherwasser, so dass sich der ganze Weiher in eine braune Brühe verwandelt. Sobald sich die Tonmaterialien gesetzt haben, wird die Folie von einer braunen Schicht Ton überzogen sein. Ansonsten verschwindet die Folie auch durch Schlammbildung und Sedimente, später auch durch den Unterwasserbewuchs, der auch ohne Substrat aufkommt.

## Lehmweiher

Überall dort, wo bereits bindiger (tonhaltiger) Untergrund vorhanden ist, kann der Weiher mit Lehm gedichtet werden. Lehmweiher haben viele Vorteile: Sie sind einfach zu bauen und frei von irgendwelchen Kunststoffen, die Pflanzen wachsen sehr üppig, und die Weiher lassen sich problemlos pflegen. Allerdings können Lehmweiher auch undicht werden oder gar nie ganz dichten (wer Erfahrung hat mit Folienweihern, weiss allerdings, dass dies auch dort gilt). Undichte Lehmweiher finden wir vor allem dann, wenn nur der örtliche Aushub und kein reiner Grubenlehm zur Dichtung verwendet wurde oder wenn der Untergrund zu durchlässig war. Oft dichten sich undichte Weiher mit den Jahren selbst wieder (durch Sedimente). Undichte Lehmweiher können jederzeit gedichtet werden, indem die Lehmdichtung mit gebranntem Kalk vermischt wird.

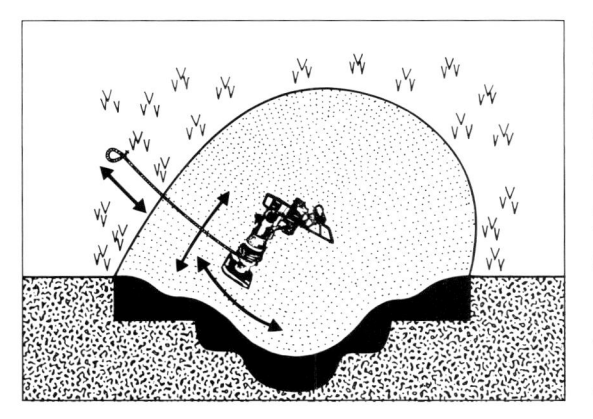

### Aushub

Der Aushub ist beim Lehmweiher prinzipiell gleich wie für den Folienweiher beschrieben. Die erste Stufe sollte genügend tief sein, der übrige Weiher wird rund und nicht in Stufen ausgehoben. Die Wände sollen flach sein, sonst beginnt der aufgeweichte Lehm abzufliessen. Wird der Weiher direkt in anstehenden Lehm gegraben, dürfen die Ufer auch steiler sein – bis zu einem Neigungsverhältnis von 1 : 2.

Der Lehm wird schichtweise eingebracht und mit einer Vibrowalze oder – bei kleineren Weihern – mit einem Vibrostampfer verdichtet. Das gesamte Vorgehen ist mit dem Töpfern zu vergleichen: Der Ton soll verformbar, aber nicht klebrig sein, und mit der Verdichtung wird auch die ganze Schale ausgedehnt und verformt. Einstampfen mit den Füssen ist selbstverständlich auch möglich, sofern genügend kräftige Beinpaare für ein paar Tage frei sind. Im Privatgarten wird wohl der Vibrostampfer zum Einsatz kommen. Er wird von zwei Personen geführt: Die eine bedient die Maschine, die andere zieht sie an einem (unten angebrachten) Seil hinauf und lässt sie wieder in die Weihersohle zurückgleiten (am besten mehrere Male an der gleichen Stelle). Am Schluss wird die erste Stufe längs der Wasserlinie noch eingestampft, damit das Deckmaterial am Ufer nicht abrutscht. Sofern der Baugrund selbst sehr lehmig ist, versuchen wir ohne Zufuhr von Grubenlehm zu arbeiten. Die ausgehobene Form wird sehr (!) intensiv gestampft. Solche Weiher sind den örtlichen Bedingungen am besten angepasst, sie erfordern weder aufwendige Transporte noch energieintensive Hilfs- und Baustoffe.

**Das Dichtungsmaterial für Lehm- und kalkstabilisierte Weiher muss gut verdichtet werden. Dazu brauchen wir den Vibrostampfer oder eine Vibrowalze. Der Vibrostampfer wird zu zweit geführt: Ein Helfer zieht die Maschine an den schrägen Flächen hinauf, und zwar mit einem Seil, das unten am Stampfer angebracht ist. Zuerst den Untergrund, dann die weiteren Schichten verdichten. Maximale Einbautiefe pro Verdichtungsgang: 15 cm.**

# Wir haben ein Biotop!

Wir haben ein Biotop, obwohl wir gar keinen Weiher haben! Denn wer einen Garten hat, hat immer auch Biotope. Wie ist das möglich?

In der Biologie sind nicht nur Teiche Biotope, sondern auch Trockenstandorte, Hecken und sogar der Keller: Biotop ist die Bezeichnung für den Raum, der von einer natürlicherweise zusammengehörenden Lebensgemeinschaft bewohnt wird. Im alltäglichen (nichtwissenschaftlichen) Sprachgebrauch hat es sich inzwischen eingebürgert, nur dem Weiher den Namen Biotop zu geben, und nur das Geschlechtswort unterscheidet die zwei Begriffe noch: Beim Gartenteich heisst es das Biotop, der Biologe verwendet für den Überbegriff den männlichen Artikel und sagt der Biotop.

Natürliche Lebensgemeinschaften sind im Naturgarten etwas Wichtiges, sie gehören definitionsgemäss zu ihm, sie werden als Gestaltungselemente verwendet und nicht einzelne Organismen. Dabei müssen wir mit dem Begriff natürlich etwas vorsichtig umgehen. Vom Menschen völlig unbeeinflusste, eben natürliche Biotope und Lebensgemeinschaften gibt es in unserer Zivilisationslandschaft kaum mehr. Auch im Naturgarten greifen wir lenkend ein. Darum ist es besser, von naturnahen Lebensräumen und Lebensgemeinschaften zu reden, auch wenn dieser Begriff keine scharfen Grenzen hat. Er bedeutet, dass der Einfluss des Menschen zwar spürbar ist, ein widernatürliches Durcheinanderwürfeln von Arten – wie in herkömmlichen Gärten – dabei aber ausgeschlossen bleibt. Doch genug der sprachlichen Spitzfindigkeiten. Sie sollten nur möglichen Verwirrungen bei der Lektüre verschiedener Literatur über Natur im Garten vorbeugen.

Viel wichtiger für den Naturgärtner ist es, die Beziehungen von einzelnen Arten zum Biotop zu verstehen. Die Beschaffenheit des Biotops bestimmt nicht nur, was für Pflanzen- und Tierarten in ihm leben können, sondern auch, in welcher Menge sie darin vorkommen. Das gilt insbesondere auch für kleine Tiere, vom Insekt bis zu den Amphibien. Meist entwickeln sich in einem Biotop mehr Tiere, als in ihm Platz haben. Der Überschuss wandert ab. Der grösste Teil endet in ungeeigneten oder sogar lebensfeindlichen Biotopen, geht hier zugrunde oder kann sich nicht fortpflanzen. Nur ganz wenige Exemplare haben das Glück, geeignete, aber noch unbesetzte Biotope zu finden, wo sie sich vermehren und ausbreiten können. Oft sind Besitzer von neugeschaffenen Teichen erstaunt, wie rasch sich von selber Tiere einfinden, darunter Arten – Molche, Frösche, Kröten – die sie in der Umgebung nie mehr erwartet hätten. Umgekehrt ist nicht in erster Linie die Menge der mit Kübeln vor dem Strassentod geretteten Amphibien ausschlaggebend, ob sich diese Tiere in einer Gegend halten können, sondern vielmehr die Zahl und Grösse der geeigneten Lurchen-Lebensräume. Wo sie fehlen, hilft das Einsetzen von Tieren wenig. Was im «Gefäss» Biotop nicht Platz hat, muss verschwinden. Wollen wir mehr Tiere, müssen wir zahlreichere, grössere oder geeignetere Biotope bereithalten: Teiche für Frösche, Trockenstandorte für Wildbienen und -wespen, Dornenhecken für Heckenvögel.

Innerhalb von Biotopen gibt es oft Orte, wo sich das Leben besonders konzentriert, manchmal dauernd, manchmal nur vorübergehend. Nehmen wir einen zerfallenden Baumstrunk als Beispiel. In einer ersten Phase, kurz nach dem Absterben oder Fällen des Baumes, benutzen eine ganze Reihe von Tieren – Asseln, Tausendfüssler, Spinnen – den Raum zwischen Rinde und Stock als Versteck mit idealem Kleinklima. Ausserdem bohren die Larven von vielen Käferarten Gänge ins Holz. Sind diese Gänge einmal leer, können sie von Wildbienen und Grabwespen als Brutröhren benutzt werden. Nach einigen Jahren beginnen Algen und Moospolster den jetzt morsch gewordenen Strunk zu bewohnen. Jetzt wimmelt er geradezu von Leben. Eine ganze Palette neuer Arten von Käferlarven tut sich am aufgeweichten Holz gütlich, Ameisen wählen es als Lebensstätte, und vor allem hat es jetzt Fliegen- und Mückenlarven. Lange nicht alle Fliegen entwickeln sich nämlich auf Aas und lange nicht alle Mückenarten im Wasser: Der vielleicht grösste Teil verlebt die Larvenzeit in sich abbauendem Pflanzenmaterial, eben zum Beispiel in Holzstrünken. Auch Würmer wandern jetzt ein und natürlich ein ganzes Heer von Räubern, die sich an den «Abfall»-Fressern gütlich tun. Später dann, wenn der Strunk beginnt, ganz in sich zusammenzufallen, wird er von den Tieren der Bodenstreu und des Bodens erobert. Darunter hat es wieder andere Käfer, neue Mückenlarven, Springschwänze, Schnecken und vieles mehr. Und schliesslich sei das Wichtigste nicht vergessen. Das Holz, das so lange Lebensraum war, ist jetzt zu einem grossen Teil so zerfallen und in seine Bestandteile zerlegt, dass es wieder von lebenden Pflanzen als Nahrung aufgenommen werden kann. Der Kreislauf ist geschlossen.

## Deckmaterial

Damit der Lehmweiher bei Trockenheit keine Schwundrisse bekommt, wird die ganze Lehmdichtung zirka zehn Zentimeter dick mit Kiessand/Wandkies abgedeckt. Diese Schicht verhindert auch, dass der Lehm abfliesst und dass sich Trübungen durch die Tonmineralien ergeben. Diese Trübungen nennt man *kolloidale* Trübungen. Man erkennt sie daran, dass die Lichtstrahlen das Wasser zum Flimmern bringen, ähnlich dem Flimmern von Rauch in Lichtschein. Die Tonmineralien sind bei solchen Trübungen so klein, dass sie sich nicht am Grund des Weihers absetzen, sondern in der Schwebe bleiben. Gereinigt werden solche Teiche durch Kleinstlebewesen (Plankton) oder auch durch an sich unangenehme Gäste wie Mückenlarven. Immer getrübt bleiben Lehmweiher, in denen Goldfische, Enten oder Karpfen die Ufer oder den Weiherboden ständig aufwühlen.

## Kalkstabilisierte Weiher

Eine neue, noch wenig erprobte Möglichkeit der Weiherabdichtung ist die Stabilisierung des Untergrundes mit Kalk. Dabei wird Aushubmaterial, welches alleine zuwenig dichten würde, mit gebranntem Kalk **sehr** intensiv vermischt. Wir erhalten so ein gutes Dichtungsmaterial. Damit kann man Weiher in den allermeisten Gartenanlagen mit dem vorhandenen Material abdichten. Bedingung ist, dass das Material Ton enthält. Man prüft dies, indem man mit leicht angefeuchtetem Aushub versucht, eine Wurst zu bilden. Gelingt dies und bleiben an den Fingern feine Tonspuren zurück, so kann das Material für die Kalkstabilisierung verwendet werden. In sehr kiesigem Untergrund, der nicht mit Kalk gebunden werden kann, sind wir auf die Verwendung von Folie angewiesen. Noch besser: Wir bauen gar keinen Weiher, denn der Standort ist offenbar eher für eine Pionierfläche oder einen Trockenstandort geeignet. Ob ein Bodenmaterial für die Kalkstabilisierung verwendet werden kann, klärt man am besten mit einem Strassenbaufachmann oder mit einem Tiefbaulabor ab. Die Kalkstabilisierung ist eine Methode, die im Strassenbau und für die Sicherung von Heizöllagern seit Jahren mit Erfolg angewendet wird.

Die Idee, Kalk als Stabilisierungsmittel auch im Weiherbau zu verwenden, stammt denn auch von einem Strassenbaulabor (Betonstrassen AG, Wildegg, Tel. 064 53 13 74).

Das Aushubmaterial wird am besten auf einer ebenen Fläche mit gebranntem (!) Kalk (Stabilitkalk) vermischt, indem man ihn mit einer Fräse (Traktor) oder bei kleinen Mengen mit einer Bodenhacke einarbeitet. Auf einen Kubikmeter Aushub werden zirka 30 bis 60 Kilogramm Kalk zugegeben. Auch sehr lehmiges und klumpiges Material wird dabei krümelig und leicht bearbeitbar, da der gebrannte Kalk dem Aushub das Wasser entzieht.

Die Mischung Aushub/Kalk kann nun direkt als Dichtungsmaterial verwendet oder vorerst noch bis zu sechs Monate gelagert werden. Nach einer Lagerzeit von vier bis sechs Wochen ist die beste Verarbeitungsfähigkeit erreicht. Aushubarbeiten und Einbringen der Dichtung entsprechen genau den Arbeitsvorgängen, wie sie beim Lehmweiher beschrieben wurden. Beim Einbau muss der Wassergehalt des Materials beachtet werden; er ist richtig, wenn eine von Hand geformte Wurst nicht zerfällt, sich aber auch nicht biegen lässt, sondern dabei in zwei Teile zerbricht. Der Einbau erfolgt in drei Schichten von zirka zehn bis zwölf Zentimetern. Jede Schicht muss man gut einwalzen oder stampfen. Die Fläche ist gut mit Raupenfahrzeugen befahrbar. Damit eignet sich diese Methode auch für sehr grosse Weiherflächen mit entsprechenden Transportdistanzen. Das eingebrachte Material verbindet sich mit Kohlensäure zu Kalk, es entsteht eine relativ harte, kompakte Schicht.

Die Weiherdichtung ist so zu einem naturidentischen und damit umweltverträglichen Produkt geworden, welches nicht von einem natürlichen Gestein zu unterscheiden ist. Das Ausgangsprodukt Stabilitkalk jedoch ist sehr ätzend. Eine Staubschutzmaske (allenfalls

**Grobscholliger, lehmhaltiger Aushub wird mit Stabilitkalk vermischt. Dies ergibt ein gut verarbeitbares Dichtungsmaterial. Vermischt wird mit der Fräse oder der Bodenhacke.**

Schutzbrille) ist empfehlenswert. Haut- und Augenkontakt vermeiden. Nach dem Vermischen besteht keine Gefahr mehr.

Auch kalkstabilisierte Weiher werden mit einer Substratschicht überdeckt (Wandkies, Lehm, Aushub). Bei der Entwicklung der kalkstabilisierten Weiher kann man (vor allem am Anfang) einen stark erhöhten pH-Wert feststellen (pH 10 - 11). Dieser Wert wird sich innerhalb weniger Monate auf pH 8 - 9 einpegeln. pH-Werte in dieser Grösse entsprechen etwa jenen von Lehmweihern. Bei der Bepflanzung soll darauf geachtet werden, dass kalkverträgliche Pflanzen verwendet werden.

Langfristige Erfahrungen mit kalkstabilisierten Weihern sind noch keine gemacht worden. Aspekte wie spätere Entwicklung der Lebensgemeinschaften oder Durchwurzelungsgefahr konnten noch nicht überprüft werden. Trotzdem ist angesichts der Nachteile von Folienweihern die Kalkstabilisierung eine mögliche Alternative. Ihre Umweltverträglichkeit ist Grund genug, das Experiment zu wagen.

### Andere Dichtungsarten

Andere Dichtungsarten sollen hier nicht näher besprochen werden, da sie - wie die Kalkstabilisierung - eher für den professionellen Bau gedacht sind. Für sehr grosse Weiher wird häufig eine Asphaltdichtung verwendet. Asphaltdichtungen sind bei kleinen Weihern sehr teuer, jedoch sind sie sehr stabil und trinkwasserecht, und der Bau von technischen Einzelheiten (Brücken, Trittsteine usw.) wird sehr erleichtert. Häufig werden Weiher auch betoniert. Auch dies ist eine brauchbare Methode. Laien sollten aber wissen, dass das Berechnen der nötigen Armierungen, das Verdichten des Betons, die Schalungsarbeiten usw. nicht einfach sind.

## Weitere Wasser-Elemente

### Bäche

Eingedolte Bäche, die durch ein (mit Vorteil grosses) Gelände führen, können wieder ausgegraben werden, sofern die Erlaubnis von Gemeinde und Gewässerschutzamt vorliegt. Am schönsten wäre es, wenn der neugeborene Bach selbst seinen Weg durch das Gelände suchen dürfte. Leider ist dies bei den geltenden Bestimmungen kaum möglich. Bäche dürfen weder erodieren noch das umliegende Kulturland oder andere Grundstücke durch Hochwasser gefährden. Damit ein Bächlein aber sanft und ohne Erosion den Berg hinunterläuft, sollte das Gefälle von Stufe zu Stufe oder von Verbauung zu Verbauung höchstens ein bis zwei Promille betragen. Trotzdem ist es möglich, einen Bach so vielfältig zu gestalten, dass er wirklich zum Zentrum eines Gartens werden kann. Für den Bau eines Baches ziehen wir einen Fachmann bei (Gewässer- und Umweltschutzämter geben unter Umständen Auskunft). Der Bau von Rieseltreppen, Staustufen und Uferverbauungen verlangt einige Erfahrung und kann kaum von Laien ausgeführt werden. Ist der Fachmann aber erst einmal am Werk, wird mit Beton und Steinen meist nicht gespart - gebaut wird für die Ewigkeit und nicht für ein naives Naturerlebnis. Es lohnt sich, vor dem Bau Informationen einzuholen und intensive Gespräche mit dem Handwerker zu führen.

### Sumpfgräben

Sumpfgräben sind langgezogene Wassergräben. Wir legen sie als farbige Schlange, mit Blutweiderich, Spierstaude und Gilbweiderich bewachsen, durch den ganzen Garten. Sumpfgräben rahmen Sitzplätze ein, decken den Garten mit hohem Schilf ab und sind ideale Elemente des kindergerechten Gartens. Ausgehoben wird tief (mindestens 50 Zentimeter), damit beim üppigen Wachstum der Pflanzen und dem eher knappen Wasservolumen der Graben nicht zu oft austrocknet. Für die Dichtung kommen sowohl Folie als auch Beton in Frage. Auch Lehm oder kalkstabilisierter Aushub eignen sich, sie brauchen aber verhältnismässig mehr Platz, da ihre Seitenwände eher flach sind. Werden die Wände steil gebaut, muss das Substrat, damit es nicht abrutscht, gestützt werden. Das Pflanzsubstrat soll nährstoffreich sein: Mutterboden oder eventuell sogar teilweise magerer Humus.

# WASSER

# Bepflanzung und Pflege

Wasserpflanzen vermehren sich meist extrem schnell. Wir pflanzen nur wenige Exemplare pro Art. Man beschafft sich die Pflanzen in einer spezialisierten Gärtnerei oder fragt andere Teichbesitzer, ob sie überschüssige Pflanzen abgeben können. Einige Pflanzen wuchern so stark, dass sie nur mit grossem Vorbehalt verwendet werden können. Schilf und Rohrkolben können einen Weiher innert kurzer Zeit ganz überwuchern. Seerosen und Teichrosen nehmen riesige Fläche ein; wenn zusätzlich noch Wasserlinsen auftreten, gleicht der Weiher bald einer Schüssel mit frischem Salat. Üppig zugewachsene Weiher sind allerdings auch dann schön, wenn wir kein freies Wasser mehr sehen: Sie erinnern uns an Bilder aus den Tropen oder an Sumpfgebiete des Nordens.

Pflanzarbeiten sind bei Wasserpflanzen besonders einfach. Die Ufer werden mit Sumpfpflanzen in Gruppen angepflanzt, höhere Pflanzen eher im Hintergrund. Wir achten darauf, dass einige Uferteile wenigstens am Anfang vegetationsarm bleiben (vegetationsarme und üppige Zonen müssen bereits bei der Wahl des Substrates vorbereitet werden). Pflanzen in grösserer Wassertiefe können in Töpfen gepflanzt werden. Sie lassen sich dann leichter kontrollieren, wenn sie wuchern (Töpfe mit Steinen oder Kies etwas «verstecken»). Schwimmpflanzen wie Froschbiss oder Unterwasserpflanzen wie Tausendblatt werden einfach in grossem Bogen ins Wasser geschmissen: Sie suchen sich ihren Standort selbst. Überhaupt hat es wenig Sinn, einen genauen Pflanzplan einhalten zu wollen. Wasserpflanzen verhalten sich ausserordentlich starrköpfig; sie wachsen immer an jenen Stellen, an denen sie gar nicht vorgesehen waren. Bei Lehmweihern oder kalkstabilisierten Weihern (besonders auch bei grösseren Anlagen) wird nichts im Topf eingesetzt. Diese Weiher können ohne Gefährdung der Dichtung sogar maschinell wieder geräumt werden.

Pflanzarbeiten sind nicht unbedingt nötig; Wir können auch beobachten, was sich spontan ansiedelt.

### Ansiedeln von Amphibien

Wer nicht ein absoluter Amphibienspezialist ist, lässt die Finger davon, zumal Amphibien geschützt sind. Sie finden den Weg in das neue Laichgewässer allein. Alle Amphibien haben unterschiedliche Ansprüche an ihren Biotop. Für ein gezieltes Umsiedeln müssen wir besondere Kenntnisse haben. Viele Arten sind stand-

## Wasserpflanzen

Am Rand von Gewässern wächst eine bunte Vielfalt an Stauden: Charakteristisch sind der rote Blutweiderich, der Gilbweiderich, die Spierstaude und das Rauhhaarige Weidenröschen.

Bei den Doldengewächsen finden wir den extrem giftigen Wasserschierling, wohl die berüchtigste Giftpflanze in unseren Gegenden. Heilkräftig hingegen ist der Baldrian. Sein Geruch lockt sogar liebestolle Kater an, die wollüstig um seine Stengel streichen. Der Kleine Baldrian wächst eher auf Sumpfwiesen, zusammen mit der Sumpfschafgarbe, der Blauen Iris oder der seltenen Trollblume. Direkt am Wasser leben Sumpfdotterblume, Bachbungenehrenpreis, Gelbe Schwertlilie und Wasserminze. Bereits ein Verlandungspionier ist der Fieberklee, der nur kurze Zeit, aber wunderschön blüht. Seinen Namen hat er von seiner angeblich fiebersenkenden Heilwirkung. Andere Verlandungspioniere sind Binsen, Seggen, Schilf und der Rohrkolben – alles recht starke Wucherer. Bei den Schwimmblattpflanzen wird man zuerst an Seerose, Teichrose und Seekanne denken. Aber auch Laichkrautarten, der freischwimmende Froschbiss und Wasserlinsen gehören dazu. Letztere können allerdings eine wahre Plage sein, wenn sie in Massen auftreten. Ebenfalls auf der Wasseroberfläche schwimmt der Wasserschlauch, eine seltsame Pflanze, die sich vor allem von Plankton ernährt, welches in kleinen Fangblasen gefangen wird. Nicht vergessen sollte man die Unterwasservegetation; sie hilft mit, den Weiher mit Sauerstoff zu versorgen, verhindert Algenbildung und ist für Tiere ein gutes Versteck. Die Wasserpest, das Tausendblatt und das Hornblatt sind die bekanntesten. Alle drei können auch recht stark wuchern.

## Kombinationstabelle nach Farben und Wuchsform

| Lebensbereich Sumpf/Wasser | Rot/Rosa | Weiss | Gelb | Blau |
|---|---|---|---|---|
| **Leitstauden**  Dominierende Arten bilden das Thema eines Standortes, einer Pflanzung. | *Epilobium hirsutum* Rauhhaariges Weidenröschen  *Eupatorium cannabinum* Wasserdost  *Lythrum salicaria* Blutweiderich  *Saponaria officinalis* Echtes Seifenkraut | *Achillea ptarmica* Sumpfschafgarbe  *Filipendula ulmaria* Spierstaude, Mädesüss  *Lycopus europaeus* Wolfstrapp  *Ranunculus aconitifolius* Eisenhutblättriger Hahnenfuss  *Valeriana officinalis* Echter Baldrian | *Iris pseudacorus* Gelbe Sumpfschwertlilie  *Lysimachia vulgaris* Gewöhnlicher Gilbweiderich  *Pulicaria dysenterica* Flohkraut  *Trollius europaeus* Trollblume | *Gentiana asclepiadea* Schwalbenwurzenzian  *Iris sibirica* Blaue Sumpfschwertlilie |
| **Begleitstauden**  Flächig verwendete Pflanzen, die die Leitstauden in ihrer Wirkung unterstützen. | *Geranium palustre* Sumpf-Storchschnabel  *Geum rivale* Bachnelkenwurz  *Lychnis flos-cuculi* Kuckuckslichtnelke  *Polygonum bistorta* Schlangenknöterich  *Stachys palustris* Sumpf-Ziest | *Achillea ptarmica* Sumpf-Schafgarbe  *Filipendula ulmaria* Spierstaude, Mädesüss  *Lycopus europaeus* Wolfstrapp  *Stellaria graminea* Gras-Sternmiere | *Caltha palustris* Sumpfdotterblume  *Lysimachia vulgaris* Gewöhnlicher Gilbweiderich | *Gentiana asclepiadea* Schwalbenwurzenzian  *Iris sibirica* Blaue Sumpfschwertlilie  *Myosotis palustris* Sumpfvergissmeinnicht  *Scutellaria galericulata* Sumpfhelmkraut |
| **Flächendecker**  Kriechende, bestandesbildende und bodenbedeckende Pflanzen. | *Petasites officinalis* Gewöhnliche Pestwurz  *Valeriana dioica* Sumpfbaldrian | | *Chrysosplenium alternifolium* Milzkraut  *Lysimachia nummularia* Pfennigkraut  *Ranunculus reptans* Kriechender Uferhahnenfuss | *Myosotis palustris* Sumpfvergissmeinnicht  *Veronica beccabunga* Bach-Ehrenpreis |
| **Wasserpflanzen** | *Butomus umbellatus* Schwanenblume  *Myriophyllum spicatum* Ähriges Tausendblatt  *Polygonum amphibium* Wasserknöterich  *Rumex aquaticus* Sumpf-Ampfer | *Alisma plantago-aquatica* Froschlöffel  *Hydrocharis morsus-ranae* Froschbiss  *Menyanthes trifoliata* Fieberklee  *Nasturtium officinale* Brunnenkresse  *Nymphaea alba* Seerose  *Ranunculus aquatilis* Wasser-Hahnenfuss  *Sagittaria sagittifolia* Pfeilkraut  *Stratiotes aloides* Krebsschere | *Iris pseudacorus* Gelbe Sumpfschwertlilie  *Lysimachia thyrsiflora* Straussgilbweiderich  *Nuphar lutea* Teichrose  *Nymphoides peltata* Seekanne  *Ranunculus lingua* Zungenhahnenfuss  *Utricularia vulgaris* Gemeiner Wasserschlauch | *Myosotis palustris* Sumpfvergissmeinnicht  *Veronica beccabunga* Bach-Ehrenpreis |

# WASSER

| Violett/Lila | Grün Gräser |
|---|---|
| *Cirsium palustre* Sumpfkratzdistel *Succisa pratensis* Teufelsabbiss | **Gräser** Diverse Süss- und Sauergräser (Binsen, Seggen u.a.) zum Beispiel: *Phragmites australis* Schilf *Phalaris arundinacea* Rohr-Glanzgras *Molinia caerulea* Blaues Pfeifengras *Eriophorum latifolium* Breitblättriges Wollgras *Eriophorum angustifolium* Schmalblättriges Wollgras |
| *Mentha aquatica* Wasserminze *Mentha longifolia* Rossminze *Succisa pratensis* Teufelsabbiss *Solanum dulcamara* Bittersüsser Nachtschatten *Symphytum officinale* Beinwell/Wallwurz | |
| | *Alchemilla vulgaris* Frauenmantel |
| | *Acorus calamus* Kalmus *Ceratophyllum demersum* Rauhes Hornblatt *Elodea canadensis* Wasserpest *Hippuris vulgaris* Tannenwedel *Sparganium erectum* Igelkolben *Typha latifolia* Breitblättriger Rohrkolben |

orttreu, d.h., sie suchen immer wieder das gleiche Laichgewässer auf, um sich fortzupflanzen; sie lassen sich daher nicht umsiedeln.

**Pflege des Weihers**

In den ersten zwei bis drei Jahren wird der Weiher ständig für Überraschungen sorgen: Tiere und Pflanzen siedeln sich an, gewisse Arten nehmen plötzlich überhand, einzelne Räuber vermehren sich so stark, dass selbst die grössten Laichballen nicht ausreichen, um eine oder zwei Kaulquappen überleben zu lassen. Algen können sich rasant vermehren, der Weiher wird plötzlich trüb und klärt ebenso überraschend wieder auf. Am Anfang können wir die Entwicklung von Plankton beschleunigen, indem wir Wasser und Bodenmaterial aus bestehenden Weihern einbringen. Sonst unternehmen wir nichts, auch nicht gegen Algenwachstum. Algen gehören zur Entwicklung des jungen Weihers und sind – nur weil sie nicht auf unserer Wunschliste stehen – noch lange nicht schlecht. Für viele Tiere dienen sie als Versteck oder als Jagdgebiet. Sie werden von selbst wieder verschwinden, wenn wir nicht ständig eingreifen. Höchstens im Herbst können allzu grosse Algenteppiche entfernt werden (eventuell mit Netz auch vom Grund abfischen). In späteren Jahren müssen wir zu üppig wachsende Pflanzen entfernen, d.h. wir machen die Verlandung periodisch, aber kräftig rückgängig. Auch dies ist fakultativ; es kann genauso richtig sein, einen Weiher ohne Eingriffe verlanden zu lassen. Laubfall kann die Wasserqualität des Weihers stark beeinflussen. Der biologische Abbau des Laubes benötigt viel Sauerstoff, zudem können mit den Blättern auch die darauf abgelagerten Schadstoffe in den Lebensraum *Weiher* gelangen. Übermässigen Laubeintrag vermeiden wir, indem wir Anfang November ein Netz über den Weiher spannen.

Bei Folienweihern arbeiten wir sehr vorsichtig, um die Folie nicht zu verletzen. Haben wir den Weihergrund mit Kiesmaterialien abgedeckt, werden sich die Pflanzen nur schwer entfernen lassen: Wurzeln und Substratschicht haben einen dichten Filz gebildet, der nicht mehr entfernt werden kann; liegt die Folie frei, können sie leicht entfernt werden. Bei anderen, nicht verletzungsgefährdeten Dichtungen wie kalkstabilisiertem Aushub oder Lehm darf man mit Schaufel und Hacke oder auch mit einem Bagger arbeiten.

**Die Tabelle mit Farben und Wuchsformen erleichtert die Zusammenstellung einer differenzierten Pflanzung. Um eine standortgerechte Vegetation zu erreichen, muss die Tabelle (am Schluss des Buches) mit den genaueren Eigenschaften der jeweiligen Pflanzen mitberücksichtigt werden.**

## WEGE, PLÄTZE, MAUERN

# Fest gebaut und doch bewachsen: Wege, Plätze, Mauern

Welche Baumaterialien im umweltgerechten Garten verwendet werden. Wie man Wege und Mauern baut. Weshalb man dabei auch an Pflanzen und Tiere denken soll. Wie man das Wegnetz plant. Und weshalb man dabei oft auf krumme und abwegige Gedanken kommt.

Auch die kleinste Ritze im Sandsteinbelag lässt Leben zu. An jenen Stellen, die nicht betreten werden, kann diese karge Vegetation auch einmal in die Höhe wachsen: hier die Königskerze und der Feldthymian.

121

Granitsteinpflästerung bei einer Garageneinfahrt: Die Pflästerung ist mit Sand ausgefugt und bereits stark vermoost, so dass das Fugenbild gut zur Geltung kommt.

Ein einfacher Kiesbelag, mit Brechsand abgestreut, ist eine schöne und vor allem kostengünstige Belagsart. In den Fugen der Steinstufen wachsen ein Jahr nach Fertigstellung Thymian, Rundblättrige Glockenblume, Zimbelkraut und Natternkopf.

Wir gestalten unseren Garten als Aufenthaltsraum für die ganze Familie: Wege verbinden die einzelnen Gartenbereiche, Plätze und Sitzgelegenheiten laden zum Verweilen ein. Pergolen, Lusthäuschen und Laubengänge betonen Eingänge und Wege oder bilden geschützte Plätzchen für ruhige Stunden. Kinder brauchen Sand und Lehm, Wasser zum Planschen, Klettermöglichkeiten und Platz zum Austoben. Wir bauen Gemüse an, gestalten einen Heilpflanzen-, Kräuter- oder Färbepflanzengarten. Unsere Beeren und das Obst können wir an Laubengängen, Rankgerüsten oder an Spalieren ziehen. An einer Feuerstelle braten wir Würste oder kochen unsere Suppe; für unsere Gartenfeste brauchen wir Platz auf Stufen und Treppen für ungezwungenes Sitzen und Plaudern.

Solche Ausstattungselemente stehen nicht in Konkurrenz zur Naturgartenidee; sie sind vielmehr willkommene und oft besonders extreme Lebensräume. Durch die Benutzung bleiben auf grösseren Flächen immer einige Stellen vegetationsfrei, so dass nicht nur die angepassten, trittfesten Pflanzen eine Überlebensmöglichkeit haben, sondern auch Wildbienen und Grabwespen ideale Ersatzstandorte finden, die in der Landschaft durch das Versiegeln aller Flächen verschwunden sind.

# Planung von Wegen und Plätzen

Wege sind funktionale Elemente, die A und B miteinander verbinden. Sie können dies unterschiedlich tun: langweilig geradeaus auf den immer gleichen Verbundsteinen oder so, dass sie das Gehen zum Erlebnis, die Bewegung spürbar machen. Sie können uns ein klares Ziel angeben oder uns im Ungewissen lassen, sie können uns durch stark gegliederte und spannende Gartenteile führen oder einfach über ein leeres, ruhiges, weites Feld.

Die Qualität unseres Wegnetzes ist abhängig von der Art des Belages, von den begleitenden Elementen und von einer logischen und dennoch reizvollen Wegführung.

Wenn Kükelhaus sagt, wir sollen das «Sehen» zum Gegenstand des «Sehens», das «Hören» zum Gegenstand des «Hörens» und das «Sichbewegen» zum Gegenstand des «Bewegens» machen («Organismus und Technik», S. 20, 1971), dann ist das genau jene wichtige Anforderung, die wir bei der Planung und dem Bau unseres Wegnetzes berücksichtigen müssen. Wir wollen nicht nur von A nach B, wir wollen diese Strecke nicht nur überwinden, sie hinter uns bringen, sondern den Weg, die Umgebung, die Aussicht, unsere Bewegungen erfassen.

Wir sind keine symmetrischen Wesen, die sich - einmal richtig eingestellt - automatisch geradeaus bewegen: Wir schwanken beim Gehen unmerklich, immer bemüht, die ideale, vorgegebene Linie und das Gleichgewicht zu halten; wir sind zu weit links, zu weit rechts, korrigieren unseren Schritt, um nicht vom Weg abzukommen. Gehen wir mit geschlossenen Augen frei über einen Platz, werden wir uns im Kreise drehen, unser Ziel verfehlen. Wenn wir ein Feld überqueren, auf dem kein Weg vorgegeben ist, entstehen Trampelpfade, die niemals gerade, sondern immer unregelmässig geschwungen sind. Geschwungene Wege kommen unserem Körper, unserem Bewegungsablauf entgegen, sie lassen uns einen Weg in rhythmischem Gang ertanzen. Selbst schmalste, gewundene Gebirgspfade ermüden uns in unserer Bewegung nicht. Werden die schmalen Pfade aber gerade, so haben wir das Gefühl, auf einem Balken balancieren zu müssen - was zwar durchaus lustig sein kann, das Gehen aber zur Qual macht.

Krumme, unüberschaubare Wege symbolisieren unseren Lebensweg: Wege sind nicht risikofrei, nicht ohne Verirrungen, (Ent-)Täuschungen - aber eben diese machen uns den (Lebens-)Weg bewusst und ergründbar.

«Um sicher zu gehen, muss man das Wagnis der Unsicherheit, das Risiko des Ungewissen auf sich nehmen», schreibt Kükelhaus. Er fordert deshalb «baukörperlich rhythmisierte

## Nicht aufwendig: Plätze mit Kies

**Ein Platz mit Brechsand wirkt fein und elegant. Verschiedene Gesteinsarten ergeben je nach Gegend verschiedene Farben: Grau, Gelb, Grün oder sogar Rot (Korngrösse des Brechsandes: 0 bis 3 mm).**

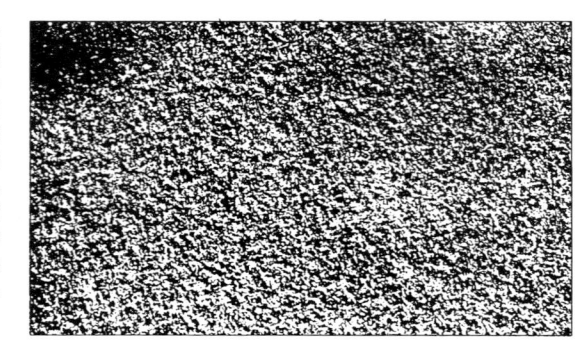

**Gröbere, gebrochene Deckmaterialien (Splitt) gibt es in verschiedenen Korngrössen zwischen 5 und 25 mm. Je feiner die Korngrösse, desto eleganter wirkt der Belag.**

**Gebrochene Materialien wirken städtischer, moderner. Rundkies (Gartenkies) erinnert an alte Villen und bäuerische Hofplätze. Rundkies erhält man in Grössen zwischen 5 und 25 mm.**

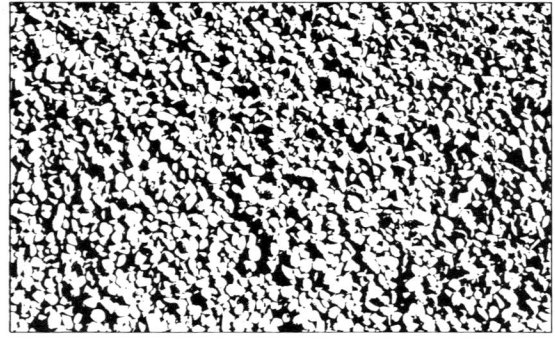

**Mit groben Steinen (Sickerkies, 25 bis 50 mm) lassen sich Plätze zur Not auch ohne Unterbau (Wandkies) erstellen, sofern sie nicht befahren werden. Das Wasser versickert zwischen den Steinen – der Platz bleibt sauber.**

Räume, eine inkonstante Raum-Licht-Bewegungsführung». Man solle «labyrinthisch geführt» in «immer neue Räume eindringen, in das nicht voll Verfügbare, Überraschungsreiche». (Hugo Kükelhaus, «Organismus und Technik», 1971, S. 20ff und 48ff).

Was Kükelhaus hier meint, können wir leicht selbst überprüfen: Ein Altstadtquartier mag uns mit seinen engen, gewundenen Gassen vorerst verwirren, wir suchen unsicher unseren Weg. Unsere Sinne werden aber aufmerksam die überraschenden Ausblicke, Windungen, Öffnungen zu Plätzen usw. wahrnehmen, und bald wird unser ganzer Körper den Weg und dessen Rhythmus erfasst haben: Wir könnten ihn auch mit verbundenen Augen finden. Solche Wegnetze sind *einprägsam*. Eine moderne Siedlung mit gerastertem, gradlinigem Aufbau wird dieses intuitive Erfassen nicht zulassen. Zwar kann ihr Verlauf logisch aufgebaut sein, und wir spüren keine Unsicherheit in der Bewegungsführung. Sie prägt sich uns aber auch nicht ein. Was aus der Vogelschau, auf dem Plan als «klares Konzept» ersichtlich ist, können wir in der Wirklichkeit nicht mehr *be-greifen.*

Dies heisst nicht, dass mit geraden Wegführungen ein Grundmuster oder eine Gestaltungsidee eines Gartens nicht ebenfalls erlebbar gemacht werden könnte; es bedeutet auch nicht, dass ein beliebig gekrümmter Weg einprägsam ist. Und es besagt schon gar nicht, dass ein Wegnetz so bewusst geplant werden muss: Im idealen Fall lassen wir es entstehen, als zufälliges Produkt unserer eigenen Aktivitäten. Diese Trampelpfade werden immer «richtig» verlaufen.

## Materialien für Wege und Plätze

In unseren Naturgärten werden wir bestimmt hohe Anforderungen an die Qualität der verwendeten Materialien stellen. Sie sollen nicht nur langlebig, praktisch oder billig sein; wir fragen uns auch, ob sie umweltgerecht, wiederverwertbar oder abbaubar sind. Sie sollen aber auch zu uns, zu unserem Haus, zu unserer Umgebung passen. Nicht immer werden wir unsere Idealvorstellungen verwirklichen können. Aus praktischen, bautechnischen oder optischen Anforderungen des täglichen Gebrauchs müssen wir vielleicht Kompromisse

# WEGE, PLÄTZE, MAUERN

schliessen. Wichtig ist aber, dass wir uns sehr gut überlegen, welche Eigenschaften und Vorteile ein Material hat; wir testen es wenigstens gedanklich auf seine Eignung für den Naturgarten:

● Erscheinungsbild, Schönheit: Ausschlaggebend ist sicher der persönliche Geschmack. Passen die Materialien zur Architektur, zur Farbe des Gebäudes, fügen sie sich in die Landschaft, in das übrige Siedlungsgebiet ein? Können wir mit unseren Baustoffen Gegensätze, Farb- und Materialkontraste schaffen? Erdmaterialien, Sand und Kies, Natursteine und Holz können erstaunlich viele Farbvariationen zeigen. Die Strukturen und Musterungen der Oberfläche, die unterschiedlichen Formen sind oft so vielfältig, dass sie uns während des Bauens zu ständigem Gestalten anregen. Darin unterscheiden sich natürliche Materialien ganz wesentlich von Kunststein (zum Beispiel Waschbeton) und farbigen Betonpflastersteinen - auch wenn sie noch so oft als beinahe natursteinähnlich angepriesen werden. Jede Gegend hat traditionelle Baustoffe. Verwenden wir Steine und Materialien aus der Gegend, so helfen wir mit, dass jede Landschaft, jede Siedlung ihren ganz einzigartigen Charakter bewahrt. Ein und derselbe örtliche Naturstein lässt sich dennoch gestalterisch so vielfältig verwenden, dass unsere Gärten nie langweilig wirken. Farbe und Strukturierung erhalten wir auch bei grauen und unscheinbaren Belagsmaterialien, wenn wir die Pflanzen in die Gestaltung von Wegen und Plätzen miteinbeziehen. Warum müssen wir rosaroten Verbundstein und gelbe Betonplatten verwenden, wenn doch Thymian und Mauerpfeffer unsere Bauwerke so schnell farbig einkleiden?

● Materialvielfalt für die Füsse: Plätze und Wege erleben wir vor allem mit unseren Füssen - besonders wenn wir es nicht verlernt haben, barfuss zu gehen. Vollkommen ebene Oberflächen mögen bequem sein, anregend sind sie sicher nicht. Unebene Natursteinbeläge oder Chaussierungen zwingen uns hingegen, bewusst zu gehen, unsere Füsse zu gebrauchen, statt nur durch die Gegend zu «schlurfen». Barfuss erleben wir «eindrücklich» (im wahren Sinn des Wortes) die Art der gewählten Materialien: spitze Kiesel, rundes Kopfstein-

## Aufwendig: gepfläsflerte Plätze

**Die einfachste Art einer Pläsflerung erhält man, wenn Steine (30 bis 120 mm) einfach geschüttet, planiert und mit Sand verfüllt werden oder wenn steinhaltiger Wandkies direkt als Deckbelag belassen wird.**

**Aufwendig sind Schroppenpfläsflerungen. Der Fachmann braucht Phantasie und Liebe zum Detail, um solche Plätze zu gestalten. Übrigens: Dieses Bild stammt aus Lissabon, der Hochburg der Pfläsflerer.**

**Einfache Granitsteinpfläsflerung, in Reihe verlegt. Auch grobgespaltene Steinplatten (hier: Sandstein) zeigen viel Struktur. Die verschiedenen Materialien lassen sich auch kombinieren.**

**Eine Pfläsflerung mit geringen Materialkosten, aber hohem Arbeitsaufwand: Fluss- oder Feldsteine, Stein an Stein exakt verlegt. Diese Art von Pfläsflerung wurde bereits im Mittelalter verwendet.**

## Unerwartet

*Ein erstes Beispiel:* Sonntagmorgen, die Sonne scheint. Beschaulich geniesse ich den Garten, nehme mir Zeit zum Schauen und Staunen. Am steilen, südostexponierten Bord hat es da und dort locker bewachsene Stellen mit nackter, trockener Erde. Die paar bleistiftdicken Löcher, die es hier hat, beachte ich zuerst kaum. Irgendein Insekt wird hier gegraben haben. Ich setze mich hin, weil mir diese Gartenecke besonders gefällt. Nach einer Weile schaue ich, mehr zufällig, noch einmal auf den Boden: Jetzt sind die Löcher plötzlich nicht mehr da! Ich bücke mich, um die Erscheinung näher zu untersuchen. Da sind sie wieder zu sehen: 13 Löcher.

Was mich hier narrt, sind die Larven von Sandlaufkäfern. Wenn sie sich ungestört fühlen, lauern sie zuoberst in ihren Wohnröhren. Sie decken diese dabei mit Hilfe der plattenförmigen Kopfoberseite und des Halsschildes zu, wie mit einem Deckel. Aus dieser Tarnstellung heraus stürzen sie sich ungefähr auf alles, was arglos in der Nähe vorbeikrabbelt und kleiner ist als sie selber. Bei einer Bedrohung aber ziehen sie sich blitzschnell auf den Grund ihres Erdloches zurück. Wer sie auf der Lauer überraschen will, muss sich also stillhalten. Ich erinnere mich jetzt, wie wir als Zoologiestudenten auf einer Exkursion 15 Kilometer vor die Stadt hinaus mussten, um dieses Schauspiel zu sehen. Im Garten, fast vor dem Fenster – da hätte ich es nicht erwartet!

*Ein zweites Beispiel:* Am ersten warmen Aprilmittag mache ich, um die büromüden Muskeln zu lockern, einen Rundgang um die Baracken, in denen ich arbeite. Weil unsere Büros auf Betonsäulen stehen, bleibt zwischen dem Barackenboden und der nackten Erde darunter ein Zwischenraum offen. An einer Stelle steigt der Erdboden jäh an, vielleicht 80 Zentimeter hoch, und bildet eine der Sonne zugekehrte Wand, unregelmässig und durchsetzt mit Vorsprüngen und kleinen Simsen. Hier angekommen, höre ich ein Summen. Ein reges Kommen und Gehen herrscht, ein An- und Abfliegen. Es sind die fast hummelgrossen Pelzbienen, eine der vielen Arten von Wildbienen, die es bei uns gibt. Sie haben in die Erdwand Löcher gegraben und versorgen darin ihre Brut mit Pollen von der angrenzenden Wiese.

Bei genauerem Zusehen bemerke ich noch mindestens drei andere Formen von Wildbienen. Die kleinere Mauerbiene zum Beispiel, die auch kleinere Röhren benutzt. Aber auch zwei Arten von Kuckucksbienen fliegen suchend umher. Sie warten die Abwesenheit der rechtmässigen Inhaberin einer Brutröhre ab – und legen dann geschwind ihr Ei auf den fremden Pollenvorrat. Die Larven der Kuckucksbienen werden sich etwas schneller als diejenigen der Wirtsbienen entwickeln und ihnen den Nahrungsvorrat wegfressen, manchmal auch gleich noch das Ei oder die Junglarve der unfreiwilligen Spenderin.

Doch der Hohlraum unter meinem Büro bietet noch mehr: Vor der Röhre einer Pelzbiene hat sich auf einem kleinen Vorsprung der Aushub angesammelt, kaum eine Handvoll Sand. Dahinein hat ein Ameisenlöwe (die Larve der Ameisenjungfer) einen regelmässigen, schönen Trichter gebaut. Jetzt wartet der Fallensteller, im Sand auf dem Grund des Trichters versteckt, auf seine Beute: Ameisen, kleine Spinnen und andere Kleintiere, die in die Grube fallen und an den lockeren Trichterwänden nicht mehr hochkommen.

Das alles findet sich auf einer kleinen Unebenheit, die man beim Bauen übersehen hat. Vielleicht war der Traxführer ein wenig nachlässig. Doch gerade diese kleine Stelle ist voller Leben, beherbergt eine ganze Reihe von Kleintieren. Darunter sogar den Ameisenlöwen, den ich in der Gegend schon lange gesucht habe. Fast unter meinem Bürostuhl – da hätte ich ihn nicht erwartet!

*Das dritte Beispiel:* Es ist warm genug, um an diesem Samstagmittag mit den Gästen im Garten auf dem Sitzplatz zu essen. Plötzlich bewegt sich auf den Steinplatten am Boden ein undefinierbares kleines Knäuel neben dem Tisch vorbei. Ich gehe auf die Knie, schaue genauer: Eine schwarz-rote, eineinhalb Zentimeter lange Wegwespe müht sich mit einer bewegungslosen Spinne ab, schleppt sie in Richtung Sandhaufen. Die Spinne muss sie vor wenigen Minuten überfallen und mit einem Stich gelähmt haben, als lebend konserviertes Futter für ihre Brut. Im Sandbiotop wird die Spinne auf der Höhe eines Grasbüschels deponiert, wo sie einigermassen sicher ist vor den überall umherstreifenden Ameisen. Die Wespe sucht herum, beginnt an mehreren Orten zu scharren, bis ihr eine Stelle passt. Hier gräbt sie ein Loch, geduldig und beharrlich. Nach einer halben Stunde ist sie immer noch an der Arbeit. Sie wird schliesslich die Spinne eintragen, ein Ei darauf legen und die Brutröhre schliessen. In der Tiefe wird sich die Larve entwickeln, wohlversorgt mit ihrem lebendfrischen Fleischvorrat. Ich erinnere mich an den Film «Die Wüste lebt» von Walt Disney, wo genau diese Szene mit Wespe und Spinne mich damals als Bub so beeindruckt hat und mir so exotisch vorgekommen ist. 30 Jahre später beobachte ich das gleiche neben meinem Gartisch – ich hätte es nicht erwartet!

Drei Ausschnitte aus dem Geschehen der Natur. Dreimal unerwartete Faszination: Zum Naturgarten gehört das Beobachten und Verstehen der Natur, die Beschaulichkeit, und vor allem das Überraschende. So sehr wie das Machbare, das Gestaltete, gehört zum Naturgarten das natürlich Gewachsene, das scheinbar Zufällige.

pflaster, harte, von der Sonne erhitzte Granitsteinpflästerung oder kalt-feuchte, weiche Rindenschnitzelwege. Wir geniessen die feuchten Polster von Pflasterritzenmoos oder freuen uns an trockenem, weichem Sand.

● Vielfalt für die Nase: Dass auch die Nase in die Auswahl von Belagsmaterialien miteinbezogen wird, mag erstaunen. Aber auch Steine riechen, besonders wenn sie feucht sind; Holzschnitzel oder Rindenwege verströmen einen harzigen Waldgeruch. Und wenn wir unsere Plätze benutzen, so werden wir Kräuter, die in den Fugen wachsen, unwillkürlich auch verletzen: Ein südländischer Ferienduft von Thymian und Dost umweht unseren Sitzplatz.

● Veränderbarkeit: Materialien altern, sie verwittern, werden von Moos überzogen, vermodern, verkrauten und verändern dabei ihr Aussehen, ihre Farbe. Wir freuen uns an diesen Veränderungen, die ja auch ein Stück Geschichte unseres Gartens und damit ein Stück unserer eigenen Lebensgeschichte sind. Eine Treppe aus Granit oder Beton wird über Jahrzehnte hinweg kantig und gerade bleiben. Eine Treppe aus Holz oder Sandstein hingegen altert schneller. Dort, wo wir häufig gehen, werden die Stufen abgerundet und ausgeschliffen, oder ein breiter Pfad wird nach und nach bis auf ein schmales Band zuwachsen. Blockstufen oder Pflästerungen werden mit der Zeit uneben und schief: Pfützen bilden sich, der Gartenstuhl wackelt. Es hat keinen Sinn, sich darüber zu ärgern – im Gegenteil: Geniessen wir unseren alternden Garten und lassen wir ihm seine Marotten! Wer hier mit Gewalt Wege und Plätze perfekt saniert, wird bald merken, dass der Garten ein Stück seiner Schönheit, seinen Charme verloren hat.

● Bespielbarkeit: Sitzplätze bauen wir nicht nur für die Erwachsenen, sondern auch für unsere Kinder. Kieselsteine in jeder Grösse, Staub, Sand und Pfützen sind anregender als manch ein schön eingezäunter Sandkasten. Auf weichen Steinplatten kann man herrlich kritzeln, sein Sackmesser schleifen oder mit Kreide Bilder malen. Auf chaussierten Plätzen werden mit den Füssen Figuren herausgekratzt, «Strassen» und «Flüsse» entstehen. Hüpfspiele, Brettspiele lassen sich ebenso schnell aufzeichnen wie verwischen. Rollschuhlaufen oder Dreiradfahren ist zwar auf Naturbelägen schwieriger; grössere Kinder werden aber sicher genügend Gelegenheit dazu auf Schulhausplätzen oder Quartierstrassen finden. Und die kleinen trainieren ihre Wadenmuskulatur eben auf holperigen Pfaden.

● Wasserhaushalt, Ökologie: Wenn möglich leiten wir Oberflächenwasser – sofern es nicht durch Fahrzeuge verschmutzt werden kann – nicht in die Kanalisation, sondern lassen das saubere Regenwasser versickern. Beläge, die nicht vollkommen abdichten, sind dafür geeigneter. Versickert das Wasser nicht genügend schnell, so leiten wir es in Strassengräben ab. Von dort aus können wir unseren Weiher oder eine Feuchtwiese speisen. Auch wenn irgendwo auf dem Platz für kurze Zeit kleine Pfützen entstehen, ist dies keine Katastrophe. Trotzdem achten wir natürlich beim Bau darauf, dass die Gefällsverhältnisse von Anfang an stimmen. Am besten überlassen wir diese Facharbeit auch dem Fachmann. Er weiss zudem, welche gesetzlichen Bestimmungen zu erfüllen sind.

● Wir bauen in unseren Gärten keine Autobahnen: Sitzplätze und Fusswege sind wenig belastet und benötigen daher nicht immer einen perfekten Ausbau. Wir gehen also sparsam um mit den Baumaterialien, dimensionieren Fundationen nicht zu stark, achten darauf, dass die Transporte mit Lastwagen sich in Grenzen halten. Das soll nicht heissen, dass wir von Anfang an unsere Materialien ohne Sorgfalt einbauen. Der sorgsame Umgang mit unseren Rohstoffen ist ein wichtiges Ziel; wir verwenden sie technisch perfekt und sorgfältig. Plätze, deren Entwässerung von Anfang an nicht funktioniert, die uneben gebaut werden oder der Frosteinwirkung und der Belastung nicht standhalten, zeugen eher von Dilettantismus und Materialverschwendung als von umweltbewusstem Verhalten.

Werden nachträglich in einem Garten Wege und Plätze gebaut, schätzen wir ab, ob sich der Aufwand einer stabilen Bauweise lohnt: Die Materialtransporte sind sehr aufwendig (10 Meter Weglänge ergeben bei 1 Meter Breite bereits $^3/_4$ Lastwagen Aushub und ebensoviel Materialzufuhr). Oft genügen Trampelpfade für unsere Zwecke.

Bei Sitzplätzen achten wir auf den Lauf der Sonne: Morgensonne, Mittagsschatten und Abendrot lassen sich nicht an einem einzigen

Eine Bruchsteinmauer aus Hartsandstein: Die Mauer ist zwei Jahre alt, und bereits wird sie von Mauerpfeffer, Pfennigkraut und Zimbelkraut besiedelt. Sie stützt den darüberliegenden naturnahen Ziergarten. Am Fuss der Mauer beginnt der Bewuchs mit spontaner Ruderalvegetation.

Stabile Bauweise mit hoher Belastbarkeit: Drahtschotterkörbe bieten ebenso viele Nischen für Tiere und Pflanzen wie Bruchsteinmauern. Die Drähte halten die ganze Füllung zusammen (Sandsteinbrocken, Geröll und andere Kies- und Steinmaterialien). So entsteht eine kompakte Einheit.

# WEGE, PLÄTZE, MAUERN

Platz erleben. Wir planen mehrere Plätze, für verschiedene Tages- und Jahreszeiten. Erhöhte Sitzplätze (Terrassen, Hochparterre) sind oft gegen Wind und Einblicke ungeschützt. Wir suchen andere Möglichkeiten: vertieft, am Weiher, von Hecken umgeben, überdacht mit «Lusthäuschen».

# Bau von Wegen und Plätzen

## Trampelpfade

Ergeben sich spontane Trampelpfade (oft neben den eigentlichen Wegen), werden diese nicht gesperrt, sondern als ideale Verbindungen akzeptiert. Vielbenutzte Pfade sind am Anfang oft schmierig. Sobald eine genügend trittfeste Vegetation vorhanden ist, löst sich dieses Problem: Strahlenlose Kamille, Kleine Käsepappel, Vogelknöterich, Breitwegerich, Raygras, Einjähriges Rispengras u.a. bilden einen trittfesten Bewuchs. Wird der Pfad häufiger begangen, bleibt die Vegetation ganz aus: Der Boden kann sumpfig und unangenehm schmutzig bleiben. Wir behelfen uns mit Trittplatten oder so, dass wir in der obersten Humusschicht grössere Feldsteine verlegen. Zwischen den Fugen wird sich die Vegetation wieder entwickeln können, und unser Pfad bleibt trocken. Etwas komfortabler wird der Weg, wenn wir die oberste Humusschicht (10 bis 20 Zentimeter) entfernen und mit kiesigem oder steinigem Material auffüllen. Auch so wird der Weg mit Moosen, trittfesten oder trockenverträglichen Pflanzen zuwachsen. Anstelle von Kiesmaterialien können wir auch Rindenschnitzel, Gerberlohe oder Finnenbahnbelag verwenden (Finnenbahnbelag besteht aus gehäckseltem Holz, welches bei hohen Temperaturen verkocht wird. Das ergibt einen sauberen, widerstandsfähigen Belag).

## Stabile Bauweise

Die Kiessand/Wandkiesfundation kann mit einem Rechen planiert und direkt als Fertigbelag benutzt werden: Es entsteht so eine vielfältige Oberfläche, die je nach Steingrösse an eine Natursteinpflästerung erinnert. Bei Fertigbelag mit Mergel/Strassenkies (wassergebundene Decke) wird auf die Fundation 5 Zentimeter Strassenkies oder Feinmergel aufgebracht; wir achten auf das Gefälle, planieren und walzen. Diese Decke kann direkt als Fertigbelag verwendet werden, oder wir streuen die Fläche ab mit Brechsand (ca. 0,3 mm), Rundkies oder Splitt (gebrochene Steine) mit einer Korngrösse von 3–20 mm. Auch gröbere Steine (30–50 mm) können verwendet werden.

Die besprochenen Beläge haben den Vorteil, dass sie sehr billig sind, die Kinder auf ihnen ausgezeichnet spielen können und dass sie schnell überwachsen werden. Hornklee, Thymian, Wegwarte, Schafgarbe und viele andere

**Wege und Plätze müssen gut verdichtet werden. Der Handstampfer ist dazu nur ein Notbehelf.**

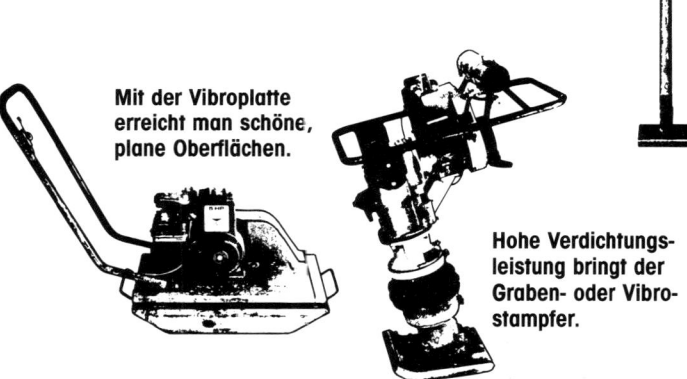

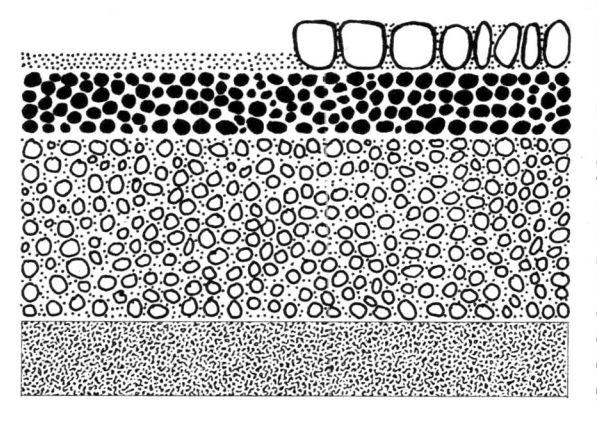

**Mit der Vibroplatte erreicht man schöne, plane Oberflächen.**

**Hohe Verdichtungsleistung bringt der Graben- oder Vibrostampfer.**

**Aufbau eines Platzes:** Untergrund mit gefällsrichtiger Planie, darüber Wandkies oder Grobmergel als Fundation (20 bis 40 cm). Zusätzlich wird allenfalls eine Feinplanie mit Strassenkies oder Feinmergel aufgebracht (5 cm). Der Platz kann mit Splitt oder Gartenkies abgestreut werden, oder er wird gepflästert.

**Den Gummihammer braucht man zum Plästern mit weichen, brüchigen Gesteinen.**

**Harte Gesteine werden mit dem Plästererhammer eingeklopft. Er hat eine lange, schaufelartige Schmalseite, mit der man den Sand unter den Pflasterstein «schaufeln» kann.**

**Natursteinmauern können mit sehr grossen Blöcken gebaut werden, die mehrere hundert Kilogramm schwer sind. Entsprechend viel Bergdruck kann mit solchen Blöcken aufgefangen werden.**

**Feiner in ihrer Erscheinung, aber ebenfalls sehr stabil sind Verbauungen mit schweren, plattigen Steinen.**

Pflanzen bilden einen lockeren Blütenbestand, der dort, wo der Belag nicht befahren wird, in einen vielfältigen Trockenstandort übergeht. Entlang von breiteren Kieswegen, auf denen sich viel Wasser sammelt, bauen wir einen Strassengraben. Die Vegetation wird durch die starken Unterschiede im Wasser- und Nährstoffhaushalt sehr vielfältig.

Für festere (aber nur bedingt befahrbare) Wege verwenden wir Natursteinplatten: bruchrohe, gesägte, behauene, rechteckige oder wilde Formen. Je nach Gegend kommen Sandsteinplatten, Jurakalk und diverse Granite in Frage. Diese Beläge sind relativ teuer, aber sehr stimmungsvoll. Sie speichern die Sonnenwärme und geben sie am Abend wieder ab. In ihren breiten Fugen wachsen wärmeliebende, trockenresistente Pflanzen, Moose und Gräser. An schattigen Stellen wachsen zwischen den Fugen neben Moos auch Saum- und Waldunterwuchspflanzen. Granit ist sehr beständig; Sandsteine und Kalksteine setzen schnell Patina an, sie werden in ihren Formen weich, und grosse Moospolster siedeln sich an.

Mit Flusskiesel, Bollensteinen, Schroppen (Abfall aus den Steinbrüchen), Klinkersteinen und behauenen Natursteinen lassen sich verschiedenartige Pflästerungen gestalten. Verlegt werden sie (wie auch die Steinplatten) in 5 bis 8 Zentimeter Sand, eventuell in speziellen Pflästerersand. Die Pflästerungen sind alle sehr arbeitsintensiv in der Ausführung und daher teuer. Wer die Arbeit selbst ausführt, spart dabei viel Geld. Es braucht aber einiges Geschick, wenn man innert nützlicher Zeit eine ebene und gefällsrichtige Fläche erhalten will. Die Fugen werden nach dem Verlegen mit Sand (nie mit Mörtel) ausgefugt. Sie überziehen sich schnell mit einem Moospolster, welches ihnen die eigentliche Stabilität verleiht. An trockenen Stellen, die nicht vermoosen, finden Ameisenlöwe und Wegwespen ideale Brutbiotope. Selbstgebaute Pflästerungen sind manchmal etwas holperig, aber sehr angenehm – so angenehm, dass man ihre Wölbungen und Rundungen barfuss erleben muss.

## Schattenplätze

Kühle Plätze für heisse Tage erhält man mit einer Schicht Rindenhäcksel, Finnenbahnbelag, Holzschnitzel oder groben Sägespänen. Diese Belagsmaterialien nehmen viel Wasser auf, welches bei heissem Wetter wieder verdunstet. Die Verdunstung bewirkt eine spürbare Abkühlung an heissen Tagen. Wir bringen die Materialien entweder direkt auf die Magererde auf (Aushub von Humus nötig) oder sorgen bei lehmigen, dichten Böden für eine Drainage (Bollensteine oder grober Holzhäcksel). Wir können unsere Schattenplätze auch pflästern, und zwar mit gesägten Rund- und Kanthölzern oder auch mit gespaltenem Holz, welches in Stücke von zirka 10 Zentimetern Länge geschnitten wurde. Das Holz kann ohne Imprägnierung verwendet werden (Lärche, Erle, Harthölzer) oder mit giftfreien, biologischen Mitteln imprägniert werden (besonders Weichholzarten, Tanne, Fichte). Unser Schattenplatz ist ein idealer Standort für Farne, Moose, Waldmeister, Buschwindröschen usw.

# Planung von Mauern und Verbauungen

**A**uch steile Gartenanlagen lassen sich vielfältig gestalten, sofern wir das Gelände stufen, um so auf verschiedenen Ebenen leben zu können. Auf den einzelnen Stufen kann viel geschehen: Gemüsegärten können terrassiert werden, für die Kinder lassen sich Kletterstufen und geborgene Ecken für Puppenspiele bauen oder (für Eltern) schwer einnehmbare Festungen errichten, auf denen sich die Kleinen auch dann noch sicher fühlen, wenn sie gerade etwas sehr Ungehöriges angestellt haben. Umgeben von schützenden Steinmauern geniessen wir am Morgen die ersten Sonnenstrahlen. An Gartenfesten lassen sich die Gäste auf Steinblöcken und Sitzmauern nieder, welche auch spät am Abend noch die Wärme eines heissen Sommertages speichern. Irgendwo plätschert Wasser aus einer Quelle über die Steine, oder das Dachwasser ergiesst sich bei Gewittern in wilden Sturzbächen über grosse Steinblöcke hinweg in den Weiher.

Solche Abstufungen können zum zentralen Thema einer Gartengestaltung werden. Was oft als Nachteil beklagt wird, ist eher ein Vorteil: je weniger ebene Flächen ein Garten am Hang aufweist, desto interessanter und vielfältiger wird er - nicht nur für den Menschen, sondern auch für Insekten und Pflanzen.

Diese Gelegenheit zu verpassen und statt eines gestuften Geländes eine gerade Rasenfläche mit cotoneasterbewehrten Rundumböschungen zu erstellen - das wäre schade.

In vollkommen ebenem Gelände lassen sich durch künstliche Senken Weite und Spannungsreichtum erzeugen. Auch zu diesem Zweck können wir Mauern und Verbauungen als gestaltende Elemente verwenden. Bei der Wahl der Materialien und Bausysteme gehen wir gleich vor wie im Abschnitt über Wege und Plätze bereits beschrieben: Auch hier werden wir Natursteine bevorzugen und Betonelemente eher vermeiden. In gewissen Fällen brauchen wir aber Materialien, die vor allem aus der Sicht von Statik und Sicherheit ausgewählt werden. Manchmal werden wir dann doch nicht um Beton herumkommen. Sind wir unsicher, ob wir das richtige Material in der richtigen Dimensionierung gewählt haben, so lassen wir unser Vorhaben von einem Ingenieur prüfen oder übergeben die Arbeit am besten gleich einem Fachmann. Selbstverständlich wird dies Kosten hervorrufen. Aber tagelang schuften und nachher merken, dass das Werk nichts taugt - das ist auch nicht eben billig. Der Selbstbau von Mauern, Verbauungen und Plätzen hat seine Grenzen!

**Für den Bau einer Trockenmauer braucht man Spitzeisen, Meissel, Fäustel, Senkblei und für die Längsrichtung eine Spannschnur.**

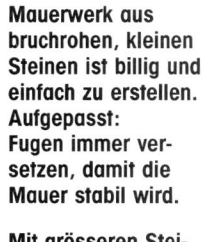

**Mauerwerk aus bruchrohen, kleinen Steinen ist billig und einfach zu erstellen. Aufgepasst: Fugen immer versetzen, damit die Mauer stabil wird.**

**Mit grösseren Steinen erhält man stützkräftigere Mauern. Hier sind die Steine bearbeitet. Solche Fugen bieten weniger Unterschlupf für Tiere und Pflanzen.**

# Bau von Trockenmauern und Blockverbauungen

**A**ls Heimwerker erstellen wir nur Mauern von höchstens 100 Zentimetern Höhe und nur, wenn sie keine wesentliche Stützfunktionen übernehmen müssen. Für die Arbeit denken wir an Arbeitsschutz (zum Beispiel Schuhe mit Stahlkappen, Augenschutz beim Behauen von Steinen); Steinarbeiten sind nicht ungefährlich. Überall dort aber, wo Trockenmauern nicht den extremen Anforderungen von Stützmauern genügen müssen und wo wir keine riesigen Steine verwenden, ist ihr Bau ein Vergnügen, an dem sich auch grössere Kinder mit Begeisterung beteiligen werden.

Trockenmauern sind Mauern, die ohne Mörtel gemauert werden: Wir brauchen weder Zement noch Maurerkelle, dafür aber Meissel und Fäustel und ein gutes, geschultes Auge. Als Mauersteine eignen sich Sandstein, Granit, Kalkstein und viele andere Steinarten. Am besten gelingt die Arbeit mit geschichteten Steinen (Sandstein, Schiefer): Im Steinbruch entstehen beim Abbau solcher Gesteine meist Blöcke mit parallelen und glatten Flächen. Schwieriger ist der Mauerbau, wenn keine plattigen Steine zur Verfügung stehen, sondern unregelmässige Blöcke.

Mauern brauchen ein Fundament, welches bei Frost verhindert, dass der Boden sich bewegen kann: Die Mauer würde dadurch unstabil. (Bei niedrigen Trockenmauern ohne Stützfunktion können wir allenfalls auf ein Fundament verzichten.) Wir heben zuerst einen Graben aus und bringen ein 30 bis 50 Zentimeter tiefes Fundament aus Kiessand (Wandkies) ein. Die Fundamenttiefe wird den Klimaverhältnissen angepasst; sie soll etwa so tief wie die zu erwartende Frosttiefe sein. Das Fundament ist etwas breiter als der Mauerfuss. Die Breite des Mauerfusses soll mindestens ein Drittel der späteren Mauerhöhe betragen.

Die Steine werden nun lagerhaft (d.h. nicht hochkant) aufeinandergeschichtet. Die senkrechten Fugen sollen nicht durchgehend, sondern versetzt verlaufen, wie man das von jedem Mauerwerk her kennt. Oft wird diese Regel übergangen, weil es sehr schwierig ist, bei ungleich dicken und grossen Steinen immer wieder einen Steinblock exakt über zwei andere zu legen, ohne dass das Ganze wackelt. Übung macht aber auch hier den Meister. Im untersten Teil der Mauer verwenden wir mit Vorteil die grösseren, schwereren Blöcke. Die waagrechten Fugen verlaufen entweder exakt horizontal oder aber bei geringer Neigung des Geländes auch parallel zu diesem (zum Beispiel als Stützmauer eines Weges mit Gefälle). Die Vorderseite der Mauer wird nicht senkrecht gemauert, sondern leicht schräg mit sogenanntem Anzug gegen hinten (zirka 15 Prozent). Während des Aufmauerns wird ständig mit Kiessand oder Schotter hinterfüllt. Trockenmauern brauchen keine spezielle Entwässerung: Das Wasser kann immer durch die Fugen entweichen. Bei sehr viel Hangwasser oder bei anderen Mauern wird der Mauerfuss aber mit einer Drainageleitung entwässert.

Wichtig: Mauer immer mit frostfreiem (steinigem oder kiesigem) Material, nie mit Humus

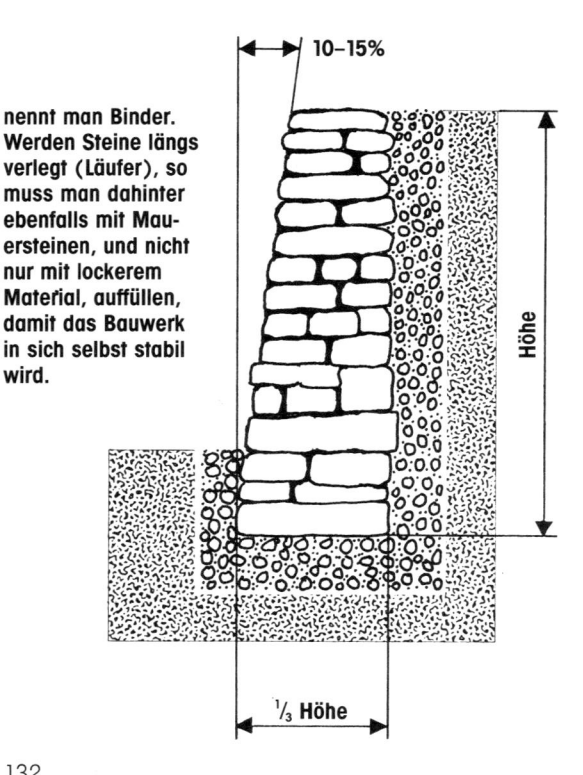

**Trockenmauern: Die Mauer steht auf einem Kies- oder Schotterfundament und ist mit diesen Materialien auch hinterfüllt (Fundamenttiefe 30 bis 50 cm). Die Breite des Mauerfusses entspricht einem Drittel der Mauerhöhe.
Der vordere Teil der Mauer ist nach hinten verjüngt: Sie hat 10 bis 15 Prozent Anzug.
Steine, die in der ganzen Breite (bis nach hinten) in der Mauer durchgehen, nennt man Binder. Werden Steine längs verlegt (Läufer), so muss man dahinter ebenfalls mit Mauersteinen, und nicht nur mit lockerem Material, auffüllen, damit das Bauwerk in sich selbst stabil wird.**

# WEGE, PLÄTZE, MAUERN

**Für den Treppenbau kommen bearbeitete Steine oder wildförmige Platten in Frage. Die Steine sollten aber nicht dicker als 20 cm sein, und die ganze Treppe soll nicht unterschiedlich dicke Stufen aufweisen. Es gibt selbstverständlich noch andere Möglichkeiten, Treppen zu bauen: mit Holz, mit Stellplatten aus Granit u.a.m.**

hinterfüllen. Humus vergrössert bei Frost sein Volumen, die Mauer kann sich dadurch nach und nach neigen und mit der Zeit auch einstürzen. Wenn die Steine nicht fest sitzen, werden sie mit Steinbearbeitungswerkzeug leicht behauen und eingepasst, oder aber wir verkeilen die Steine mit kleinen Steinsplittern. Nie die Fugen zwischen wackeligen Steinen mit Sand oder feinem Kies ausgleichen: Diese Materialien werden leicht ausgeschwemmt, und die Mauer wackelt später um so mehr. Am Schluss wird die Hinterfüllung gut mit Wasser eingeschlämmt, damit sich das Material verdichtet und die Setzungen klein bleiben.

Andere Möglichkeiten für Böschungssicherung und Terrassierung sind Holzpalisaden, Verbauungen mit Baumstämmen oder Drahtschotterkörben mit Weideneinlagen, allenfalls auch Betonelemente. Diese Abstützungen sind nur sehr bedingt für den Selbstbau geeignet. Bei Betonelementen (Löffelsteine usw.) verwenden wir für die Auffüllung vielfältige Erdmaterialien: nicht nur Humus, sondern auch Kies, Sand oder Aushub. Entsprechend bepflanzt, ergeben sich auch mit Betonelementen ansprechende und ökologisch vertretbare Stützmauern.

Nicht mehr im Selbstbau zu erstellen sind Blockwürfe oder Mauern und Verbauungen mit grossen Steinquadern, da nun das wichtigste Werkzeug die Baumaschine ist.

Auch hier gilt aber, dass die Steinblöcke so eingebaut werden, dass Trocken- und Pionierstandorte entstehen. Teure Steinblöcke in fetten Humus hineinzuplazieren ist weder bautechnisch noch ökologisch richtig und sinnvoll.

## Bepflanzung von Mauern

Geeignet sind die meisten der in den Tabellen am Schluss des Buches aufgeführten Pflanzen für Trockenstandorte und Mauern. Besonders für Mauern geeignet sind Zimbelkraut, Hauswurzarten oder Mauerraute und verwandte trockenverträgliche Farnarten. Für feuchte Mauern am Schatten eignen sich viele Pflanzen des Waldunterwuchses wie Erdbeere, Pfennigkraut, Farne, Seggen oder Binsen. Die meisten Pflanzen werden sich aber spontan einfinden. Besonders Moose und Flechten werden unser Bauwerk schnell besiedeln. Nach wenigen Jahren wird unsere Gartenanlage eingewachsen sein. Vegetationsfreie Stellen ergeben sich nur dort, wo wir uns sehr oft aufhalten oder wo der Regen nicht hinkommt (siehe Kapitel *Pioniere*).

WILDSTAUDEN

# Die Farben des Gärtners: Wildstauden und ihre Vermehrung

Worauf man beim Kauf von Wildstauden achten muss. Wie man Samen sammelt und daraus Setzlinge zieht. Wie man Stauden-Pflanzungen vorbereitet, ausführt und pflegt. Und weshalb dann trotzdem alles anders wächst als geplant.

Am frühen Morgen leuchten hier Wegwarte, Rainfarn und Beifuss in den ersten Lichtstrahlen. Der Rainfarn wird noch während mehreren Tagen weiterblühen. Die Wegwarte indes wird schon am Mittag verblüht sein und erst am folgenden Morgen wieder neue Blüten öffnen.

**Am späten Abend sind die Farben der Stauden sanfter:** im Bild Baldrian, Greiskraut und Weidenröschen. Später im Sommer beginnt dann der Wasserdost zu blühen. Die Pflanzung ist im zweiten Jahr, deshalb sind auch noch Pioniere wie die Karde und die Nachtkerze zu sehen. (Die Blüten der Nachtkerze öffnen sich erst eine Stunde später.)

**Weiss in Weiss:** Möhre und Steinklee. Auch auf Ruderalflächen kann man bewusst farbliche Schwerpunkte setzen. Wie die Fläche sich weiter entwickelt, wird eine Überraschung sein. Die Pflanzung ist ein Jahr alt.

# WILDSTAUDEN

Stauden (= Kräuter) sind das eigentliche Grundlagenmaterial des Gärtners. Ein Leben lang muss man den Umgang mit diesen Pflanzen lernen, und zur Meisterschaft wird man es trotzdem nur selten bringen: Zu vielfältig sind die Probleme, die auftauchen, wenn wir uns mit mehreren hundert verschiedenen Pflanzen, mit ihren Eigenschaften und Eigenheiten beschäftigen. Trotzdem: Nichts ist schöner als sich mit Stauden abzugeben, und es gibt kein stärkeres und persönlicheres Gestaltungsmittel für den Gärtner als eben diese – oft unscheinbaren – Kräuter. Die Verwendung von Wildstauden ist leider auch von versierten Gärtnern oft zu wenig berücksichtigt worden, und die Kenntnisse über ihre Ansprüche, Konkurrenzverhältnisse, über Kombinationsmöglichkeiten und Verwendungsarten als Schmuck, aber auch als Heilkräuter oder Wildgemüse sind sehr mangelhaft. Noch weniger wissen wir über ihre vielfältigen Beziehungen zur Umwelt: Welche Insekten leben von ihnen, bauen Nester in ihren Stengeln oder suchen dort ihren Nektar?

## Was sind Wildstauden?

Unter *Wildstauden* werden oft Stauden mit einer «wilden» Wuchsform zusammengefasst, mit denen sich «naturnahe» Effekte erzielen lassen. In unserem Sinn meinen wir jedoch Stauden, die in der Natur- und Kulturlandschaft einer bestimmten Gegend, einer Region einheimisch sind. Der Begriff *einheimisch* ist nicht genau definierbar: Wir sind uns bei seiner Verwendung bewusst, dass die Landschaft ein offenes System ist, in dem sich der Pflanzenbestand (auch ohne menschliche Beeinflussung) immer wieder verändert. Hier sind unter dem Begriff *einheimische Pflanzen* vereinfachend jene gemeint, die sich in unserer Natur- und Kulturlandschaft selbst (ohne gärtnerische Hilfe) fortpflanzen und vermehren können und auf bestimmten Standorten zu den konstant vorkommenden Arten gehören. Dazu zählen wir auch Einwanderer aus jüngerer Zeit.

In diesem Sinne wäre *einheimisch* eine wertfreie Bezeichnung. Das soll uns aber bei der Verwendung im Naturgarten nicht davon abhalten, auszuwählen, subjektiv zu werden und bei der Gartengestaltung gewisse Pflanzen nach persönlichen Kriterien zu bevorzugen. Wir werden vor allem auf den gestalterischen Wert, die Konkurrenzkraft und insbesondere auf die Beziehung der Pflanzen zu ihrer Umwelt achten (ökologischer Wert). Neueinwanderer, die sehr konkurrenzkräftig sind und als extreme Platzräuber auf ihrem Standort andere Pflanzen verdrängen und zudem von der Fauna nicht als Frasspflanzen angenommen werden, verwenden wir nicht (Beispiele: Drüsiges Springkraut, Kanadische Goldrute u.a.m.)

Auch Pflanzen, die zwar in nächster Nähe vorkommen, jedoch sehr selten sind und ausschliesslich auf speziellen, im Garten nicht nachvollziehbaren Standorten wachsen (zum Beispiel Hochmoor), werden kaum verwendet werden, es sei denn (mit entsprechender Pflege) in botanischen Gärten. Diese bewusste Auswahl von Pflanzen nach bestimmten subjektiven Kriterien macht noch einmal deutlich, dass unser Ziel nicht die sich selbst steuernde Natur ist, sondern ein Stück gebaute Umwelt, eben ein Garten.

## Beschaffung von Wildstauden

Wir achten darauf, dass wir wenn immer möglich Pflanzen aus der Region erhalten (in der Schweiz sollte man mindestens östliches und westliches Mittelland, Jura sowie Süd- und Nordalpen unterscheiden). Innerhalb dieser Gebiete beachten wir die Bodenbeschaffenheit (Pflanzen von Kalkböden nicht auf saure Silikatböden), das Lokalklima (Pflanzen von südexponierten Hängen nicht an nordexponierte), die Feuchtigkeit und das Nährstoffangebot. Wir verwenden vor allem jene Stauden, die innerhalb eines Standortes nicht allzu selten sind, sondern zu den typischen und häufigen Pflanzen des betreffenden Standortes gehören und allgemein verbreitet sind. Wir vermeiden jede Jagd auf Seltenheiten. Nur die allerwenigsten Naturgärten werden seltenen Pflanzen langfristig eine Überlebenschance bieten, es sei denn, die Pflanzungen werden intensiv gepflegt (Verwendung im Ziergarten und im naturnahen Blumengarten). Natürliche Standorte ausser Ruderal-, Pionier-, Segetal- und andere kurzlebige Standorte haben eine jahrhundertelange Entwicklung hinter sich, die wir im Naturgarten nicht nachvollziehen können. Oft sind seltene Pflanzen Relikte einer anderen Klimazeit: alpine Pflanzen als Eiszeitrelikte im Mittelland oder Steppenpflanzen als Relikte von Warmzeiten. Diese Pflanzen sind in ihrer Ausbreitung stark eingeschränkt und befinden sich meist am Rande ihrer Existenzmöglichkeiten. Wir stören solche Bestände nie!

Kaufen wir Pflanzen ein, so verlangen wir, dass der Gärtner uns ihre Herkunft nachweist. Gärtnerisch vermehrte Pflanzen sollen ihre Stammpflanzen in jener Region haben, in der sie verwendet werden. Sie sollen nicht von grundsätzlich anderen Florengebieten oder von anderen Böden, Höhenlagen usw. stammen. Also: keine Wildpflanzen aus Holland für die Schweiz, auch keine Wildstauden aus dem Wallis für das Mittelland. Wir verlangen Pflanzen, die nicht gärtnerisch verändert wurden, weder in ihrer Wuchshöhe noch in ihrer Blütenfarbe noch in ihrem Blütenaufbau. Also: keine Zuchtformen mit gefüllten Blüten und veränderten Farben wie zum Beispiel *Lamium galeobdolon* «Florentinum» oder *Lythrum salicaria* «Robert». Sind wir unsicher, ob ein Lieferant unverfälschte, heimische Ware (Pflanzen und Saatgut) liefert, verlangen wir eine schriftliche Garantie mit vollem Schadenersatz.

Die Nachfrage nach gärtnerisch vermehrten Wildstauden wird ständig steigen. Dies ist eine sinnvolle Entwicklung, denn es ist absolut undenkbar, dass jeder Naturgärtner seine Wildstauden in der Natur beschafft. Wenn aber solche Pflanzen gärtnerisch vermehrt werden, so müssen wir die erwähnten Qualitätsanforderungen stellen. Eine der wichtigsten Bedingungen ist zusätzlich, dass der Berufsgärtner seine Pflanzen für den Verkauf wirklich gärtnerisch vermehrt und sie nicht der Natur entnimmt. Mit allem Nachdruck: Wir unterlassen jedes Ausgraben, Verletzen oder sonstiges Schädigen der Wildpflanzen.

Als einzige Ausnahme von dieser Regel können gelten: sehr grosse Bestände der häufigsten Waldunterwuchspflanzen, sofern nur Stecklinge oder Ausläufer, aber nie Mutterpflanzen verwendet werden, und sehr grosse Bestände von Pflanzen aus in Ausbeutung begriffenen Kiesgruben. Wir verwenden keine Pflanzen aus stillgelegten und geschützten Kiesgruben, auch keine Pflanzen aus Wiesen, Feuchtgebieten usw. Es gehört zum Ehrenkodex der Naturgärtner, dass sie die Natur schonen. Leider finden sich immer wieder besonders aktive Naturburschen, die in ihrer Entwicklung auf der Stufe der Jäger und Sammler stehengeblieben sind und es nicht lassen können, auch seltenste Arten auszugraben und in ihren Naturgarten zu verpflanzen – nur um ihren Kollegen einen weiteren stolzen Erfolg vermelden zu können. Das Ansehen des Naturgärtners steigt aber nicht proportional zur Artenzahl pro Quadratmeter Gartenfläche!

# Vermehrung und Anzucht von Wildstauden

**B**lütenpflanzen vermehren sich in der Natur entweder geschlechtlich (generativ) durch Samen oder vegetativ (ungeschlechtlich) durch Ausläufer, Wurzelsprosse, Rhizome usw. Die Vermehrung der Sporenpflanzen (Farne, Schachtelhalme) berücksichtigen wir nicht; sie sind für Laien nur schwer gärtnerisch zu vermehren. Der Gärtner versucht, immer die einfachste, erfolgversprechendste Vermehrungsart einzusetzen. Ein- und zweijährige Pflanzen werden aus Samen angezogen, sie keimen leicht und bieten auch für den Laien keine Schwierigkeiten. Mehrjährige Stauden ziehen wir entweder aus Samen, oft aber durch vegetative Vermehrung an. Neben der natürlichen, vegetativen Vermehrung haben viele Pflanzen die Fähigkeit, auch aus abgeschnittenen Teilen wieder Wurzeln und Blätter zu treiben: Das ermöglicht uns zum Beispiel, Stecklinge zu schneiden.

# WILDSTAUDEN

## Anzucht aus Samen

Als Grundlage für unsere Vermehrungsarbeit werden wir zuerst in der näheren Umgebung Samen der gewünschten Pflanzen suchen: Im Frühjahr und Sommer suchen wir auf Wanderungen verschiedenste Standorte auf. Wir werden bald überrascht sein, wie viele Pflanzen wir finden, die wir seit Jahren vermissten. Unser Auge ist jetzt geschulter, und wir entdecken immer wieder neue, interessante Standorte. Mit dem Bestimmungsschlüssel versuchen wir, die Arten zu bestimmen, wir beobachten die Zusammensetzung der Lebensbereiche, ihren Boden, die Besonnung, entdecken Tiere oder Frassspuren und lernen, auf den Blütenbau zu achten. Wenn es uns auch leichtfällt, die Pflanzen im blühenden Zustand zu bestimmen und zu finden, so werden wir später Mühe haben, sie anhand des Samenstandes wiederzuerkennen. Wir merken uns deshalb auf jedem Spaziergang den genauen Fundort, tragen ihn in einer Karte ein und vermerken, wo die Pflanze steht. Wir können die Pflanzen auch mit einem Wollfaden markieren.

Schon im Mai/Juni werden die ersten Samen reif sein. Von jetzt an bis in den Herbst hinein sind wir ständig unterwegs. (Naturgärtner suchen Samen selbstverständlich zu Fuss und per Velo. Standorte, die so weit entfernt sind, dass sie nur mit dem Auto erreichbar sind, wären vielleicht so oder so nicht mehr den regionalen Bedingungen angepasst.) Zu unserer Ausrüstung gehören Büchsen (Filmbüchsen), Tüten und Schreibutensilien. Wer jetzt mit Erschrecken feststellt, dass er die Pflanzenart *nach* der Blütezeit nicht mehr wiedererkennt, sammelt halt nicht Einzelsamen, sondern Samenmischungen von jeweils einem Standort.

Wer Einzelsamen sammelt, beschriftet seine Funde sofort mit Pflanzenart, Fundort und Datum. Oft wird man vergebens zu einem Standort pilgern, weil der Samen noch nicht reif oder bereits in alle Winde zerstreut ist. Die Samenreife erkennen wir daran, dass sich der Samen oder die Frucht ohne Gewaltanwendung pflücken lässt. Wer keine Geduld hat und unreifen Samen sammelt, wird später bei der Anzucht auch keinen Erfolg haben: Losgelöst von der Pflanze können die meisten Samen

## Anzucht aus Samen

**Den Samen dünn und vorsichtig in ganz feine Erde säen, leicht überdecken.**

**Die Saat ist aufgegangen, die Pflanzen stehen jetzt zu dicht und müssen bald pikiert werden.**

**Pikieren heisst: Die Jungpflanzen werden in kleine Töpfe vereinzelt. Hier können sie wieder neue Wurzeln bilden.**

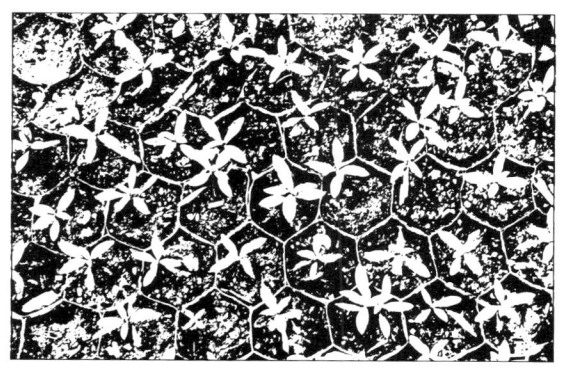

**Im Pikiergefäss verbleiben die Pflanzen, bis die Wurzeln das Gefäss ganz «besetzt» haben. Nach 6 bis 10 Wochen kommen die Jungpflanzen in einen grösseren Topf (ca. 10 cm). Wenn sie auch diesen durchwurzelt haben, sind sie zur Auspflanzung im Garten bereit.**

nicht nachreifen. Fleischige Samenstände können unter Umständen den Samen noch notreifen lassen, Wiesenblumen bringen ihre Samen auch nach dem Schnitt noch zum Reifen. Wir gehen aber dieses Risiko nicht ein und warten geduldig bis zur natürlichen Reife. Zu Hause werden die gesammelten Samen zum Trocknen in kleinen Schachteln offen aufbewahrt. Wir vermeiden so, dass unsere Samen grau werden.

Als Regel gilt, dass wir nur Samen von häufigen Arten sammeln, die in unserem Garten auch eine Überlebenschance haben. Seltene Arten sind oft auch sehr schwer zu vermehren (zum Beispiel Orchideen, Lilien). Wir plündern einen Standort nie, und wir sammeln nicht in geschützten Gebieten.

Noch ein paar Tips: Pflanzen mit Schleudermechanismus (Springkraut, Storchschnabelarten) oder Flughaaren (Korbblütler), aber auch Pflanzen, deren Samen nach und nach reifen, vor der Reife mit Gaze einbinden; Samen, der leicht ausfällt, in einen Teller oder ein Tuch abschütteln; harte, reife Samenkapseln eventuell zerdrücken oder ganze Kapseln sammeln (zum Beispiel Mohn); rispenartige Samenstände von unten her mit geschlossener Hand vorsichtig abstreifen (Salbei, Odermennig); Dolden, die den Samen leicht verlieren, entweder von unten her mit beiden Händen umfassen oder einen grossen Papiersack überstülpen.

### Samenreinigung

Im allgemeinen müssen wir unsere Samen nicht reinigen. Wenn aber sehr viele Flughaare vorhanden oder die Samen in einer harten Kapsel eingeschlossen sind, so dreschen und reinigen wir sie grob. Samen, die sich schlecht von ihren Flughaaren lösen (zum Beispiel von Weidenröschenarten), verreiben wir zwischen den Handflächen oder zupfen die Flughaare auseinander. Man kann sie auch durch ein Küchensieb reiben. Die Reinigung ist hier von Vorteil, damit wir bei der Aussaat die Menge dosieren können. Harte Samenstände von Mohn oder gewissen Schmetterlingsblütlern, aber auch Samenstände von Korbblütlern, bei denen der Samen im Blütenstand haftet, zerreiben wir mit einem Mörser und sieben sie dann ab. Einige besonders hartnäckige Samenstände (zum Beispiel Natternkopf oder Hauhechel) legen wir zwischen zwei Tücher und trampeln kräftig darauf herum, oder wir schlagen die ganzen Stengel auf den Boden.

### Samen lagern

Spät reifende Arten werden wir erst im nächsten Frühjahr aussäen. Wir lagern die Samen trocken und an einem kühlen Ort. Temperaturen unter dem Gefrierpunkt und Temperaturschwankungen sind nicht schädlich; sie erhöhen unter Umständen sogar die Keimfähigkeit (Frostkeimer). Bei der Lagerung achten wir vor allem auf den Schutz vor Hausmäusen!

### Aussaat

Ein- und zweijährige Pflanzen säen wir direkt auf den vorgesehenen Standort aus, breitwürfig oder in Reihe; eventuell muss man die Samen leicht einarbeiten. Wir können sie aber auch - wie alle anderen Stauden - anziehen und dann erst als erstarkte und gut bewurzelte Setzlinge auspflanzen. Immer dann, wenn wir nur wenige Samen besitzen, säen wir nicht direkt auf das Freiland, sondern in die Saatkiste: Es wäre schade, wenn die mit Liebe gesammelten Samen erfolglos im ganzen Garten ausgestreut würden. Für die Aussaat in Saatschalen richten wir uns eine ganze Anzahl geeigneter Gefässe; sie sollen etwa fünf bis zehn Zentimeter tief sein und keine Staunässe verursachen. Im Handel können solche Kunststoffschalen bezogen werden. Wir können sie aber auch selbst basteln: Dazu nehmen wir kleine Obstkisten, die es in jedem Obst- und Gemüseladen gibt. Ihren Boden legen wir mit dickerem Halbkarton, Wellkarton, Pergamentpapier oder einem Stück Plastik aus. (Damit keine Staunässe entsteht, muss die Unterlage gelocht sein.) Jetzt füllen wir unsere Kisten mit feiner, gesiebter und - sofern erhältlich - torffreier Aussaaterde. Wir können die Erde auch selbst mischen (3 Teile Gartenerde, 1 Teil Rindenkompost, 1 Teil Sand). Die gesiebte Erde wird mit einem Holzbrettchen flach verteilt und leicht angeklopft. Unsere Kistchen sind nun zur Aussaat bereit.

Wir säen im Frühjahr (Hauptaussaatzeit), im frühen Sommer bis etwa Mitte August (d.h. direkt nach der Samenernte) oder im späten Herbst/Winter (Samen, die überliegen, Frostkeimer). Die Saatgutmenge ist sehr gering. Grössere Samen stecken wir einzeln, feinere säen wir breitwürfig in die Kistchen. Nie zu dick säen: Wer es zu gut meint, erhält einen Filz von dicht ineinandergewachsenen Keimlingen, die

# WILDSTAUDEN

kaum noch zu pikieren sind. Wir denken daran, dass feine Samen (Glockenblumenarten, Waldgeissbart u.a.m.) pro Gramm über 10 000 Samenkörner enthalten – oft genügt also eine Prise pro Kiste vollends. Um genauer säen zu können, mischen wir solche feinen Samen mit Sand; wir erreichen damit eine gleichmässige Verteilung bei der Saat. Durch ein sehr feines Sieb geben wir nun so viel Deckerde über die Samen, bis diese gerade bedeckt sind. Wir giessen mit einer feinen Brause an und harren der Dinge, die da kommen. Wir stellen unsere Saatschalen am besten in einen Frühbeetkasten (nicht zu warm) oder in ein Treibhaus. Wir können sie jedoch auch auf dem Balkon oder auf der gedeckten Terrasse aufstellen.

Nach zwei bis fünf Wochen werden wir die ersten Keimblätter entdecken – die Aussaat ist gelungen. Manchmal regt sich aber wochenlang gar nichts. Wir warten geduldig, halten feucht und jäten die Kisten wenn nötig. Nach einigen Woche oder Monaten, vielleicht aber auch erst im nächsten Frühjahr wird die Saat mit etwas Glück doch noch aufgehen. Wir versuchen aber, die Saat auch zu einem anderen Zeitpunkt und mit anderen Bedingungen zu wiederholen, wenn die Keimung lange nicht erfolgt (deshalb nie den ganzen Samenvorrat auf einmal säen). Bei einer neuen Aussaat kontrollieren wir, ob der Samen nicht beschädigt ist (Tierfrass, unvollkommen entwickelt, erdrückt, verfault oder vergraut). Ist der Samen in Ordnung, versuchen wir die Keimung durch folgende Massnahmen zu beeinflussen:

- Sehr harte Samen mit glatter Oberfläche können wir zwischen zwei Schleifpapieren aufrauhen.
- Samen, die in der Natur vor der Keimung durch einen Vogelmagen gehen, geben wir für einen Tag in konzentrierten Essig oder in 0,2- bis 0,5prozentige Salzsäure. Der Verdauungsprozess wird so simuliert und die Samenschale aufgeweicht.
- Samen von kalkreichen Standorten rauhen wir mit Kalksand auf oder geben diesen auch der Aussaaterde bei.
- Bei Frostkeimern stellen wir die Samen in der Kiste kühl (eine bis mehrere Wochen unter –5 Grad Celsius). Frostkeimer werden danach keimfähig sein.

Dennoch werden wir nie alle Samen zur Keimung bringen; sie brauchen oft spezielle und noch nicht genau erforschte Bedingungen (der Klappertopf zum Beispiel braucht Gräser zum Keimen und Wachsen, da er ein Halbschmarotzer ist).

**Pikieren**

Nach einigen Wochen werden die Keimlinge die ersten Blätter getrieben haben. Der Platz in der Aussaatkiste wird eng, und die Pflanzen beginnen sich gegenseitig zu konkurrenzieren. Sie werden nun vereinzelt (pikiert). Sehr feine Keimlinge (zum Beispiel vom Tausendgüldenkraut) können wir auch verziehen, d.h., wir ziehen zu dicht stehende Pflanzen aus und geben so den verbleibenden mehr Raum. Später, wenn sie erstarkt sind, werden diese dann ebenfalls pikiert. Pikiert werden die Pflanzen in kleine Töpfe (mit einem Durchmesser von zirka zwei bis fünf Zentimetern), handelsübliche Aufzuchtplatten oder für kleine Mengen auch in Eierschachteln oder Einlagen aus Biskuit- und Pralinéverpackungen. Als Hilfswerkzeug dient uns ein flaches, zugespitztes Stück Holz, damit wir die feinen Pflanzen überhaupt setzen können.

**Pflege der Aussaaten und Keimlinge**

Gegen Pilzkrankheiten und zur Stärkung können wir Schachtelhalmtee und Brennesseltee bzw. Kräuterjauchen giessen. (Die Herstellung von Tee und Jauche ist in jedem Buch zum biologischen Garten- und Landbau beschrieben, siehe Literaturverzeichnis.) Oder man gibt dem Giesswasser ein handelsübliches, biologisches Mittel zur Pilzvorbeugung bei.

Wachsen unsere Pflanzen schlecht, so überprüfen wir zuerst den pH-Wert und den Nährstoffgehalt unserer Aussaaterde. (pH-Kontrollstreifen aus Apotheken oder Drogerien: Erde in Wasser aufrühren, Streifen in dieses Gemisch tauchen, die Farbe des Papierstreifens zeigt den pH-Wert.) Wenn wir einen pH-Wert von tiefer als 7 bekommen, unsere Pflanzen aber von Kalkböden stammen (Reaktionszahl nach Ellenberg 8 bis 9), so geben wir einige Handvoll Algenkalk zu. Haben wir indessen einen pH-Wert von über 7, dazu aber Pflanzen, die saure Böden bevorzugen (Reaktionszahl nach Ellenberg 5 und tiefer), so geben wir silikatreiches Urgesteinsmehl zu. Eventuell sind unsere Keimlinge aber auch schwach, weil ihnen gewisse Spurenelemente fehlen. In diesem Fall giessen wir mit Kompost-, Algen- und Heilkräuterauszügen. Ein zu stark gedüngtes oder mit zu frischem Kompost angereichertes Substrat hat ebenfalls schlechtes Wachstum zur Folge. Gelbe, schlecht wachsende, verpilzte oder bereits zerfressene Keimlinge sollte man schnell pikieren und reichlich mit Spurenelementen und Kräuterauszügen versorgen.

### Topfen

Der nächste Arbeitsschritt in der Setzlingsaufzucht ist das Topfen. Unsere pikierten Sämlinge werden nach einigen Wochen soweit gewachsen sein, dass sie den ihnen zur Verfügung stehenden Wurzelraum voll ausfüllen: Durch das Umtopfen erhalten unsere Pflanzen wieder genügend Platz, um Wurzeln zu bilden. Wir führen diese Arbeiten nie zu spät durch, damit unsere Pflanzen immer gute Wachstumsbedingungen vorfinden. Als Topferde verwenden wir ein Gemisch, das sich folgendermassen zusammensetzt: 10 Teile lockere Gartenerde, 2 bis 5 Teile Rindenkompost, eventuell 1 Teil reifer Kompost und – wenn die Mischung dann noch sehr lehmig sein sollte – 1 Teil Sand. Bei Nährstoffarmut geben wir zusätzlich noch etwas organischen Vorratsdünger (Hornmehl, Blutmehl) bei. Als Töpfe eignen sich Plastiktöpfe, Tontöpfe, Trinkbecher, Joghurtbecher, aufgeschnittene Tetrapackungen usw. (letztere am Boden lochen). Wir setzen die Pflanzen so, dass die Wurzeln nicht frei sind, die Pflanzen aber auch nicht eingegraben werden. Wir füllen den ganzen Topf bis obenhin auf und pressen gut an. Später wird die Erde etwas zusammensinken, so dass wir einen genügend grossen Giessrand erhalten. Die Töpfe stellen wir auf ein Gartenbeet, eventuell eingesenkt. Wir giessen sie regelmässig und düngen mit Jauchen von Brennesseln, Hühnermist, Kompostauszügen usw.

### Kranke Pflanzen, langsames Wachstum

Haben wir (auch für Pflanzen der mageren Standorte) genügend gute Erde mit ausreichenden Düngervorräten gemischt? Der Wurzelraum im Topf ist extrem beschränkt; Pflanzen von mageren Standorten mit ihrem oft tiefen Wurzelsystem sind deswegen auch hier auf eine optimale Versorgung mit Wasser und Nährstoffen angewiesen: Man muss also alle Pflanzen nicht in das standortgerechte, sondern in das gärtnerisch optimale Substrat setzen. (Das gärtnerisch optimale Substrat weicht oft, aber nicht immer von jenen Bedingungen ab, bei denen die Pflanze unter Konkurrenz ihren Lebensraum findet.) Wir kontrollieren – wie bereits besprochen – auch den pH-Wert und führen die oben beschriebenen Massnahmen durch. Ein falscher pH-Wert verhindert oft, dass die Pflanze Spurenelemente aufnehmen kann; es treten dann Mangelerkrankungen auf. Wir kontrollieren auch, ob unser Substrat nicht zu nährstoffreich oder zu nährstoffarm ist und versuchen, mit Kompostauszügen oder Steinmehlen Spurenelemente einzubringen.

Bei zu starker Düngung, frischem Mist, Kunstdünger usw. erhalten wir krankheitsanfällige und schwache Pflanzen, die sich später nur schwer an den neuen Standort gewöhnen können. Wir achten darauf, dass die Pflanzen zwar regelmässig, aber nur mässig bewässert werden, damit sie an den Wurzeln nicht faulen und möglichst bald viel Wurzelmasse ausbilden.

Was wir später als unser eigentliches Ziel betrachten, dass nämlich die Wildstauden gefressen oder von Pilzen befallen werden und damit die Nahrungsnetze und Konkurrenzverhältnisse zu spielen beginnen, ist bei der Aufzucht oft ärgerlich. Wenn unsere kleinen Pflanzen bereits im Topf von Raupen, Schnecken und Pilzen dezimiert werden, müssen wir hin und wieder eingreifen: Wir tun dies ausschliesslich mit biologischen Mitteln, nach dem Grundsatz *Vorbeugen ist besser als Heilen*. Wer zu faul ist, die ersten Schnecken abzulesen, wird später nur Stumpf und Stiel vorfinden. Raupen lesen wir (leider) ab, sobald sie den Bestand zu bedrohen beginnen. Gegen andere Krankheiten (Pilzbefall usw.) giessen wir bei anfälligen Pflanzen vorbeugend die erwähnten biologischen Mittel. Am endgültigen Standort im Naturgarten verwenden wir strikte keine solchen Hilfsmittel mehr. Wir geniessen es, dass unsere Pflanzen als Nahrungsgrundlage dienen, und beobachten mit Interesse – und ohne Schädlings/Nützlings-Denken – die vielfältigen Verknüpfungen der Natur. Von Anfang an rechnen wir damit, dass einige Arten langfristig nicht überleben werden.

# WILDSTAUDEN

## Andere Vermehrungsarten

Sicher ist die Anzucht aus Samen die nächstliegende Art, Pflanzen zu vermehren. Dennoch nutzt der Gärtner in vielen Fällen eher die Fähigkeit vieler Pflanzen, sich ungeschlechtlich zu vermehren: Die vegetative Vermehrung hat für die professionelle Pflanzenproduktion viele Vorteile, und sie wird auch für den Laien in vielen Fällen die erfolgversprechende Methode sein. Die mühsame Feinarbeit des Pikierens, Keimlingskrankheiten und die lange Keimzeit entfallen hier. Der Gärtner enthält schnell grosse und kräftige Pflanzen. Das Erbgut ist immer gleichbleibend, es besteht also keine Gefahr, dass sich Pflanzen mit anderen Rassen oder Arten bastardisieren. Bei der Vermehrung mit Samen hingegen kann es passieren, dass die Pflanzen sich in ihren Eigenschaften spontan verändern (mutieren) und wir nun beispielsweise gefüllte oder andersfarbige Blüten erhalten.

Welche Form der Vermehrung bei einer Pflanze am meisten Erfolg verspricht, lässt sich nicht immer voraussagen. Oft können wir aber an der Wuchsform oder an Beobachtungen über die Vermehrung in der Natur Rückschlüsse auf die günstigste Vermehrungsart ziehen. Neben anderen (zum Teil komplizierten) Vermehrungsarten können wir die folgenden unterscheiden: die Stecklingsvermehrung, die Teilung, die Vermehrung mit Ausläufern sowie die Vermehrung aus Zwiebeln, Knollen, Wurzeln und Rhizomen.

### Stecklingsvermehrung von Wildstauden

Bei der Stecklingsvermehrung werden kleine, oberirdische Triebteile abgeschnitten und zur Wurzelbildung angeregt. Dies ist eine einfache und im Erwerbsgartenbau oft angewandte Vermehrungsart.

Stecklinge von Kräutern schneiden wir im Frühjahr und Sommer vor oder nach der Blütenbildung. Meist schneiden wir nur die Triebspitzen mit den obersten drei Blattansätzen. Der Steckling sollte nicht zu weich sein (welkt schnell), aber auch nicht zu hart (beinahe verholzt bildet er kaum mehr Wurzeln). Die unter-

## Vegetative Vermehrung

**Triebspitzen mit drei Blattansätzen für die Stecklingsvermehrung: das unterste Blattpaar entfernen und die Stecklinge bis zum zweiten Blattpaar in lockere Erde stecken.**

**Ein kräftiger Stock (links), der während längerer Zeit am gleichen Ort im Garten stand, kann in Tochterpflanzen geteilt werden.**

**An Rhizomen (unterirdische Stengel) findet man Knospen. Teilt man das Rhizom, so werden aus diesen Augen neue Triebe spriessen.**

**Wurzeln können in Stücke von 1 bis 2 cm Länge geschnitten werden. Rechts sieht man, wie ein solches Wurzelstück Triebe und neue Wurzeln ausgebildet hat.**

**Nicht immer sind Stauden an ihren angestammten Lebensraum gebunden. Diese Schneeglöckchen sind aus ihrem Beet «ausgebrochen» und überziehen jedes Jahr die Gartenwege mit einem weissen Blütenflor.**

**Diese Staudenfläche wird nicht im üblichen Sinn des Wortes «gepflegt»: Sie soll nicht einem vorgefassten Bild, nicht einem gärtnerischen Thema gemäss blühen, sondern der zufälligen Nutzung und Benutzung des Gartens entsprechen. Ändert sich diese (etwa, wenn der Weg nicht mehr begangen wird), so wird sich auch das Erscheinungsbild der Pflanzung wandeln.**

sten Blätter, eventuell auch die Spitzen der übrigen Blätter werden entfernt (Verminderung der Verdunstung), dann werden die Stecklinge tief in lockeres Substrat gesteckt (mindestens ein Blattaugenpaar sollte von Erde bedeckt sein). Wir schützen unsere Stecklinge mit Plastikfolie oder Glasscheiben vor dem Austrocknen und halten sehr gut feucht (hohe Luftfeuchtigkeit!). Beispiele für Stecklingsvermehrung: Dost, Blutweiderich, Hopfen u.v.a.m.

### Die Teilung

Das Teilen von breitgewachsenen Horsten und Stöcken in verschiedene neue Teilpflanzen ist eine Methode, die jedem Gartenbesitzer bekannt ist. Brauchen wir nur wenige Pflanzen zur Verbreitung im Naturgarten, so genügt es, wenn wir im Spätherbst die vorhandenen Stöcke ausgraben, teilen und gleich wieder an anderen Orten setzen. Brauchen wir mehr Jungpflanzen, so pflanzen wir die Stammpflanze in ein Gartenbeet und pflegen sie dort sorgfältig (gute Nährstoffversorgung, jäten). Bei breitwüchsigen, horstbildenden Pflanzen können wir die Bildung von teilbaren Blattrosetten und Wurzelstöcken fördern, indem wir die Pflanzen ständig zurückschneiden (z.B. Wiesenblumen, Gräser, aber auch viele andere). Die Stammpflanzen werden im Herbst/Winter ausgegraben und dann geteilt. Wir achten darauf, dass die abgetrennten Teile auch Wurzeln besitzen (nicht kleinlich teilen). Oft brauchen wir zum Teilen Messer, Baumschere oder gar das Handbeil (Gertel). Die Tochterpflanzen werden sofort getopft und im Freiland an geschützter Stelle überwintert. Zum Teilen sind geeignet: Gräser, Margeriten, Storchschnabelarten u.v.a.m.

### Vermehrung mit Ausläufern

Besonders einfach lassen sich all jene Pflanzen vermehren, die mit unter- oder oberirdischen Ausläufern ausgestattet sind. Man denke an Erdbeeren oder an den Giersch, das Schmalblättrige Weidenröschen, den Waldmeister und viele andere. Diese Pflanzen gehören zu den Kräutern, die oft grosse Bestände bilden und sich im Freien rasch ausbreiten. Wir trennen die Tochterpflanze einfach ab, sobald sie genügend Wurzeln gebildet hat. Beispiele oberirdisch: Günsel, Walderdbeere, Gundelrebe, Zimbelkraut u.a.m.; unterirdisch: Giersch, Buschwindröschen.

### Vermehrung aus Rhizomen, Wurzeln, Knollen und Zwiebeln

Viele Pflanzen bilden unterirdische Organe aus, die Nährstoffe speichern und der vegetativen Vermehrung dienen. Wir schneiden solche Wurzeln (z.B. Pfahlwurzel der Wallwurz) in Stücke und topfen sie, oder wir teilen Rhizome (Salomonssiegel, Rohrkolben). Knollen und Zwiebeln bilden oft Nebenknollen und Brutzwiebeln, oder die Zwiebeln lassen sich in einzelne Schuppen teilen: Aus jeder Brutknolle und jedem Schuppen lassen sich neue Pflanzen anziehen (Lilien, Milchstern, Scharbockskraut, Hohler Lerchensporn u.v.a.m.). Geschützte Pflanzen **nie** in der Natur ausgraben!

# Pflanzung der Wildstauden im Garten

**W**ildstauden verwenden wir für den Naturgarten wie auch für den naturnahen Ziergarten. Während wir aber im Naturgarten besonders auf die standortgerechte Verwendung, also auf den gesamten Aufbau eines entsprechenden Biotopes achten, steht die Wildstaude im naturnahen Ziergarten auf durchschnittlichem Gartenboden. Bei beiden Formen einer Wildstaudenpflanzung achten wir aber speziell auf den Aufbau der Pflanzung: Wir bestimmen die vorherrschenden Leitstauden sowie die Begleit- und Unterwuchsstauden und achten darauf, dass die Pflanzung strukturiert ist und nicht ohne Konzept aufgebaut wird. Wir berücksichtigen auch die örtlichen Verhältnisse (Lebensraum, Klima, Lage usw.), die Konkurrenzkraft der gewählten Pflanzen, ihre Blütenfarbe, die Blütezeit und andere gärtnerische Aspekte. Ein reines Durcheinanderpflanzen ergibt nie befriedigende Resultate, und die schwachen Stauden würden schnell von starkwüchsigen

# WILDSTAUDEN

verdrängt. Zudem widerspricht eine unstrukturierte Pflanzung den der Natur eigenen Gesetzen, nach denen sich eine natürliche Pflanzengemeinschaft aufbaut. Auch in der Natur finden wir selten ein «Chrüsimüsi», sondern immer Bereiche, in denen gewisse Pflanzen vorherrschend sind, ein Thema angeben und andere nur spärlich vorhanden sind.

Bereits bei der Planung einer Pflanzung - vor der Pflanzarbeit also - machen wir uns Gedanken über die Strukturierung des Geländes, die Modellierung, den Bau der einzelnen Standorte: Die Gehölze, Wege, Mauern, Plätze und anderen Bauten bilden das grobe Gerüst, den äusseren Rahmen des Gartens. Mit kleineren Gehölzen, Farnen, Gräsern und kleinen baulichen Elementen geben wir der Staudenpflanzung und dem Garten die innere Gliederung.

## Aufbau der Pflanzung

Nach dem Rohbau der Gartenanlage werden wir bei den Pflanzarbeiten dieses innere Gerüst zuerst auf dem Pflanzplan entwerfen. Mit diesem Gerüst zeichnen wir auf unserer leeren Leinwand die Grundformen und Ideen unseres Gartens: Verglichen mit der Arbeit des Malers wäre die eigentliche Staudenpflanzung das Ausführen eines Gemäldes. Die Stauden sind für den Gärtner dasselbe wie für den Maler die Farbe. Der Umgang mit den Stauden macht das Gärtnern erst richtig spannend, hier können die ganze Kreativität, die Pflanzenkenntnisse und die Sorgfalt des Gärtners so richtig zur Geltung kommen: Unendlich vielfältig sind die Kombinationsmöglichkeiten, die den Garten zu einem ganz persönlichen Werk werden lassen.

Wir geben zuerst unterschiedlichen Teilen der Pflanzfläche unterschiedliche Themen (Farben, Frühjahrsblüher, Wiesenblumenrabatte, Sumpf-, Schattenpflanzen usw.). Innerhalb eines Themas suchen wir nach Pflanzen, die dieses Thema deutlich spürbar machen und besonders charakteristisch sind. Diese Pflanzen sollten auffällig sein, nicht wuchern, lange blühen, einen starken Wuchs zeigen und für die solitäre Verwendung geeignet sein. Wir nennen solche Pflanzen *Leitstauden*. Was der Gärtner mit diesem Aufbau bezweckt, ist - das soll noch einmal deutlich gesagt sein - nicht etwas völlig Naturfernes, sondern etwas, was er aus der Natur gelernt hat. An den meisten natürlichen Standorten finden wir nämlich gewisse Pflanzen, die als Leitstauden ein Thema angeben. Wiesen mit Wiesensalbei und Margeriten zum Beispiel werden plötzlich unterbrochen von Rinderauge und Akelei, dann wird an gewissen Stellen das Immenblatt zum Thema und bildet zusammen mit dem Nickenden Leimkraut die Leitstaude. An einer anderen Stelle gibt die Waldengelwurz den Ton an, oder wir finden Baldrian und Spierstaude, die das Thema *Weiss* und *Feuchtstauden* betonen, begleitet von einem Sumpfstorchschnabel-Teppich. Der Sumpfstorchschnabel, der niedriger, breiter und flächiger wächst, wäre in diesem Fall die sogenannte Begleitstaude, die in gleicher Weise wie die Musikbegleitung das Gesangssolo unterstützt, die Schönheit der Leitstauden unterstreicht, sich dem Thema entgegensetzt oder es in abgewandelter Form wieder aufnimmt. Die Begleitstaude verwenden wir also flächig in vielfachen Variationen, die Leitstauden hingegen setzen einzelne Akzente.

In der Natur findet sich in diesen Pflanzengemeinschaften jeweils auch eine Unterschicht von flächig wachsenden Pflanzen - sogenannte Flächendecker. Sie blühen meist einfach, sind mit wenig Licht zufrieden und wachsen sehr in die Breite. Ein solcher Aufbau einer Pflanzengemeinschaft ist beispielsweise in einer natürlichen Wiese genau ersichtlich: Oberschicht mit besonders auffälligen Pflanzen, Mittelschicht mit Kleearten und Gräsern, unterste Schicht mit Moos, Günsel und Gundelrebe. Auch an anderen Standorten finden wir diesen schichtweisen Aufbau; er scheint ein logisches Prinzip zur optimalen Ausnutzung eines Standortes zu sein. Auch die Gerüste einer Pflanzung finden wir in der Natur: Gräser, Farnkraut, Sträucher und Bäume bilden einzelne Flächen und Punkte, die eine klare Strukturierung hervorheben: Salweide in Kiesgruben, Erle, Birke oder Faulbaum auf Riedwiesen, Föhren und Schwarzdorn auf Magerwiesen.

Sigmarswurz (Rosenmalve) und Brennessel sind die Leitstauden dieser sonnenüberfluteten Ruderalfläche. Der Sitzplatz wird so von hohen Stauden im Sommer völlig eingefasst. Die Gartenecke vermittelt Geborgenheit, ist aber durch den Wechsel von Licht und Schatten doch spannungsvoll.

«Architektenabfall» könnte man die kleinen und kleinsten Flächen nennen, die nach dem Bau übrigbleiben, mit denen niemand etwas anzufangen weiss. Aber auch hier, vor allem in der Umgebung von öffentlichen Bauten, gibt es Platz für Wildstaudenpflanzungen. Sie müssen nicht «schön», nicht durchgestaltet sein – ein paar eklig stachelige Karden genügen.

Staudenflächen können auch vorwiegend Gräser enthalten: Nicht immer muss der Garten so farbig sein wie der Karneval von Rio. Grüntöne in allen Variationen laden hier zum Verweilen, Sinnieren oder Schlafen ein.

# WILDSTAUDEN

Besonders deutlich wird dieses Prinzip eines natürlichen Aufbaus der Vegetation auf manchen Alpmatten. Der Anblick von Latschen, Lärchen, Steinen und eines nach Farben und Formen reich thematisierten Staudenwuchses verleitet den Bergwanderer oft zum erstaunten Ausruf «Wie in einem Garten!» Dabei ist es genau umgekehrt: Eine künstliche Staudenrabatte wirkt erst dann strukturiert und harmonisch, wenn es dem Gärtner gelingt, die Gestaltungsprinzipien der Natur deutlich sichtbar zu machen, wenn er also nach dem Vorbild der Natur pflanzt.

Oft lohnt es sich, den Aufbau einer Pflanzung auf dem Papier zu entwerfen. Entsprechende Tabellen mit Farben, Leitstauden, Begleitstauden und Flächendeckern finden sich in den einzelnen Kapiteln über die verschiedenen Standorte im Naturgarten. Mit diesen Kombinationstabellen lassen sich, wenn man zusätzlich noch den genauen Standort abklärt (siehe Tabelle am Schluss des Buches), leicht effektvolle und ökologisch wertvolle Staudenpflanzungen verwirklichen. Trotzdem wird man nicht bereits von Anfang an ein perfekter Wildstaudengärtner sein. Besonders empfehlenswert ist es, vor den Pflanzarbeiten immer wieder in der Natur entsprechende Standorte anzuschauen und sich Gedanken über ihren Aufbau zu machen. Wenn man die Pflanzung auf dem Plan entwerfen will, so wählt man einen Massstab von 1:50 oder 1:20. Noch besser ist es aber, wenn man die Pflanzung direkt im Gelände strukturiert. Wir legen dazu zuerst die Gerüstpflanzen aus, dann die Leitstauden, nachher füllen wir mit Begleitstauden, und zuletzt verteilen wir noch die bodendeckenden Stauden. Dieses Gestalten vor Ort ist sehr arbeitsaufwendig. Man lasse sich aber nicht hetzen und nehme sich Zeit, die Pflanzung immer wieder zu kontrollieren und sich vorzustellen, wie sie sich in zwei Jahren präsentieren wird: Stimmen die Kombinationen in bezug auf Farbe, Konkurrenzkraft, Blütezeit, Höhe? Haben wir den Standort richtig eingeschätzt? Erreichen wir unsere Gestaltungsziele?

## Pflege der Staudenpflanzung

Wer einmal nach einem bestimmten Pflanzschema und mit einem entsprechenden Gestaltungsziel eine Wildstaudenpflanzung ausgeführt hat, könnte leicht in Versuchung geraten, diese für alle Zeiten genau so erhalten zu wollen. Im konventionellen Garten wäre dies auch das richtige gärtnerische Vorgehen – im Naturgarten indessen wird man auf die eigenständige Entwicklung eines Standortes eingehen. Das heisst nicht, dass man die erwähnten Gestaltungsprinzipien (themenbildende Leitstauden, Begleitstauden usw.) nicht mehr anwenden soll. Im Gegenteil: Man muss sie jedes Jahr von neuem anwenden.

Pflanzen, die im ersten Jahr dominierten, werden im nächsten vielleicht verschwunden sein – andere hingegen werden neu zuwandern. Der Naturgärtner wird steuernd eingreifen. Er beurteilt im Herbst und im Frühjahr, wie sich die Pflanzung im kommenden Sommer wohl präsentieren wird und wie er diese eigenständige Entwicklung durch gezieltes Ausjäten oder Nachpflanzen fördern und unterstützen könnte.

Oft hat man Hemmungen, Pflanzen zu jäten; man fragt sich, ob man nicht bereits zu konventionell pflegt und denkt. Hier hilft nur die Bereitschaft, seine Handlungen ständig zu hinterfragen und dazuzulernen. Nur wenige Standorte im Naturgarten werden sich (wie etwa der Waldunterwuchs) so entwickeln, dass sie eine konstante Artenzusammensetzung haben und daher kaum mehr Pflege brauchen. Bei Pionierflächen (Schlag, Ruderalflächen usw.) wird die Artenzusammensetzung jedes Jahr ändern, man wird beinahe jedes Jahr ein anderes Thema, andere Leitstauden feststellen.

Selbstverständlich können wir diese Entwicklung auch ohne Eingreifen einfach ablaufen lassen. Wer will, wird aber hier ein weites Betätigungsfeld finden und im Einklang mit der Natur dem Garten jedes Jahr ein anderes Gesicht geben. Der Garten ist dann nicht unveränderlich, nicht für alle Zeiten geplant und konserviert, sondern er wird zu einem ständigen Ort der Veränderungen. Jedes Jahr ein anderer Garten – jedes Jahr neue Erfahrungen und Überraschungen: Der Garten wird zum Prozess, die Gartengestaltung zu einem Lebenswerk, welches nie fertig sein darf.

Manchmal sollte man versuchen, auch die verhaltenen Schönheiten des Naturgartens, der Wildstauden wahrzunehmen. Betrachtet man den Garten durch die halb geschlossenen Augenlider, fliessen Farben und Farbschattierungen ineinander. Was so entsteht, ist ein inneres Bild unseres Gartens – und das ist mehr als die blosse Realität. Vergleichbar vielleicht mit den Bildern von Monet: nicht klar, nicht naturalistisch, aber dennoch deutlich und unverkennbar.

Wildstauden bereiten nicht nur draussen im Garten Freude. Auch sonst kann man sie vielseitig verwenden – sei es für Sträusse, als Wildgemüse oder Heilkräuter, zum Basteln, für Trockengestecke oder als Färbepflanzen. Einige dieser Verwendungsmöglichkeiten sind (neben den Standortansprüchen) in der folgenden Tabelle aufgeführt.

# TABELLE

# Wildstauden und ihre Eigenschaften

Die nachfolgende Tabelle gibt auf 14 Seiten einen (unvollständigen) Überblick über einige Wildstauden (ohne Gehölze), die im Garten Verwendung finden könnten.

Wer eine Pflanzung vornehmen will, verwendet die Tabelle so, dass er innerhalb des gewählten Standortes (zum Beispiel *Wege, Gewässer, Wiesen* oder *Waldrand*) Pflanzen heraussucht (ein x bedeutet: Pflanze kann auf diesem Standort vorkommen). Genauere Information über die Ansprüche und Eigenschaften der Pflanzen erhält man dann aus den Zeigerwerten sowie den Rubriken *Merkmale* und *Bemerkungen*. Zusätzlich benützt man auch die Kombinationstabellen, die am Schluss der Kapitel *Unterwuchs, Wiesen, Pioniere* und *Wasser* angeführt sind.

Die Tabelle ist alphabetisch nach den wissenschaftlichen Namen geordnet. Wer diese nicht kennt, benützt Bestimmungsschlüssel über Wildpflanzen; dort sind entsprechende Register vorhanden. Die wissenschaftlichen Namen in dieser Tabelle halten sich, mit ganz wenigen Ausnahmen, an die Namengebung im Buch von Ellenberg H.: «Vegetation Mitteleuropas...» und an die Betonungsregeln aus «Zander, Handwörterbuch der Pflanzennamen».

## Zeigerwerte

Die Zeigerwerte geben nicht jenen Standort an, an dem eine Pflanze am optimalsten wächst, sondern sie zeigen jenen Standort an, an dem die Pflanze unter den herrschenden Konkurrenzverhältnissen natürlicherweise überleben kann. Die Zeigerwerte entstammen dem Buch von Ellenberg H.: «Vegetation Mitteleuropas...».

*Lichtzahl:* Licht ist einer der wichtigsten Standortfaktoren. Von 1 bis 9 nimmt die relative Beleuchtungsstärke zu:
1 Tiefschattenpflanze
3 Tief- bis Halbschattenpflanze
5 Halbschattenpflanze, selten im vollen Licht
7 Halblichtpflanze
8 Lichtpflanze
9 Vollichtpflanze, nur auf vollbestrahlten Plätzen vorkommend.

*Feuchtezahl:* Sie gibt das Vorkommen nach der Bodenfeuchtigkeit an:
1 Pflanzen, die auf oftmals austrocknende Stellen beschränkt sind
3 Trockenzeiger
5 Frische-, aber nicht Nässezeiger
7 Feuchtezeiger, aber nicht auf nassen Böden
9 Nässezeiger
10 Pflanze gedeiht auf zeitweise überschwemmten Böden
11 Wasserpflanzen und Schwimmpflanzen
12 Unterwasserpflanzen

*Reaktionszahl:* Sie gibt an, ob eine Pflanze auf eher basischen (kalkreichen) oder sauren (torfigen, silikatreichen) Böden vorkommt:
1 Starksäurezeiger
3 Säurezeiger, aber auch im neutralen Bereich
5 Mässigsäurezeiger
7 Schwachsäure- bis Schwachbasenzeiger
9 Pflanze stets auf kalkreichen (basischen) Böden vorkommend.

*Stickstoffzahl:* Sie gibt das Vorkommen der Pflanzen in bezug auf das Nährstoffangebot an:
1 Pflanze auf stickstoffärmsten Standorten
3 Pflanze auf stickstoffarmen Böden
5 Pflanze auf mässig stickstoffreichen Standorten
8 Ausgesprochene Stickstoffzeiger
9 Pflanze auf überdüngten Böden.

## Merkmale

Farbe, Wuchshöhe und Blütezeit sind neben der Lebensdauer wichtige Angaben, um eine Pflanzung auf einen bestimmten Gartenteil abzustimmen. Bei der Lebensdauer bedeuten:
☉ = einjährige Pflanze
☉ = zweijährige Pflanze
♃ = mehrjährige Pflanze

## Bemerkungen

*Heilpflanzen:* Sie können aufgrund ihrer Inhaltsstoffe Krankheiten und Verletzungen heilen oder vorbeugende Wirkung haben. Über ihre Wirksamkeit und Verwendung geben viele Heilpflanzen- und Kräuterbücher genauere Angaben (siehe Literaturverzeichnis).

*Giftpflanzen:* Unter Giftpflanzen werden alle Pflanzen angegeben, deren Inhaltsstoffe dem menschlichen Körper schädlich sein könnten. Angegeben sind auch sehr leicht giftige und deshalb ungefährliche Pflanzen (siehe Literaturverzeichnis).

*Sträusse, Trockengestecke:* Mit Wildblumen lassen sich wunderbare Sträusse binden. Zwar sind nicht alle in der Vase lange haltbar und sie sind auch nicht immer besonders grossblühend, trotzdem wird man überrascht sein, wie viele Möglichkeiten sich hier anbieten. Im Winter können viele Samenbestände für Trockengestecke verwendet werden.

*Wildgemüse:* Über die Verwendung von Kräutern aus der Natur in der Küche gibt es eine ganze Anzahl guter Bücher (siehe Literaturverzeichnis). Vorausgesetzt, man kennt die Pflanzen und verwechselt sie nicht mit ungeniessbaren, kann man sich auf aufregende und eigenwillige Gaumengenüsse freuen.

*Wuchernde Pflanzen:* Ein W bezeichnet jene Pflanzen, die besonders in kleinen Gärten dank ihrer enormen Fähigkeit, sich zu vermehren, zum Problem werden könnten.

| Botanischer Name / Deutscher Name | Äcker | Schuttplätze, Wege | Trockenstandorte | Mauern | Magerrasen | Fettwiesen | Gewässer, Sümpfe | Wald(-rand), Schlag | Ziergarten | Licht | Feuchtigkeit | Reaktion | Stickstoff | Farbe | Höhe | Blütezeit | Lebensdauer | Heilpflanze | Giftpflanze | Trockenblume | für Sträusse | Wildgemüse | Wuchernd |
|---|---|---|---|---|---|---|---|---|---|---|---|---|---|---|---|---|---|---|---|---|---|---|---|
| Achilléa millefólium / Schafgarbe | | x | x | | x | x | | | x | 8 | 4 | x | 5 | weiss | 15 – 50 | 6–10 | ♃ | x | | x | x | x | |
| Achilléa ptármica / Sumpfschafgarbe | | | | | | x | | | | 8 | 8 | 4 | 2 | weiss | 15 – 30 | 7 – 9 | ♃ | x | | x | | | |
| Aconítum vulpária / Gelber Eisenhut | | | | | | | | x | x | 3 | 7 | 7 | 8 | hellgelb | 60–100 | 7 – 8 | ♃ | | x | | x | | |
| Acorus cálamus / Kalmus | | | | | | | x | | | 8 | 10 | 7 | 7 | grün | 60 – 12 | 5 – 7 | ♃ | x | x | | | | |
| Actáea spicáta / Christophskraut | | | | | | | | x | | 2 | 5 | 6 | 7 | weiss | 30 – 60 | 5 – 6 | ♃ | | x | | | | |
| Adónis aestivális / Adonisröschen | x | | | | | | | | x | 6 | 3 | 8 | 3 | rot | 25 – 60 | 6 – 8 | ☉ | | x | | x | | |
| Aegopódium podagrária / Giersch | | | | | | | | x | | 5 | 6 | 7 | 8 | weiss | 50–100 | 6 – 8 | ♃ | x | | | x | x | W |
| Agrimónia eupatória / Odermennig | | x | | x | | | | x | x | 7 | 4 | 8 | 4 | gelb | 30 – 60 | 7 – 9 | ♃ | x | | | x | | |
| Agrostémma githágo / Kornrade | x | | | | | | | | x | 7 | x | x | x | purpur | 30–100 | 6 – 7 | ☉ | | x | | x | | |
| Ájuga réptans / Kriechender Günsel | | | | x | x | | | x | x | 6 | 6 | x | 6 | blau | 15 – 30 | 5 – 8 | ♃ | | | | | | W |
| Alchemílla alpína / Silbermäntelchen | | | | | | | | | x | 9 | 5 | 2 | 2 | unschein-bar | 5 – 15 | 6 – 8 | ♃ | x | | | x | | |
| Alchemílla vulgáris / Frauenmantel | | | | | | x | | | x | 6 | 6 | x | 6 | gelb | 10 – 30 | 5 – 8 | ♃ | x | | | x | | |
| Alísma plantágo-aquática / Froschlöffel | | | | | | | x | | | 7 | 10 | x | 8 | weiss | 20 – 90 | 6 – 8 | ☉–♃ | | x | | x | | |
| Alliária petioláta / Knoblauchhederich | | x | | | | | | x | | 5 | 5 | 7 | 9 | weiss | 20–100 | 4 – 6 | ☉ | x | | | | x | W |
| Állium ursínum / Bärlauch | | | | | | | | x | x | 2 | 6 | 7 | 8 | weiss | 20 – 50 | 5 – 6 | ♃ | x | | | x | x | W |
| Állium vineále / Weinberglauch | | x | | x | | | | | x | 5 | 4 | x | 7 | rosa | 30 – 60 | 6 – 8 | ♃ | | | | | x | W |
| Anagállis arvénsis / Ackergauchheil | x | x | x | | | | | | | 6 | 5 | x | 6 | rot | 5 – 25 | 6–10 | ☉ | | x | | | | |
| Anagállis foémina / Blauer Ackergauchheil | x | x | x | | | | | | | 8 | 4 | 9 | 5 | blau | 5 – 25 | 6–10 | ☉ | | x | | | | |
| Anchúsa arvénsis / Ackerkrummhals | x | x | | | | | | | | 7 | 4 | x | 4 | blau | 20 – 40 | 5 – 8 | ☉ | | | | | | |
| Anchúsa officinális / Ochsenzunge | | x | | | | | | | x | 9 | 3 | 7 | 5 | blau | 30 – 80 | 5 – 9 | ♃ | x | | | | | |
| Anemóne nemorósa / Buschwindröschen | | | | | | | | x | x | x | x | x | x | weiss | 10 – 25 | 3 – 4 | ♃ | | x | | | | W |
| Anemóne ranunculoídes / Gelbes Windröschen | | | | | | | | x | x | 3 | 6 | 8 | 8 | gelb | 15 – 30 | 3 – 4 | ♃ | | x | | | | |
| Angélica archangélica / Echte Engelwurz | | | | | | | x | x | x | 7 | 9 | x | 9 | grün | 80–150 | 7 – 9 | ♃ | x | | x | | x | |

| Botanischer Name / Deutscher Name | Acker | Schuttplätze, Wege | Trockenstandorte | Mauern | Magerrasen | Fettwiesen | Gewässer, Sümpfe | Wald(-rand), Schlag | Ziergarten | Licht | Feuchtigkeit | Reaktion | Stickstoff | Farbe | Höhe | Blütezeit | Lebensdauer | Heilpflanze | Giftpflanze | Trockenblume | für Sträusse | Wildgemüse | Wuchernd |
|---|---|---|---|---|---|---|---|---|---|---|---|---|---|---|---|---|---|---|---|---|---|---|---|
| Angélica silvéstris / Wald-Engelwurz | | x | | | | | x | x | | 7 | 8 | x | x | weiss | 80–150 | 7 – 9 | ♃ | | | | x | x | |
| Ánthemis arvénsis / Ackerhundskamille | x | | | | | | | x | | 7 | 4 | 3 | 6 | weiss | 10 – 50 | 5–10 | ☉ | | | | | | |
| Ánthemis tinctória / Färberkamille | | | x | x | | | | x | | 8 | 2 | 6 | 4 | gelb | 20 – 50 | 6 – 9 | ♃ | | | | x | | |
| Anthéricum ramósum / Ästige Graslilie | | | x | x | | | | x | | 7 | 4 | 7 | 4 | weiss | 30 – 50 | 6 – 8 | ♃ | | | | | | |
| Anthríscus silvéstris / Wiesenkerbel | | | | | x | | | | | 7 | 5 | x | 8 | weiss | 60–150 | 4 – 6 | ♃ | | | | x | x | |
| Anthýllis vulnerária / Wundklee | | x | | x | | | | x | | 8 | 3 | 8 | 3 | gelb | 15 – 30 | 5 – 8 | ♃ | | | | x | x | W |
| Aquilégia atráta / Schwarzviolette Akelei | | | | | | | x | x | | 6 | 4 | 8 | 3 | violett | 30 – 70 | 6 – 7 | ♃ | x | | x | | | |
| Aquilégia vulgáris / Gewöhnliche Akelei | | | | | | | x | x | | 6 | 4 | 7 | 4 | blau | 30 – 80 | 5 – 7 | ♃ | x | | x | | | |
| Árctium láppa / Grosse Klette | | x | | | | | | | | 9 | 5 | 7 | 9 | rot | 30–180 | 6 – 9 | ☉-♃ | x | | x | | | |
| Artemísia vulgáris / Gemeiner Beifuss | | x | x | | | | | | | 7 | 6 | x | 8 | grün | 60–120 | 7 – 9 | ♃ | x | | x | x | x | W |
| Árum maculátum / Aronstab | | | | | | | | x | | 3 | 7 | 7 | 8 | weiss | 15 – 40 | 4 – 8 | ♃ | | x | | | | |
| Arúncus dioícus / Waldgeissbart | | | | | | | x | x | | 4 | 6 | x | 8 | weiss | 80–150 | 6 – 7 | ♃ | | | | x | | |
| Ásarum europáeum / Haselwurz | | | | | | | x | x | | 3 | 6 | 8 | 6 | braun | 5 – 10 | 3 – 5 | ♃ | | x | | | | |
| Aster améllus / Berg- oder Kalkaster | | | x | x | | | x | x | | 8 | 4 | 9 | 3 | lila | 20 – 50 | 8–10 | ♃ | | | | x | | |
| Astrágalus glycyphýllus / Tragant, süsse Bärenschote | | | | | | | | x | | 6 | 4 | 7 | 4 | gelb | 50–150 | 6 – 7 | ♃ | | | | | | |
| Astrántia májor / Sterndolde | | | | | | x | | x | x | 6 | 6 | 8 | 5 | weiss-lich | 30–100 | 6 – 8 | ♃ | | | | x | x | |
| Átropa bélladónna / Tollkirsche | | | | | | | | x | | 6 | 5 | 8 | 8 | d'violett | 50–150 | 6 – 8 | ♃ | x | x | | | | |
| Béllis perénnis / Gänseblümchen | | | x | | x | x | | | x | 8 | x | x | 5 | weiss | 5 – 15 | 4–11 | ♃ | x | | | | x | |
| Betónica officinális / Heilziest, Gemeine Betonie | | | | | | | x | x | | 7 | 4 | x | 3 | rosa | 20 – 70 | 6 – 8 | ♃ | x | | | x | | |
| Blackstónia perfoliáta / Bitterling, Bitterenzian | | | x | x | | x | | x | | 8 | x | 9 | 4 | gelb | 20 – 30 | 7 – 8 | ☉ | | | | x | | |
| Bríza média / Zittergras | | | | | x | | | x | | 8 | x | x | 2 | grün-lich | 20 – 50 | 5 – 6 | ♃ | | | | x | x | |
| Brómus eréctus / Aufrechte Trespe | | | | | x | | | | | 8 | 3 | 8 | 3 | grün | 30–100 | 5–10 | ♃ | | | | x | | |
| Brómus stérilis / Taube Trespe | x | x | | | | | | | | 7 | 4 | x | 5 | grün | 30 – 80 | 6 – 7 | ☉ | | | | x | x | |

| Botanischer Name / Deutscher Name | Standort: Äcker | Schuttplätze, Wege | Trockenstandorte | Mauern | Magerrasen | Fettwiesen | Gewässer, Sümpfe | Wald(-rand), Schlag | Ziergarten | Zeigerwerte: Licht | Feuchtigkeit | Reaktion | Stickstoff | Merkmale: Farbe | Höhe | Blütezeit | Lebensdauer | Heilpflanze | Giftpflanze | Trockenblume | für Sträusse | Wildgemüse | Bemerkungen: Wuchernd |
|---|---|---|---|---|---|---|---|---|---|---|---|---|---|---|---|---|---|---|---|---|---|---|---|
| Bryónia dioíca / Zweihäusige Zaunrübe | | x | x | | | | | | | – | – | – | – | weiss | bis 300 | 6 - 7 | ♃ | | x | | | | |
| Buphthálmum salicifólium / Rinderauge | | | x | | x | | | x | | 8 | x | 9 | 3 | gelb | 20 - 60 | 6 - 9 | ♃ | | | x | | | |
| Bútomus umbellátus / Schwanenblume | | | | | | | x | | | 6 | 10 | x | 8 | rosa | 50-150 | 6 - 8 | ♃ | | | | | | |
| Cálla palústris / Sumpfkalla, Schweinsohr | | | | | | | x | | | | | | | weiss | 15 - 30 | 5 - 9 | ♃ | | x | | | | |
| Cáltha palústris / Sumpfdotterblume | | | | | | | x | | | 7 | 8 | x | x | gelb | 15 - 40 | 4 - 6 | ♃ | | x | | | | |
| Campánula glomeráta / Knäuel-Glockenblume | | | | x | | | | x | | 7 | 4 | 7 | x | blau | 20 - 60 | 6 - 9 | ♃ | | | | x | | |
| Campánula pátula / Wiesen-Glockenblume | | | | x | x | | | x | | 8 | 5 | 7 | 4 | blau | 20 - 50 | 5 - 7 | ♃ | | | | | | |
| Campánula persicifólia / Pfirsichbl. Glockenblume | | | | | | | | x | | 5 | 4 | 8 | 3 | blau | 70-120 | 6 - 7 | ♃ | | | | x | | |
| Campánula rapunculoídes / Acker-Glockenblume | x | x | x | | | | | x | | 6 | 4 | 8 | 4 | blau | 30 - 60 | 6 - 8 | ♃ | | | | x | | |
| Campánula rotundifólia / Rundblättrige Glockenblume | | | x | x | | | | x | | 7 | 4 | x | 2 | blau | 10 - 40 | 6-10 | ♃ | | | | | | |
| Campánula trachélium / Nesselblättrige Glockenblume | | | | | | | x | x | | 4 | 5 | 8 | 8 | blau | 30-100 | 7 - 8 | ♃ | | | | x | | |
| Cardamíne praténsis / Wiesenschaumkraut | | | | | | x | | | | 4 | 7 | x | x | lila | 10 - 40 | 4 - 6 | ♃ | | | | x | x | |
| Cárex sp. / Diverse Seggen | | x | x | | x | | x | x | | | | | | braun | 20 - 60 | 5 - 7 | ♃ | | | x | x | | W |
| Carlína vulgáris / Golddistel | | | x | | x | | | x | | 7 | 4 | x | 3 | gelb | 15 - 40 | 7 - 9 | ☉ | | | x | x | | |
| Centauréa cýanus / Kornblume | x | | | | | | | x | | 7 | x | x | x | blau | 30 - 80 | 6-10 | ☉ | | | x | | | |
| Centauréa jácea / Wiesenflockenblume | | | | x | x | | | x | | 7 | x | x | x | violett | 20 - 80 | 6-10 | ♃ | | | | x | | |
| Centauréa scabiósa / Skabiosenflockenblume | | | x | | x | | | x | | 7 | 3 | 8 | 3 | violett | 30-100 | 6 - 9 | ♃ | | | x | x | | |
| Centáurium erythráea / Tausendgüldenkraut | | | x | | x | | x | x | | 8 | 5 | 6 | x | rosa | 10 - 30 | 7 - 9 | ☉ | x | | | x | | |
| Ceratophýllum demérsum / Rauhes Hornblatt | | | | | | | x | | | 6 | 12 | 8 | 8 | unschein-bar | 10-120 | 6 - 9 | ♃ | | | | | | W |
| Chelidónium május / Schöllkraut | | x | | | | | | x | | 6 | 5 | x | 8 | gelb | 30 - 70 | 5 - 9 | ♃ | x | x | | | | W |
| Chrysosplénium alternifólium / Milzkraut | | | | | | | x | | | 4 | 7 | 7 | 4 | gelb | 5 - 20 | 3 - 5 | ♃ | | | | | | |
| Cichórium íntybus / Wegwarte | | x | x | | | | | x | | 9 | 4 | 8 | 5 | blau | 30-120 | 7-10 | ☉-♃ | x | | x | | x | |
| Circáea lutetiána / Hexenkraut | | | | | | | | x | | 4 | 6 | 7 | 7 | weiss | 20 - 60 | 6 - 8 | ♃ | | | | | | |

| Botanischer Name / Deutscher Name | Äcker | Schuttplätze, Wege | Trockenstandorte | Mauern | Magerrasen | Fettwiesen | Gewässer, Sümpfe | Wald(-rand), Schlag | Ziergarten | Licht | Feuchtigkeit | Reaktion | Stickstoff | Farbe | Höhe | Blütezeit | Lebensdauer | Heilpflanze | Giftpflanze | Trockenblume | für Sträusse | Wildgemüse | Wuchernd |
|---|---|---|---|---|---|---|---|---|---|---|---|---|---|---|---|---|---|---|---|---|---|---|---|
| Círsium arvénse / Ackerkratzdistel | x | x | | | | | | | | 8 | x | x | 7 | lila | 60–120 | 7 – 9 | ♃ | | | | | | W |
| Círsium oleráceum / Kohldistel | | | | | | | x | | | 6 | 7 | 8 | 5 | grün | 50–150 | 7 – 9 | ♃ | | | | | | |
| Círsium palústre / Sumpfkratzdistel | | | | | | | x | | | 7 | 8 | 4 | 3 | rot | 50–150 | 7 – 9 | ♃ | | | | | | |
| Clématis vitálba / Waldrebe | | | | | | | | x | | 7 | 5 | 7 | 7 | weiss | bis 800 | 6 – 7 | ♃ | | x | x | x | | |
| Clinopódium vulgáre / Wirbeldost | | | | | | | | x | x | 7 | 4 | 7 | 3 | lila | 30 – 60 | 7–10 | ♃ | | | x | x | | |
| Cólchicum autumnále / Herbstzeitlose | | | | | x | x | | x | | 5 | 6 | 7 | x | lila | 5 – 30 | 8–11 | ♃ | | x | | | | |
| Consólida regális / Ackerrittersporn | x | | | | | | | x | | 6 | 4 | 8 | 5 | blau | 20 – 40 | 5 – 8 | ☉ | | x | | | | |
| Convallária májalis / Maiglöckchen | | | | | | | x | x | | 5 | 4 | x | 4 | weiss | 10 – 25 | 5 – 6 | ♃ | | x | | x | | |
| Convólvulus arvénsis / Zaunwinde | | x | | x | | | | | | 7 | 4 | 7 | x | weiss-rosa | bis 300 | 6 – 9 | ☉ | | | | | | W |
| Coronílla vária / Kronwicke | | | x | | x | | | | x | 7 | 4 | 9 | 3 | lila | 30 – 80 | 6 – 8 | ♃ | | x | | x | | W |
| Corýdalis cáva / Hohler Lerchensporn | | | | | | | x | x | | 3 | 6 | 8 | 8 | weiss-rot | 15 – 30 | 3 – 5 | ♃ | | x | | | | |
| Crépis biénnis / Wiesen-Pippau | | x | | | x | x | | | | 6 | 5 | 6 | 5 | gelb | 30–100 | 5 – 9 | ♃ | | | | | | |
| Cruciáta láevipes / Kreuzlabkraut | | | | | | | x | | | 7 | 6 | 5 | 7 | gelb | 10 – 50 | 4 – 6 | ♃ | | | | x | | |
| Cymbalária murális / Zimbelkraut | | | | x | | | | | | 7 | 5 | 8 | 3 | lila | 5 – 10 | 6 – 9 | ♃ | | | | | | W |
| Cynoglóssum officinále / Hundszunge | x | x | | | | | | | | 8 | 3 | 7 | 8 | braunrot | 20 – 80 | 5 – 7 | ☉ | x | | | | | |
| Datúra stramónium / Stechapfel | | x | | | | | | | x | 8 | 4 | x | 8 | weiss | 20–100 | 6–10 | ☉ | | x | x | | | |
| Daúcus caróta / Wilde Möhre | | x | x | | x | | | | | 8 | 4 | x | 4 | weiss | 30–100 | 6 – 9 | ☉ | x | | x | x | x | |
| Dentária pentaphýllos / Zahnwurz | | | | | | | | x | | 3 | 5 | 7 | 6 | lila | 25 – 50 | 4 – 6 | ♃ | | | | | | |
| Diánthus armeria / Rauhe Nelke | | | | | x | | | x | | 6 | 5 | 3 | 3 | rot | 15 – 40 | 6 – 7 | ☉ | | | | x | | |
| Diánthus carthusianórum / Karthäuser Nelke | | | | | x | | | x | | 8 | 3 | 7 | 2 | purpur | 15 – 50 | 6 – 8 | ♃ | | | | x | | |
| Diánthus supérbus / Prachtnelke | | | | | | x | | x | | 7 | 8 | 8 | 2 | lila | 30 – 60 | 6–10 | ♃ | | | | x | | |
| Dictámnus álbus / Diptam | | | | | x | | | x | x | 7 | 2 | 8 | 2 | rosa | 60–120 | 5 – 6 | ♃ | x | | | | | |
| Digitális grandiflóra / Grossblütiger Fingerhut | | | | | | | x | x | | 7 | 5 | 5 | 5 | gelb | 60–120 | 6 – 8 | ☉ | | x | | x | | |

| Botanischer Name / Deutscher Name | Acker | Schuttplätze, Wege | Trockenstandorte | Mauern | Magerrasen | Fettwiesen | Gewässer, Sümpfe | Wald(-rand), Schlag | Ziergarten | Licht | Feuchtigkeit | Reaktion | Stickstoff | Farbe | Höhe | Blütezeit | Lebensdauer | Heilpflanze | Giftpflanze | Trockenblume | für Sträusse | Wildgemüse | Wuchernd |
|---|---|---|---|---|---|---|---|---|---|---|---|---|---|---|---|---|---|---|---|---|---|---|---|
| Digitális purpúrea / Roter Fingerhut | | | | | | | | x | x | 7 | 5 | 3 | 6 | rot | 40–150 | 6–8 | ☉ | | x | | x | | |
| Dipsácus fullónum / Wilde Karde | | x | x | | | | | | | 9 | 6 | 8 | 5 | lila | 70–150 | 7–8 | ☉ | | | x | x | | W |
| Échium vulgáre / Natternkopf | | x | x | | | | | x | | 9 | 3 | x | 4 | blau | 30–80 | 6–8 | ☉ | | | | x | | |
| Elódea canadénsis / Wasserpest | | | | | | | x | | | 7 | 12 | x | 7 | unscheinbar | bis 2 m | 5–8 | ♃ | | | | | | W |
| Epilóbium angustifólium / Schmalbl. Weidenröschen | | x | | | | | | x | | 8 | 5 | 3 | 8 | rosa | 50–150 | 7–8 | ♃ | | | | | x | W |
| Epilóbium hirsútum / Rauhhaariges Weidenröschen | | | | | | | x | | | 7 | 8 | 8 | 8 | rosa | 60–120 | 6–9 | ♃ | | | | | | W |
| Erígeron ácris / Scharfes Berufkraut | | | x | | x | | | | | 9 | 4 | 8 | ? | lila | 10–40 | 6–9 | ☉ | | | | | | W |
| Erióphorum angustifólium / Schmalbl. Wollgras | | | | | | | x | | | 8 | 9 | 8 | 2 | unscheinbar | 30–60 | 4–5 | ♃ | | | x | x | | |
| Erióphorum latifólium / Breitbl. Wollgras | | | | | | | x | | | 8 | 9 | 4 | 2 | unscheinbar | 30–60 | 4–5 | ♃ | | | x | x | | |
| Eupatórium cannábinum / Wasserdost, –hanf | | | | | | | x | x | x | 7 | 7 | 7 | 8 | rosa | 50–150 | 7–8 | ♃ | x | | x | x | | |
| Euphórbia cyparíssias / Zypressen-Wolfsmilch | | x | x | x | | | | x | | 8 | 3 | x | 3 | gelb | 15–35 | 4–6 | ♃ | | x | | | | W |
| Euphrásia strícta / Steifer Augentrost | | | x | | x | x | | | | 8 | 4 | x | 2 | weiss | 5–25 | 5–6 | ☉ | x | | | | | |
| Filipéndula ulmária / Spierstaude, Mädesüss | | | | | | | x | | | 7 | 8 | x | 4 | weiss | 90–150 | 7–9 | ♃ | x | | | x | | |
| Filipéndula vulgáris / Knolliges Mädesüss | | | | | x | | | | | 7 | 4 | 8 | 2 | weiss | 30–80 | 6–7 | ♃ | | | | x | | |
| Fragária vésca / Walderdbeere | | | | | x | | | x | x | 7 | 5 | x | 6 | weiss | 5–20 | 5–6 | ♃ | x | | | | x | W |
| Fumária officinális / Erdrauch | x | x | | | | | | x | | 6 | 5 | 6 | 7 | rosa | 10–30 | 5–9 | ☉ | x | | | | | |
| Galánthus nivális / Schneeglöckchen | | | | | | | | x | x | 5 | x | 7 | 7 | weiss | 10–20 | 2–3 | ♃ | | x | | | | W |
| Galeópsis tétrahit / Stechender Hohlzahn | x | x | | | | | | | | 7 | 5 | x | 7 | rot | 10–60 | 6–10 | ☉ | x | | x | | | |
| Gálium mollúgo / Wiesen-Labkraut | | x | | | x | x | | | | 7 | 5 | x | x | weiss | 25–80 | 5–9 | ♃ | | | | x | | W |
| Gálium odorátum / Waldmeister | | | | | | | | x | x | 2 | 5 | x | 5 | weiss | 15–30 | 5–6 | ♃ | x | | | x | | |
| Gálium silváticum / Wald-Labkraut | | | | | | | | x | | 5 | 4 | 7 | 5 | weiss | 30–100 | 6–8 | ♃ | | | | x | | |
| Gálium vérum / Echtes Labkraut | | | x | | x | | | x | | 7 | 4 | 7 | 3 | gelb | 20–70 | 6–9 | ♃ | | | x | x | | |
| Gentiána asclepiádea / Schwalbenwurzenzian | | | | | | | x | x | | 6 | 6 | 7 | x | blau | 30–80 | 7–9 | ♃ | | | | | | |

| Botanischer Name / Deutscher Name | Äcker | Schuttplätze, Wege | Trockenstandorte | Mauern | Magerrasen | Fettwiesen | Gewässer, Sümpfe | Wald(-rand), Schlag | Ziergarten | Licht | Feuchtigkeit | Reaktion | Stickstoff | Farbe | Höhe | Blütezeit | Lebensdauer | Heilpflanze | Giftpflanze | Trockenblume | für Sträusse | Wildgemüse | Wuchernd |
|---|---|---|---|---|---|---|---|---|---|---|---|---|---|---|---|---|---|---|---|---|---|---|---|
| Geránium disséctum / Schlitzbl. Storchschnabel | x | | x | | | | | | | 6 | 5 | x | 5 | rosa | 10 – 40 | 5 – 9 | ☉ | | | | | | |
| Geránium palústre / Sumpf-Storchschnabel | | | | | | x | | | | 8 | 7 | 8 | 8 | rot | 30 – 80 | 6 – 9 | ♃ | | | | | | |
| Geránium pyrenaícum / Pyrenäen-Storchschnabel | x | | x | | | | | | | 8 | 5 | x | 6 | violett | 20 – 60 | 5 – 9 | ♃ | | | | | | |
| Geránium robertiánum / Stinkender Storchschnabel | x | | x | | | | | x | | 4 | x | x | 7 | rosa | 20 – 50 | 5–10 | ☉ | x | | | | | |
| Geránium sanguíneum / Blutstorchschnabel | | | | | x | x | | x | | 7 | 3 | 8 | 3 | rot | 15 – 60 | 6 – 8 | ♃ | | | | | | |
| Géum rivále / Bachnelkenwurz | | | | | | x | | x | | 6 | 8 | x | 4 | rotbraun | 20 – 60 | 5 – 6 | ♃ | | | | x | | |
| Géum urbánum / Echte Nelkenwurz | x | | | | | | | x | | 4 | 5 | x | 7 | gelb | 30 – 60 | 5 – 9 | ♃ | x | | | x | | |
| Glechóma hederácea / Gundelrebe | x | | | x | x | | | x | | 6 | 6 | x | 7 | lila | 20 – 30 | 4 – 6 | ♃ | x | | | | x | W |
| Hédera hélix / Efeu | | | | | | | | x | | 4 | 5 | x | x | grün | bis 20m | 9–11 | ♃ | | x | x | | | W |
| Heliánthemum nummulárium / Sonnenröschen | | x | x | x | | | | x | | 7 | 3 | 7 | 1 | gelb | 10 – 30 | 6 – 9 | ♃ | | | | | | |
| Helléborus fóetidus / Stinkende Nieswurz | | | | | | | | x | x | 5 | 4 | 8 | 3 | grün | 30 – 50 | 3 – 4 | ♃ | | x | | | | |
| Hepática nóbilis / Leberblümchen | | | | | | | | x | x | 4 | 4 | 7 | 4 | blau | 8 – 25 | 3 – 5 | ♃ | | | | | | |
| Heracléum sphondýlium / Wiesenbärenklau | | | | | | x | | | | 7 | 5 | x | 8 | weiss | 80–150 | 6 – 9 | ♃ | x | | | x | x | |
| Hierácium pilosélla / Kleines Habichtskraut | | x | x | | | | | | | 7 | 4 | x | 2 | gelb | 5 – 25 | 5 – 9 | ♃ | | | | | | |
| Hierácium silváticum / Wald-Habichtskraut | | | | | | | | x | | 4 | 5 | 5 | 4 | gelb | 20 – 60 | 5 – 8 | ♃ | | | | | | |
| Hierácium umbellátum / Dolden-Habichtskraut | | | x | | x | | | x | | 6 | 4 | 4 | 2 | gelb | 50–150 | 7 – 9 | ♃ | | | | x | | |
| Hippocrépis comósa / Hufeisenklee | x | x | x | | | | | | | 7 | 3 | 7 | 2 | gelb | 5 – 20 | 5 – 7 | ♃ | | | | | | |
| Hippúris vulgáris / Tannenwedel | | | | | | | x | | | 7 | 11 | 8 | 5 | unscheinbar | 20–100 | 6 – 8 | ♃ | | | | | | |
| Húmulus lúpulus / Hopfen | | | | | | | | x | | 7 | 8 | 6 | 8 | grün | bis 600 | 7 – 8 | ♃ | x | | | x | | |
| Hydrócharis mórsus-ránae / Froschbiss | | | | | | | x | | | 7 | 11 | 6 | 5 | weiss | 15 – 30 | 6 – 8 | ♃ | | | | | | |
| Hyoscýamus níger / Schwarzes Bilsenkraut | x | | x | | | | | | x | 8 | 4 | 7 | 9 | gelblich | 30 – 60 | 6–10 | ☉☉ | | x | | | | |
| Hypéricum montánum / Berg-Johanniskraut | | | | x | | | | x | x | 5 | 4 | 6 | 3 | gelb | 30 – 60 | 6 – 8 | ♃ | | | | x | | |
| Hypéricum perforátum / Echtes Johanniskraut | x | x | | x | | | | x | x | 7 | 4 | x | x | gelb | 30 – 60 | 7 – 8 | ♃ | x | | x | x | | |

| Botanischer Name / Deutscher Name | Standort: Äcker | Schuttplätze, Wege | Trockenstandorte | Mauern | Magerrasen | Fettwiesen | Gewässer, Sümpfe | Wald(-rand), Schlag | Ziergarten | Zeigerwerte: Licht | Feuchtigkeit | Reaktion | Stickstoff | Merkmale: Farbe | Höhe | Blütezeit | Lebensdauer | Bemerkungen: Heilpflanze | Giftpflanze | Trockenblume | für Sträusse | Wildgemüse | Wuchernd |
|---|---|---|---|---|---|---|---|---|---|---|---|---|---|---|---|---|---|---|---|---|---|---|---|
| Hypéricum tetraptérum / Geflügeltes Johanniskraut | | | | | | x | | | | 7 | 8 | 7 | 5 | gelb | 30 – 60 | 7 – 8 | ♃ | | | x | x | | |
| Impátiens glandulífera / Drüsiges Springkraut | | | | | | | x | x | | 5 | 8 | 7 | 7 | rosa | 50–200 | 7 – 9 | ☉ | | | | | | W |
| Impátiens nóli-tángere / Rühr-mich-nicht-an | | | | | | | x | x | | 4 | 7 | 7 | 6 | gelb | 30 – 80 | 7 – 8 | ☉ | | | | | | |
| Ínula conýza / Dürrwurz, Gew. Alant | | x | | x | | | | x | | 6 | 4 | 7 | 3 | gelb | 40 – 80 | 7 – 9 | ☉ | | | x | | | |
| Íris pseudácorus / Wasser-Schwertlilie | | | | | | | x | | | 7 | 10 | x | 7 | gelb | 50–100 | 5 – 6 | ♃ | x | | | | | |
| Íris sibírica / Sumpf-Schwertlilie | | | | | | x | | x | | 8 | 8 | 8 | 2 | blau-violett | 30 – 80 | 5 – 6 | ♃ | | x | | x | | |
| Ísatis tinctória / Färberwaid | x | x | x | x | | | | x | | 8 | 3 | 8 | 3 | gelb | 50–120 | 5 – 6 | ☉ | | | x | x | | |
| Júncus sp. / Diverse Binsen | | x | | x | x | x | | | | | | | | grün | 30–100 | 6 – 9 | ♃ | | | | x | | |
| Knáutia arvénsis / Ackerknautie, -Witwenblume | x | x | | x | x | | | x | | 7 | 4 | x | 3 | lila | 30 – 80 | 7 – 8 | ♃ | x | | | x | | |
| Knáutia dipsacifólia / Waldknautie, - witwenblume | | | | | | x | x | x | | x | 6 | x | 6 | lila | 30 – 90 | 6 – 9 | ♃ | | | | x | | |
| Lamiástrum galeóbdolon / Goldnessel | | | | | | | x | x | | 3 | 5 | 7 | 5 | gelb | 20 – 50 | 5 – 7 | ♃ | | | | x | | |
| Lámium álbum / Weisse Taubnessel | | x | | | | | x | x | | 7 | 5 | x | 9 | weiss | 20 – 50 | 4–10 | ♃ | x | | | x | x | |
| Lámium maculátum / Gefleckte Taubnessel | | x | | | | | x | x | | 4 | 6 | 7 | 8 | rot | 20 – 60 | 4 – 9 | ♃ | x | | | x | x | |
| Láthyrus praténsis / Wiesenplatterbse | | | | | x | x | | | | 7 | 6 | 7 | 6 | gelb | 30–100 | 6 – 8 | ♃ | | | | x | | |
| Láthyrus silvéstris / Waldplatterbse | | | | | | | | x | | 7 | 4 | 8 | 2 | rötlich | 90–200 | 7 – 8 | ♃ | | | | x | | |
| Láthyrus tuberósus / Knollenplatterbse | x | x | | | | | | x | | 7 | 4 | 8 | 4 | karmin | 20–100 | 6 – 8 | ♃ | | | | | x | |
| Láthyrus vérnus / Frühlingsplatterbse | | | | | | | | | | 4 | 4 | 7 | x | | 20 – 60 | 4 – 5 | ♃ | | | | | | |
| Legóusia spéculum-véneris / Venusspiegel | x | | | | | | | x | | 7 | 4 | 8 | 3 | violett | 10 – 30 | 6 – 8 | ☉ | | | | x | | |
| Leóntodon autumnális / Herbst-Löwenzahn | | x | | | x | x | | | | 7 | 5 | x | 5 | gelb | 10 – 40 | 7 – 9 | ♃ | | | | | | |
| Leóntodon híspidus / Rauher Löwenzahn | | x | | | x | | | | | 8 | 4 | x | 3 | gelb | 10 – 40 | 7 – 9 | ♃ | | | | | | |
| Leonúrus cardíaca / Herzgespann, Löwenschwanz | | x | x | | | | | | | 8 | 5 | 8 | 9 | hell-purpur | 30–100 | 7 – 9 | ♃ | x | | | x | x | |
| Leucánthemum vulgáre / Wiesenmargerite | | x | | | x | x | | x | | 7 | 4 | x | 3 | weiss | 20 – 50 | 6–10 | ♃ | | | | x | | |
| Lílium mártagon / Türkenbundlilie | | | | | x | | x | x | | 5 | 4 | 7 | 5 | rot | 30–100 | 6 – 7 | ♃ | | x | | | | |

| Botanischer Name / Deutscher Name | Standort | | | | | | | | | Zeigerwerte | | | | Merkmale | | | | Bemerkungen | | | | | |
|---|---|---|---|---|---|---|---|---|---|---|---|---|---|---|---|---|---|---|---|---|---|---|---|
| | Äcker | Schuttplätze, Wege | Trockenstandorte | Mauern | Magerrasen | Fettwiesen | Gewässer, Sümpfe | Wald(-rand), Schlag | Ziergarten | Licht | Feuchtigkeit | Reaktion | Stickstoff | Farbe | Höhe | Blütezeit | Lebensdauer | Heilpflanze | Giftpflanze | Trockenblume | für Sträusse | Wildgemüse | Wuchernd |
| Linária vulgáris / Leinkraut | | x | x | | x | | | | x | 8 | 3 | 7 | 3 | gelb | 20 – 60 | 6–10 | ♃ | | | | x | | W |
| Línum cathárticum / Purgierlein | | | | | x | | | | | 7 | x | x | 1 | weiss | 5 – 30 | 6 – 7 | ☉ | | | | | | |
| Línum perénne / Dauer-Lein | | | | | x | | | | x | – | – | – | – | blau | 20 – 80 | 6 – 8 | ♃ | | | | | | |
| Línum usitatíssimum / Lein, Flachs | x | x | | | | | | | x | – | – | – | – | blau | 30 – 60 | 6 – 7 | ☉ | x | | | | | |
| Lótus corniculátus / Hornklee | | x | x | | x | x | | | x | 7 | 4 | 7 | 3 | gelb | 5 – 30 | 5 – 8 | ♃ | | | | x | | W |
| Lúzula pilósa / Behaarte Hainsimse | | | | | | | | x | | 2 | x | 5 | 4 | braun | 15 – 30 | 3 – 5 | ♃ | | | | x | | |
| Lúzula silvática / Wald-Hainsimse | | | | | | | | x | x | 4 | 6 | 2 | 5 | braun | 30 – 90 | 4 – 6 | ♃ | | | | x | | |
| Lýchnis flós-cucúli / Kuckucks-Lichtnelke | | | | x | x | x | | x | | 7 | 6 | x | x | d'rosa | 30 – 80 | 5 – 7 | ♃ | | | | x | | |
| Lýcopus európaeus / Wolfstrapp | | | | | | x | x | x | | 7 | 9 | x | 7 | weiss | 20 – 60 | 7 – 8 | ♃ | | | | x | x | |
| Lysimáchia némorum / Hain-Gilbweiderich | | | | | | | | x | | 2 | 7 | 7 | 7 | gelb | 10 – 30 | 5 – 8 | ♃ | | | | | | |
| Lysimáchia nummulária / Pfennigkraut | | x | | x | x | x | x | x | | 4 | 6 | x | x | gelb | 10 – 15 | 5 – 8 | ♃ | | | | | | |
| Lysimáchia thyrsiflóra / Strauss-Gilbweiderich | | | | | | | x | | | 7 | 9 | x | 3 | gelb | 30 – 60 | 5 – 6 | ♃ | | | | | | |
| Lysimáchia vulgáris / Gewöhnlicher Gilbweiderich | | | | | | x | x | x | | 6 | 8 | x | x | gelb | 50–150 | 6 – 8 | ♃ | | | | x | x | |
| Lýthrum salicária / Blutweiderich | | | | | | | x | | x | 7 | 8 | 7 | x | rot | 50–120 | 6 – 9 | ♃ | x | | | x | x | |
| Majánthemum bifólium / Schattenblümchen | | | | | | | | x | | 3 | x | 3 | 3 | weiss | 5 – 15 | 5 – 6 | ♃ | | x | | | | |
| Málva álcea / Sigmarswurz, Rosenmalve | | x | x | | | | | | x | 8 | 5 | 8 | 8 | lila | 50–120 | 6–10 | ♃ | x | | | x | x | |
| Málva moscháta / Moschus-Malve | | x | x | | x | | | x | x | 7 | 4 | 7 | x | lila/weiss | 30 – 80 | 6–10 | ♃ | x | | | | x | |
| Málva neglécta / Kleine Malve, Käslikraut | | x | | x | | | | | x | 7 | 5 | x | 9 | rosa | 10 – 40 | 6–10 | ☉ | x | | | | x | |
| Málva silvéstris / Grosse Malve, Käslikraut | | x | | x | | | | | x | 6 | 4 | x | 8 | purpur | 40–120 | 6–10 | ☉-♃ | x | | | x | x | |
| Matricária chamomílla / Echte Kamille | x | x | | | | | | | x | 7 | 6 | 5 | 5 | weiss | 15 – 40 | 5 – 7 | ☉ | x | | | x | | |
| Medicágo falcáta / Sichelklee | | x | | x | x | | | x | | 8 | 3 | 9 | 3 | gelb | 20 – 50 | 6 – 9 | ♃ | | | | x | | |
| Medicágo lupulína / Hopfenklee | x | x | | | x | | | | | 7 | 4 | 8 | x | gelb | 10 – 40 | 5–10 | ♃ | | | | | | W |
| Medicágo satíva / Saat-Luzerne | | x | x | | x | | | | | – | – | – | – | violett | 30 – 80 | 6 – 9 | ♃ | | | | x | | W |

| Botanischer Name / Deutscher Name | Standort | | | | | | | | | Zeigerwerte | | | | Merkmale | | | | Bemerkungen | | | | |
|---|---|---|---|---|---|---|---|---|---|---|---|---|---|---|---|---|---|---|---|---|---|---|
| | Acker | Schuttplätze, Wege | Trockenstandorte | Mauern | Magerrasen | Fettwiesen | Gewässer, Sümpfe | Wald(-rand), Schlag | Ziergarten | Licht | Feuchtigkeit | Reaktion | Stickstoff | Farbe | Höhe | Blütezeit | Lebensdauer | Heilpflanze | Giftpflanze | Trockenblume für Sträusse | Wildgemüse | Wuchernd |
| Mélica nútans / Nickendes Perlgras | | | | | | | | x | | 4 | 4 | 7 | 3 | hellbraun | 30 – 60 | 5 – 6 | ♃ | | | x | x | |
| Melilótus álba / Weisser Steinklee | | x | x | | | | | | | 9 | 3 | 7 | 3 | weiss | 30–120 | 6 – 9 | ☉ | | | | x | |
| Melilótus officinális / Echter Steinklee | | x | x | | | | | | | 8 | 3 | 8 | x | gelb | 30–100 | 6 – 9 | ☉ | x | | | x | |
| Melíttis melissophýllum / Immenblatt | | | | | | | | x | x | 5 | 4 | 7 | 3 | weiss-rosa | 20 – 60 | 5 – 7 | ♃ | | | | x | |
| Méntha aquática / Wasser-Minze | | | | | | | x | | | 7 | 9 | 7 | 4 | lila | 20 – 80 | 7 – 9 | ♃ | x | | | x | |
| Méntha longifólia / Ross-Minze | | | | | | | x | | | 7 | 8 | 8 | 8 | lila | 30 – 80 | 7 – 9 | ♃ | x | | | x | |
| Menyánthes trifoliáta / Fieberklee | | | | | | | x | | | 8 | 9 | x | 2 | weiss-rötlich | 10 – 40 | 4 – 5 | ♃ | x | | | | |
| Mercuriális perénnis / Wald-Bingelkraut | | | | | | | | x | | 2 | x | 7 | 7 | grün | 15 – 30 | 4 – 5 | ♃ | | x | | | W |
| Molínia caerúlea / Gemeines Pfeifengras | | | | | | x | | | | 7 | x | x | 2 | schiefer-blau | 50–100 | 6 – 9 | ♃ | | | | x | |
| Muscári comósum / Traubenhyazinthe | | x | x | | x | | | | x | 7 | 3 | 7 | ? | blau | 30 – 70 | 4 – 5 | ♃ | | | | x | |
| Mycélis murális / Mauerlattich | | | | x | | | | x | | 4 | 5 | x | 6 | gelb | 40 – 80 | 7 – 8 | ♃ | | | | | |
| Myosótis arvénsis / Acker-Vergissmeinnicht | x | x | | | | | | | | 6 | 5 | x | 6 | blau | 20 – 60 | 5 – 7 | ☉ | | | | | |
| Myosótis palústris / Sumpf-Vergissmeinnicht | | | | | | | x | | | 7 | 8 | x | 5 | blau | 20 – 60 | 5 – 9 | ♃ | | | | | |
| Myriophýllum spicátum / Ähriges Tausendblatt | | | | | | | x | | | 5 | 12 | 8 | x | rosa | 20–200 | 6 – 8 | ♃ | | | | | |
| Nastúrtium officinále / Brunnenkresse | | | | | | | x | | | 7 | 11 | 7 | 7 | weiss | 30 – 80 | 5 – 9 | ♃ | | | | x | |
| Núphar lútea / Teichrose | | | | | | | x | | | 8 | 11 | 6 | x | gelb | bis 200 | 6 – 8 | ♃ | | | | | |
| Nymphéa álba / Seerose | | | | | | | x | | | 8 | 11 | 7 | 7 | weiss | bis 200 | 6 – 8 | ♃ | | | | | |
| Nymphoídes peltáta / Seekanne | | | | | | | x | | | 8 | 11 | 7 | 7 | gelb | 80–150 | 6 – 8 | ♃ | | | | | |
| Odontítes rúbra / Roter Zahntrost | x | x | | | | | | | | 6 | 5 | x | x | rot | 15 – 40 | 8–10 | ☉ | | | | | |
| Oenothéra biénnis / Nachtkerze | | x | x | | | | | | x | 9 | 3 | x | 4 | gelb | 50–100 | 6 – 9 | ☉ | | | x | x | W |
| Oenothéra parviflóra / Kleinblütige Nachtkerze | x | x | x | | | | | | | 8 | 3 | x | 3 | gelb | 50–100 | 6 – 8 | ☉ | | | | x | W |
| Onóbrychis viciifólia / Esparsette | | | | x | x | | | | x | 8 | 3 | 8 | 3 | rosa-rot | 30 – 60 | 5 – 7 | ♃ | | | | x | |
| Onónis répens / Kriechender Hauhechel | | | | x | x | | | | | 8 | 4 | 7 | 2 | rosa | 20 – 50 | 6 – 8 | ♃ | x | | | x | |

| Botanischer Name / Deutscher Name | Standort | | | | | | | | | Zeigerwerte | | | | Merkmale | | | Bemerkungen | | | | | |
|---|---|---|---|---|---|---|---|---|---|---|---|---|---|---|---|---|---|---|---|---|---|---|
| | Äcker | Schuttplätze, Wege | Trockenstandorte | Mauern | Magerrasen | Fettwiesen | Gewässer, Sümpfe | Wald(-rand), Schlag | Ziergarten | Licht | Feuchtigkeit | Reaktion | Stickstoff | Farbe | Höhe | Blütezeit | Lebensdauer | Heilpflanze | Giftpflanze | Trockenblume für Sträusse | Wildgemüse | Wuchernd |
| Onónis spinósa / Dorniger Hauhechel | | x | x | | x | | | x | | 8 | x | 7 | 3 | rosa | 20 – 50 | 6 – 8 | ♃ | x | | x | | |
| Oríganum vulgáre / Dost, wilder Majoran | | | x | | x | | | x | x | 7 | 3 | x | 3 | rosa | 20 – 80 | 7 – 9 | ♃ | x | | x | x | x |
| Óxalis acetosélla / Sauerklee | | | | | | | | x | | 1 | 6 | 4 | 7 | weiss | 5 – 10 | 4 – 5 | ♃ | | | | | |
| Papáver dúbium / Saat-Mohn | x | x | | | | | | | | 6 | 4 | 5 | 5 | rot | 20 – 60 | 5 – 7 | ☉ | | x | | | |
| Papáver rhóeas / Klatsch-Mohn | x | x | x | | | | | x | | 6 | 5 | 7 | 6 | rot | 20 – 80 | 5 – 7 | ☉ | x | x | x | | |
| Páris quadrifólia / Einbeere | | | | | | | | x | | 3 | 6 | 7 | 7 | grünlich | 10 – 40 | 5 – 6 | ♃ | | x | | | |
| Parnássia palústris / Studentenröschen | | | | | | x | | | | 8 | 8 | 7 | 2 | weiss | 10 – 30 | 7 – 9 | ♃ | | | | | |
| Pastináca satíva / Echter Pastinak | | x | x | | x | | | | | 8 | 4 | 8 | 5 | gelb | 40–120 | 6 – 9 | ♃ | x | | x | | |
| Petasítes álbus / Weisser Pestwurz | | | | | | | x | | | 4 | 6 | x | x | weiss | 15 – 30 | 3 – 5 | ♃ | x | | | | |
| Petasítes officinális / Gewöhnliche Pestwurz | | | | | | | x | x | | 7 | 8 | 7 | 8 | rötlich | 10 – 4 | 3 – 5 | ♃ | x | x | | | |
| Phaláris arundinácea / Rohr-Glanzgras | | | | | | | x | | | 7 | 8 | 7 | 7 | graugrün | 15 – 40 | 5 – 9 | ♃ | | | | | |
| Phragmítes austrális / Schilf | | | | | | | x | | | 7 | 10 | 7 | 5 | grün | bis 400 | 7 – 9 | ♃ | | x | | | W |
| Phytéuma orbiculáre / Kugelige Teufelskralle | | | | x | | | | x | | 8 | x | 8 | 2 | blau | 10 – 30 | 5 – 7 | ♃ | | | x | x | |
| Phytéuma spicátum / Ährige Teufelskralle | | | | | | x | | x | | x | 5 | x | 5 | weiss | 20 – 60 | 5 – 7 | ♃ | x | | x | x | |
| Pimpinélla saxífraga / Kleine Bibernelle | | | x | x | x | | | | | 7 | 3 | x | 2 | weiss | 15 – 50 | 7 – 9 | ♃ | x | | x | | |
| Plantágo lanceoláta / Spitzwegerich | x | | x | | x | | | | | 6 | x | x | x | braun | 10 – 40 | 4 – 9 | ♃ | x | | | x | W |
| Plantágo májor / Breitwegerich | | x | x | | | | | | | 8 | 5 | x | 6 | braun | 5 – 30 | 6–10 | ♃ | x | | | x | |
| Polýgala chamaebúxus / Buchsblättrige Kreuzblume | | | | x | | | | x | | 6 | 3 | 8 | 3 | weiss/gelb | 10 – 20 | 4 – 6 | ♃ | | | | | |
| Polýgala comósa / Schopfige Kreuzblume | | | | x | | | | | | 8 | 3 | 8 | 2 | rötlich | 10 – 25 | 5 – 6 | ♃ | | | | | |
| Polýgala vulgáris / Kreuzblümchen | | | | x | | | | x | | 7 | 5 | 3 | 2 | blau | 10 – 20 | 5 – 6 | ♃ | x | | | | |
| Polygónatum multiflórum / Vielblütiger Salomonssiegel | | | | | | | x | x | | 2 | 5 | 6 | 4 | weiss | 30 – 70 | 5 – 6 | ♃ | | x | | | |
| Polygónatum odorátum / Salomonssiegel | | | | | | | | x | | 7 | 3 | 7 | 3 | weiss | 15 – 40 | 5 – 6 | ♃ | | x | | | |
| Polygónatum verticillátum / Quirlblättriger Salomonssiegel | | | | | | | x | x | | 4 | 5 | 4 | 5 | weiss | 30 – 70 | 5 – 6 | ♃ | | x | | | |

| Botanischer Name / Deutscher Name | Äcker | Schuttplätze, Wege | Trockenstandorte | Mauern | Magerrasen | Fettwiesen | Gewässer, Sümpfe | Wald(-rand), Schlag | Ziergarten | Licht | Feuchtigkeit | Reaktion | Stickstoff | Farbe | Höhe | Blütezeit | Lebensdauer | Heilpflanze | Giftpflanze | Trockenblume | für Sträusse | Wildgemüse | Wuchernd |
|---|---|---|---|---|---|---|---|---|---|---|---|---|---|---|---|---|---|---|---|---|---|---|---|
| Polýgonum amphíbium / Wasserknöterich | | | | | | | x | | | 7 | 11 | x | 7 | rosa | 30–300 | 6–9 | ♃ | | | | | | |
| Polýgonum bistórta / Schlangenknöterich | | | | | x | x | | x | | 7 | 7 | 5 | 5 | rosa | 30–80 | 5–7 | ♃ | x | | x | | | |
| Polýgonum persicária / Floh-Knöterich | x | x | | | | | | | | 6 | 3 | x | 7 | rosa | 10–80 | 7–10 | ☉ | | | x | | | W |
| Potamogéton nátans / Laichkraut | | | | | | | x | | | 6 | 12 | 7 | 6 | grün | 50–150 | 6–8 | ♃ | | | | | | |
| Potentílla anserína / Gänsefingerkraut | | x | x | | | | | | | 7 | 6 | x | 7 | gelb | 5–25 | 5–7 | ♃ | x | | | | x | W |
| Potentílla erécta / Blutwurz | | | | | x | | | x | | 6 | x | x | 2 | gelb | 5–30 | 6–7 | ♃ | x | | | | | |
| Potentílla récta / Aufrechtes Fingerkraut | | x | x | | | | | x | | – | – | – | – | hellgelb | 30–70 | 6–7 | ♃ | x | | x | | | |
| Potentílla réptans / Kriechendes Fingerkraut | x | x | | | | | | | | 6 | 6 | 7 | 5 | gelb | 5–15 | 6–8 | ♃ | | | | | | W |
| Prenánthes purpúrea / Roter Hasenlattich | | | | | | | | x | | 4 | 5 | x | 5 | rot-lila | 50–150 | 7–8 | ♃ | | | | | | |
| Prímula elátior / Gewöhnliche Schlüsselblume | | | | | | x | | x | | 6 | 6 | 7 | 7 | gelb | 10–20 | 3–5 | ♃ | | | | | | |
| Prímula véris / Wiesenschlüsselblume | | | | | x | | | x | x | 7 | 4 | 8 | 3 | dunkel-gelb | 10–20 | 4–6 | ♃ | x | | x | | | |
| Prunélla grandiflóra / Grosse Braunelle | | | x | | x | | | x | x | 7 | 3 | 8 | 3 | violett | 10–30 | 6–8 | ♃ | | | | x | x | |
| Prunélla vulgáris / Kleine Braunelle | | x | | | x | x | | | | 7 | x | 4 | x | violett | 10–25 | 6–9 | ♃ | | | | | x | |
| Pulicária dysentérica / Flohkraut | | x | | | | | x | | x | 8 | 7 | x | 5 | gelb | 30–60 | 7–8 | ♃ | | | | x | | |
| Pulmonária officinális / Lungenkraut | | | | | | | | x | x | 5 | 5 | 8 | 6 | violett | 15–30 | 3–5 | ♃ | x | | | | | |
| Ranúnculus aconitifólius / Eisenhutblättriger Hahnenfuss | | | | | | x | x | x | | 6 | 8 | 5 | 7 | weiss | 20–60 | 5–7 | ♃ | | | x | | | |
| Ranúnculus aquátilis / Wasser-Hahnenfuss | | | | | | | x | | | 7 | 11 | 5 | 6 | weiss | 10–20 | 5–8 | ♃ | | | | | | |
| Ranúnculus arvénsis / Acker-Hahnenfuss | x | | | | | | | | | 6 | 4 | 8 | x | gelb | 20–60 | 5–7 | ☉ | | x | | | | |
| Ranúnculus bulbósus / Knolliger Hahnenfuss | | | | x | | | | | | 8 | 3 | 7 | 3 | gelb | 10–40 | 5–7 | ♃ | | x | x | | | |
| Ranúnculus ficária / Scharbockskraut | | | | | | | | x | | 4 | 7 | 7 | 7 | gelb | 5–20 | 3–5 | ♃ | | | | | | W |
| Ranúnculus língua / Zungenhahnenfuss | | | | | | | x | | | 7 | 10 | 6 | 7 | gelb | 40–150 | 6–8 | ♃ | | x | | | | |
| Ranúnculus réptans / Kriechender Uferhahnenfuss | | | | | | | x | | | 8 | 10 | x | 2 | gelb | 5–30 | 6–8 | ♃ | | x | | | | |
| Reséda lútea / Resede, gelber Wau | | x | x | | | | | x | | 7 | 3 | 8 | 4 | gelb | 20–50 | 6–9 | ☉-♃ | | | x | | | |

| Botanischer Name / Deutscher Name | Standort | | | | | | | | | Zeigerwerte | | | | Merkmale | | | Bemerkungen | | | | | | |
|---|---|---|---|---|---|---|---|---|---|---|---|---|---|---|---|---|---|---|---|---|---|---|---|
| | Äcker | Schuttplätze, Wege | Trockenstandorte | Mauern | Magerrasen | Fettwiesen | Gewässer, Sümpfe | Wald(-rand), Schlag | Ziergarten | Licht | Feuchtigkeit | Reaktion | Stickstoff | Farbe | Höhe | Blütezeit | Lebensdauer | Heilpflanze | Giftpflanze | Trockenblume | für Sträusse | Wildgemüse | Wuchernd |
| Reséda lutéola / Resede, Färber-Wau | | x | x | | | | | | | 8 | 3 | 9 | 3 | gelb | 50–120 | 6 – 9 | ☉-♃ | | | | x | | |
| Rhinánthus mínor / Kleiner Klappertopf | | | | | x | | | | | 7 | x | x | 2 | gelb | 15 – 40 | 5 – 8 | ☉ | | | | x | | |
| Rúmex acetosélla / Kleine Sauerampfer | x | x | | | x | | | | | 8 | 5 | 2 | 2 | rötlich | 10 – 30 | 5 – 8 | ♃ | | | | x | x | |
| Sagína procúmbens / Liegendes Mastkraut | x | x | | | | | | | | 6 | 6 | 7 | 6 | weiss | 2 – 5 | 5 – 9 | ♃ | | | | | | |
| Sagittária sagittifólia / Pfeilkraut | | | | | | | x | | | 7 | 10 | 7 | 6 | weiss | 30–100 | 6 – 8 | ♃ | | | | | | |
| Sálvia glutinósa / Klebrige Salbei | | | | | | | | x | | 4 | 6 | 7 | 7 | gelb | 50–120 | 7–10 | ♃ | | | x | | | |
| Sálvia praténsis / Wiesensalbei | | | | | x | | | | x | 8 | 4 | 8 | 4 | blau | 30 – 60 | 4 – 9 | ♃ | | | | x | | |
| Sanguisórba mínor / Kleiner Wiesenknopf | | | x | | x | | | | | 7 | 3 | 8 | 2 | rötlich | 30 – 60 | 5 – 8 | ♃ | x | | | x | x | |
| Sanguisórba officinális / Grosser Wiesenknopf | | | | | | x | | | | 7 | 7 | x | 3 | rot | 30 – 80 | 7 – 9 | ♃ | x | | | | x | |
| Sanícula európaea / Sanikel | | | | | | | | x | | 4 | 5 | 8 | 7 | weiss | 20 – 50 | 5 – 6 | ♃ | x | x | | | | |
| Sapónaria officinális / Echtes Seifenkraut | | x | | | | | x | x | | 7 | 5 | 7 | 5 | rosa/weiss | 30 – 80 | 7 – 9 | ♃ | x | | | x | | |
| Scabiósa columbária / Tauben-Skabiose | | | | | x | | | | x | 8 | 4 | 8 | 3 | lila | 20 – 60 | 7–10 | ♃ | | | x | x | | |
| Scílla bifólia / Blaustern | | | | | | | | x | x | 5 | 6 | 7 | 6 | blau | 10 – 20 | 3 – 4 | ♃ | x | | | | | |
| Scrophulária nodósa / Knotige Braunwurz | | | | | | | | x | | 4 | 6 | 6 | 7 | braun | 50–150 | 6 – 9 | ♃ | | | x | x | | |
| Scutellária galericuláta / Sumpfhelmkraut | | | | | | | x | | | 7 | 9 | 7 | 6 | blau | 10 – 40 | 6 – 9 | ♃ | | | | | | |
| Sédum ácre / Fetthenne, Mauerpfeffer | | | x | x | | | | | | 8 | 2 | x | 1 | gelb | 5 – 15 | 6 – 7 | ♃ | | | | | | |
| Sédum álbum / Weisser Mauerpfeffer | | x | x | x | | | | | x | 9 | 2 | x | 1 | weiss | 8 – 20 | 6 – 7 | ♃ | | | | | | |
| Sédum rupéstre / Felsen-Mauerpfeffer, Tripmadam | | | x | x | | | | | x | 7 | 2 | 4 | 1 | gelb | 15 – 35 | 6 – 8 | ♃ | | | x | | | |
| Senécio erucifólius / Greiskraut | | | | | x | | | | x | 8 | 4 | 7 | 5 | gelb | 30–120 | 6 – 8 | ☉ | | | | x | | |
| Senécio fúchsii / Fuchs-Greiskraut | | | | | | | | x | | 7 | 5 | x | 8 | gelb | 60–150 | 7 – 8 | ♃ | | | | x | | |
| Senécio jacobeáea / Jakobs-Greiskraut | | | | | x | | | x | x | 8 | 4 | 7 | 5 | gelb | 30–120 | 6–10 | ☉-♃ | | | | x | | |
| Sherárdia arvénsis / Ackerröte | x | | | | | | | | | 6 | 5 | 8 | 5 | lila | 5 – 20 | 6–10 | ☉ | | | | x | | |
| Sílaum sílaus / Wiesensilau, Rossfenchel | | | | | x | x | | | x | 7 | 7 | 7 | 2 | gelblich | 30–100 | 6 – 9 | ♃ | | | x | x | | |

| Botanischer Name / Deutscher Name | Standort | | | | | | | | | Zeigerwerte | | | | Merkmale | | | | Bemerkungen | | | | | |
|---|---|---|---|---|---|---|---|---|---|---|---|---|---|---|---|---|---|---|---|---|---|---|---|
| | Acker | Schuttplätze, Wege | Trockenstandorte | Mauern | Magerrasen | Fettwiesen | Gewässer, Sümpfe | Wald(-rand), Schlag | Ziergarten | Licht | Feuchtigkeit | Reaktion | Stickstoff | Farbe | Höhe | Blütezeit | Lebensdauer | Heilpflanze | Giftpflanze | Trockenblume | für Sträusse | Wildgemüse | Wuchernd |
| Siléne álba / Weisse Lichtnelke | | x | | | | | | x | | 8 | 4 | x | 7 | weiss | 30–100 | 6 – 9 | ☉ | | | | x | | |
| Siléne dioíca / Rote Lichtnelke | | | | | x | | x | x | x | 6 | 7 | x | 8 | rot | 30 – 80 | 4 – 6 | ☉-♃ | | | | x | | |
| Siléne nútans / Nickendes Leimkraut | | | x | x | | | | x | | 7 | 3 | 7 | 3 | weiss | 30 – 60 | 5 – 9 | ♃ | | | x | x | | |
| Siléne vulgáris / Leimkraut | | | x | x | x | | | | | 8 | 4 | 7 | 2 | weiss | 10 – 50 | 5 – 9 | ♃ | | | | x | | |
| Solánum dulcamára / Bittersüsser Nachtschatten | | | | | | | x | | | 7 | 8 | x | 8 | violett | 30–200 | 6 – 8 | ♃ | | x | | | | |
| Solánum nígrum / Schwarzer Nachtschatten | x | x | | | | | | | | 7 | 5 | 7 | 8 | weiss | 10 – 60 | 6–10 | ☉ | | x | | | | |
| Solidágo virgaúrea / Echte Goldrute | | | | | | | x | x | | 5 | 5 | x | 5 | gelb | 20–100 | 7–10 | ♃ | x | | | x | | |
| Spargánium eréctum / Igelkolben | | | | | | | x | | | 7 | 10 | x | 5 | grün | 30 – 50 | 7 – 9 | ♃ | | | | | | |
| Státhys palústris / Sumpf-Ziest | | | | | | | x | | | 7 | 7 | 7 | 7 | rosa | 30–100 | 6 – 9 | ♃ | | | | | | |
| Státhys silvática / Wald-Ziest | | | | | | | x | x | | 4 | 7 | 7 | 7 | violett | 30 – 100 | 6 – 9 | ♃ | | | | x | | |
| Stellária gramínea / Gras-Sternmiere | | x | | x | | | | | | 6 | 4 | 4 | x | weiss | 10 – 50 | 4 – 6 | ♃ | | | | | | |
| Stratiótes aloídes / Krebsschere | | | | | | | x | | | 7 | 12 | 7 | 6 | weiss | 15 – 30 | 6 – 8 | ♃ | | | | | | |
| Succísa praténsis / Teufelsabbiss | | | x | | x | | | x | | 7 | 7 | x | 2 | lila | 20 – 80 | 7 – 9 | ♃ | | | | x | | |
| Sýmphytum officinále / Beinwell, Wallwurz | | | | | | | x | | | 7 | 8 | x | 8 | violett | 30–100 | 5 – 7 | ♃ | x | | | | x | W |
| Támus commúnis / Schmerwurz | | | | | | | | x | | 5 | 5 | 8 | 6 | grün | bis 300 | 4 – 6 | ♃ | x | x | | | | |
| Tanacétum corymbósum / Doldige Wucherblume | | | x | | | | | x | | 7 | 3 | 8 | 4 | weiss | 30 – 50 | 7 – 9 | ♃ | | | | x | | |
| Tanacétum vulgáre / Rainfarn | | x | x | | | | | x | | 8 | 5 | x | 5 | gelb | 60–120 | 7 – 9 | ♃ | x | | x | x | | |
| Téucrium chamáedrys / Gamander | | | x | | x | | | x | | 7 | 2 | 8 | 1 | rot | 15 – 30 | 7 – 9 | ♃ | x | | | x | | |
| Téucrium scorodónia / Wald-Gamander | | | | | | | | x | | 6 | 4 | 2 | 3 | gelb | 30 – 60 | 7 – 9 | ♃ | | | | x | | |
| Thalíctrum aquilegifólium / Akeleiblättrige Wiesenraute | | | | | | | x | x | | 5 | 8 | 7 | 8 | lila | 40–120 | 5 – 7 | ♃ | | | | x | | |
| Thláspi arvénse / Acker-Hellerkraut | x | x | | | | | | | | 6 | 5 | 7 | 6 | weiss | 10 – 40 | 4 – 9 | ☉ | | | x | | | |
| Thýmus pulegioídes / Gewöhnlicher Thymian | | x | x | | x | | | x | | 8 | 4 | x | 1 | rosa | 5 – 20 | 6–10 | ♃ | | | | x | | |
| Tofiéldia calyculáta / Simsenlilie | | | | | | | x | | | 8 | 8 | 8 | 3 | gelblich | 10 – 30 | 5 – 7 | ♃ | | | | | | |

| Botanischer Name / Deutscher Name | Äcker | Schuttplätze, Wege | Trockenstandorte | Mauern | Magerrasen | Fettwiesen | Gewässer, Sümpfe | Wald(-rand), Schlag | Ziergarten | Licht | Feuchtigkeit | Reaktion | Stickstoff | Farbe | Höhe | Blütezeit | Lebensdauer | Heilpflanze | Giftpflanze | Trockenblume | für Sträusse | Wildgemüse | Wuchernd |
|---|---|---|---|---|---|---|---|---|---|---|---|---|---|---|---|---|---|---|---|---|---|---|---|
| Tragopógon praténsis / Wiesenbocksbart, Habermarch | | | | | x | x | | | x | 7 | 4 | 7 | 6 | gelb | 30 – 70 | 5 – 7 | ☉-♃ | | | | | x | |
| Tróllius europaeus / Trollblume, Rigirolle | | | | | | x | | | | 9 | 7 | 7 | 6 | gelb | 30 – 60 | 5 – 7 | ♃ | | x | | | | |
| Tussilágo fárfara / Huflattich | | x | | | | | | | | 8 | 6 | 8 | 6 | gelb | 5 – 20 | 2 – 4 | ♃ | x | | | | x | W |
| Týpha angustifólia / Rohrkolben | | | | | | | x | | | 8 | 10 | x | 7 | braun | bis 250 | 7 – 8 | ♃ | | x | | | | W |
| Utriculária vulgáris / Gemeiner Wasserschlauch | | | | | | | x | | | 7 | 12 | 6 | 6 | gelb | 10-200 | 6 – 8 | ♃ | | | | | | |
| Vaccária hispánica / Saat-Kuhkraut | x | x | | | | | | | x | 7 | 2 | 9 | ? | rosa | 30 – 70 | 5 – 7 | ☉ | | | x | | | |
| Valeriána dioíca / Sumpfbaldrian | | | | | | | x | | | 7 | 8 | x | 2 | rosa | 10 – 30 | 5 – 6 | ♃ | | | | | | |
| Valeriána officinális / Echter Baldrian | | | | | | | x | | | 7 | 8 | 7 | 5 | rosa | 30-150 | 6 – 8 | ♃ | x | | x | x | | |
| Verbáscum densiflórum / Grossblütige Königskerze | | x | | | | | | x | | 8 | 4 | 8 | 5 | gelb | 50-200 | 7 – 9 | ☉ | x | | | | | |
| Verbáscum nígrum / Schwarze Königskerze | | x | | | | | | x | x | 7 | 5 | 7 | 7 | gelb | 50-150 | 6 – 8 | ☉ | x | | | | | |
| Verbáscum thápsus / Kleinblütige Königskerze | | x | | | | | | x | | 8 | 4 | 7 | 7 | gelb | 20 – 70 | 7 – 9 | ☉ | x | | | | | |
| Verbéna officinális / Echtes Eisenkraut | | x | x | | x | | | | x | 9 | 4 | x | 6 | lila | 20 – 80 | 7 – 9 | ♃ | x | | x | | | |
| Verónica beccabúnga / Bach-Ehrenpreis, Bachbunge | | | | | | | x | | | 7 | 10 | 7 | 6 | blau | 20 – 60 | 5 – 9 | ♃ | x | | | x | | |
| Verónica latifólia / Nesselblättriger Ehrenpreis | | | | | | | | x | | 3 | 5 | 7 | 7 | lila | 20 – 60 | 6 – 8 | ♃ | | | | x | | |
| Verónica officinális / Wald-Ehrenpreis | | | | | | x | | x | | 5 | 4 | 2 | 4 | blass-blau | 10 – 30 | 6 – 8 | ♃ | x | | | | | |
| Verónica serpyllifólia / Quendelblättriger Ehrenpreis | x | x | | | x | x | | | | x | 3 | 5 | x | weisslich | 5 – 25 | 4 – 9 | ♃ | | | | | | |
| Verónica téucrium / Grosser Ehrenpreis | | | | | x | | | x | | 7 | 3 | 8 | 2 | blau | 15 – 60 | 6 – 8 | ♃ | | | | | | |
| Vícia crácca / Vogelwicke | | | | | | x | | x | | 7 | 5 | x | x | violett | 30-100 | 6 – 8 | ♃ | | | | | | |
| Vícia sépium / Zaunwicke | | | | | | x | | x | | x | 5 | 7 | 5 | violett | 30 – 60 | 5 – 8 | ♃ | | | | | | W |
| Vínca mínor / Immergrün | | | | | | | | x | x | 4 | 5 | x | 6 | blau | 10 – 20 | 4 – 5 | ♃ | | | | | | |
| Vióla arvénsis / Ackerstiefmütterchen | x | x | | | | | | | | 5 | x | x | x | gelbl. | 5 – 20 | 4-10 | ☉ | | | | | | |
| Vióla odoráta / Veilchen | | | | | | | | x | x | 5 | 5 | x | 8 | violett | 5 – 10 | 3 – 4 | ♃ | x | | | | | |
| Vióla trícolor / Wildes Stiefmütterchen | x | x | | | | | | | x | 5 | x | x | x | gemischt | 10 – 40 | 4-10 | ♃ | x | | | | | |

LITERATUR

# Ausgewählte Bücher zum Thema

### Naturgarten

Andritzky M., Spitzer K. (Hrsg): *Grün in der Stadt.* Hamburg, Rowohlt Taschenbuch-Verlag, 1981, 478 S. (Aufsätze verschiedener Autoren zum Thema naturnahes und soziales Stadtgrün.)

Le Roy, L. G.: *Natur ausschalten, Natur einschalten.* Stuttgart, Klett-Cotta, 1983 (2. Aufl.), 219 S. (Der Naturgarten als demokratisches Stadtgrün, vom künstlerisch-ästhetischen Zugang her betrachtet.)

Lohmann, M.: *Ökogärten als Lebensraum: Grundlagen und praktische Anleitungen für einen Naturgarten.* München, Wien, Zürich, BLV 1983, 176 S. (Der Naturgarten von der biologischen Seite her betrachtet.)

Oberholzer, A./Lässer, L.: *Naturgarten.* Bern, Hallwag, 1984 (2. Aufl.), 105 S. (Einführung in die Grundlagen des Naturgartens.)

Schwarz, U.: *Der Naturgarten.* Frankfurt, Krüger, 1980, 96 S. (Mit diesem Buch wurde die Naturgartenidee in der Schweiz bekannt.)

WWF (Hrsg.): *Naturgarten.* Panda II/80, Zürich, WWF, 48 S. (Bezug WWF Schweiz, Postfach, 8037 Zürich. Best. Nr. 3280). (Motivationsbroschüre.)

### Weitere Gartenthemen

Baumann, R.: *Begrünte Architektur. Bauen und Gestalten mit Kletterpflanzen.* München, Callwey, 1983, 244 S. (Umfassendes Buch zum Thema Fassadenbegrünung.)

Guttmann, R.: *Hausbegrünung: Kletterpflanzen am Haus und im Garten.* Stuttgart, Franckh 1986 (2. Aufl.), 110 S. (Einführung in das Thema.)

Hansen, R./Stahl, F.: *Die Stauden.* Stuttgart, Ulmer, 1984 (2. Auf.), 572 S. (Standardwerk über die Verwendung und Anzucht von Stauden, unter vielfacher Berücksichtigung der Wildstauden.)

Hauser, A.: *Bauerngärten der Schweiz.* Zürich und München, 1976, 208 S. (Reich illustriertes Buch zum historischen Bauerngarten.)

Itoh, Teiji: *Die Gärten Japans.* Köln, Du Mont, 1985, 228 S. (Fotobuch über Geschichte und Gegenwart des Japanischen Gartens.)

Keller, H.: *Ein Garten wird Malerei: Monets Jahre in Giverny.* Köln, Du Mont, 1982, 160 S. (Einer von vielen möglichen Zugängen zum Garten über die Kunst.)

Kreuter, M. L.: *Der Bio-Garten. Gemüse, Obst und Blumen naturgemäss angebaut.* München, Wien, Zürich, BLV, 1984 (6. Aufl.), 400 S. (Für viele weitere Veröffentlichungen auf diesem Gebiet stellvertretend genanntes, ausführliches Buch zum biologischen Gartenbau.)

Minke, G./Witter, G.: *Häuser mit grünem Pelz. Ein Handbuch zur Hausbegrünung.* Frankfurt, Fricke, 1983 (2. Aufl.), 126 S. (Gestalterische und technische Aspekte der Fassaden- und Dachbegrünung.)

Pückler, Fürst v. Muskau: *Andeutungen über Landschaftsgärtnerei.* Stuttgart, Deutsche Verlagsanstalt, 1977, 156 S. (Neuausgabe des klassischen Werkes über den Deutschen Landschaftsgarten (Erstausgabe 1834).)

Schiechtl, H. M.: *Sicherungsarbeiten im Landschaftsbau.* München, Callwey, 1973, 244 S. (Standardwerk über ingenieurbiologische Bauweise.)

### Naturschutz

Roth, C. u.a.: *Naturnahe Weiher - ihre Planung, Gestaltung und Wiederherstellung.* Bern, Bundesamt für Forstwesen, 1981, 80 S. Bezug: Eidg. Drucksachen- und Materialzentrale, 3000 Bern. Best. Nr. 310.300. (Technische Grundlagen für grössere Vorhaben.)

Schweiz. Bund für Naturschutz (Hrsg): Div. Sondernummern, u.a.: *Lebensraum Kiesgrube; Un-Kraut; Natur in Dorf und Stadt* usw. Basel, Schweiz. Bund f. Naturschutz, Postfach 73, 4020 Basel. (Kurzgefasste, farbig illustrierte Broschüren mit Bezug zum Naturgarten.)

Schweiz. Landeskomitee f. Vogelschutz: *Bedeutung, Schutz und Pflege von Hecken; Obstgärten - vielfältige Lebensräume.* Zürich, SLKV, Postfach, 8036 Zürich. (Illustrierte Broschüren.)

Wildermuth, H. R.: *Natur als Aufgabe, Leitfaden für die Naturschutzpraxis in der Gemeinde.* Basel, Schweiz. Bund für Naturschutz, 1980, (2. Aufl.), 298 S. (Ein qualitativ hochstehendes Standardwerk zum Naturschutz, grundlegend für das allgemeine Verständnis der Naturgartenidee.)

### Ökologie

Ellenberg, H.: *Vegetation Mitteleuropas mit den Alpen in ökologischer Sicht.* Stuttgart, Ulmer, 1982 (3. Aufl.), 989 S. (Pflanzengesellschaften und ihre Beziehung zum Standort. Wissenschaftliches Grundlagenwerk.)

Kurt, F.: *Das Management von Mutter Natur. Eine Einführung in die Ökologie.* München, dtv, 1985, 139 S. (Ökologische Fakten und Zusammenhänge in leicht lesbarem Erzählstil.)

Tischler, W.: *Einführung in die Ökologie.* Stuttgart, Fischer, 1984 (3. Aufl.), 437 S. (Einfachere wissenschaftliche Einführung in die Ökologie.)

### Bestimmungsbücher

Aichele, D.: *Was blüht denn da? Wildwachsende Blütenpflanzen Mitteleuropas.* Stuttgart, Franckh 1984 (46. Aufl.), 400 S. (Bestimmungsklassiker für die häufigen Blütenpflanzen. Bestimmung nach leichten Merkmalen, mit biologischen und ökologischen Angaben.)

Binz, A. u.a.: *Schul- und Exkursionsflora für die Schweiz.* Basel, Schwabe, 1980 (17. Aufl.), 422 S. (Die klassische Schulflora, als Bestimmungsschlüssel für Laien eher schwierig, gibt einen guten Überblick über die systematische Stellung der Pflanzen und die in der Schweiz gebräuchlichen deutschen Namen.)

Encke, F./Buchheim, G./Seybold, S.: *Zander, Handwörterbuch der Pflanzennamen.* Stuttgart, Ulmer, 1979 (11. Aufl.), 844 S. (Handbuch über die richtige Schreibweise und Betonung der wissenschaftlichen Pflanzennamen für Fachleute.)

Engelhardt, W.: *Was lebt in Tümpel, Bach und Weiher?* Stuttgart, Franckh, 1983 (10. Aufl.), 257 S. (Beschreibung von Kleingewässern als Lebensraum mit Bestimmungsteil für Pflanzen und Tiere.)

Godet, J. D.: *Knospen und Zweige der einheimischen Baum- und Straucharten.* Bern, Arboris, 1983, 431 S. (Faszinierende Aufnahmen der Knospen. Bestimmungsbuch für das Winterhalbjahr.)

Landolt, E.: *Geschützte Pflanzen der Schweiz.* Basel, Schw. Bund f. Naturschutz, 1970, 215 S. (Liste der geschützten Pflanzen mit Fotos.)

Schauer, Th./Caspari C.: *Der grosse BLV Pflanzenführer.* München, Zürich, Wien, BLV, 1984 (4. Aufl.), 463 S. (Bestimmungsschlüssel mit 1500 Wildpflanzen inklusive Gräser und Gehölze; gibt einen guten überblick über Lebensgemeinschaften, da er nach Standorten geordnet ist.)

Witt, R.: *Wildsträucher in Natur und Garten. Bestimmen - Schützen - Anpflanzen.* Stuttgart, Franckh 1985, 160 S. (Ein Bestimmungsbuch, das ökologische Merkmale besonders stark einbezieht.)

Zahradnik, J.: *Der Kosmos-Insektenführer.* Stuttgart, Franckh, 1984 (Einige häufigere oder auffällige Insekten, bestimmbar nach Bildern.)

**Beschäftigung mit dem Naturgarten im weiteren Sinn**

Buff, W./von der Dunk, K.: *Giftpflanzen in Natur und Garten.* Augsburg, Augsburger Bücher, 1981, 352 S. (Giftpflanzen, ihre Gefährlichkeit, Wirkung und medizinische Verwendung, mit Fotos und Tabellen.)

Kremer, P.: *Das Kosmos-Kräuterbuch.* Stuttgart, Franckh, 1981, 256 S. (Heilpflanzen, ihre Verwendung und Wirksamkeit.)

Marti, O.: *Natur im Kochtopf.* Zürich, Ex Libris, 1985, 248 S. (Neben vielen anderen Feld-, Wald- und Wiesenkochbüchern eines, welches auch den Feinschmecker anspricht.)

Stöcklin-Meier, S.: *Naturspielzeug.* Zürich, Orell Füssli, 1979, 144 S. (Spiele und Bastelarbeiten mit Materialien aus der Natur.)

**Weitere im Buch erwähnte oder verwendete Literatur**

Bundesamt für Umweltschutz, *Pressedokumentation Zierrasen.* Bern, 1985, Manuskript (Bericht zur Untersuchung über Umweltbelastung durch Zierrasenflächen.)

Kükelhaus, H.: *Urzahl und Gebärde.* Berlin, Metzner, 1934, 248 S.

Kükelhaus, H.: *Organismus und Technik.* Olten, Walter, 1971, 94 S.

(Beide Werke befassen sich mit der Wahrnehmung des Menschen, das erstgenannte ist schwer verständlich, das zweite leicht lesbar (auch in der Serie Fischer alternativ erhältlich).)

Schneider M. (Hrsg.): *Information über Gestalt.* Düsseldorf, Bertelsmann, Bauwelt Fundamente Band 44, 1974, 184 S. (Fachbuch über Ästhetik, Gestalttheorie und Architektur, vergriffen.)

Schweizerisches Toxikologisches Informationszentrum: *Jahresberichte 1983, 1984, 1985.* Zürich, Gerichtlich-Medizinisches Institut der Universität Zürich. (Angaben über Vergiftungsfälle, auch durch Schädlingsbekämpfungsmittel.)

Wieland, D. u.a.: *Grün kaputt.* München, Raben, 1983, 216 S. (Begleitbuch zur gleichnamigen Fotoausstellung - ein Buch, das zu denken gibt.)

**Fotonachweis**

**Michael Speich:**
S. 12, 19 o., 31, 34, 36/37, 40 u., 46 o., 64 o., 73, 74, 87, 88 o., 91, 103, 104, 121, 122, 128 u., 136 u., 144 u., 147, 150 und Titelbild.

**Peter Richard:**
S. 8/9, 19 u., 20/21, 38/39, 40 o., 88 u., 128 o., 144 o.

**Beate Staub:**
S. 33 u., 63.

**Andreas Winkler:**
S. 2, 32, 33 o., 45, 46 u., 64 u., 79, 135, 136 o., 148.
Die beiden Illustrationen auf Seite 25 stammen aus dem Buch «Illusionen» von Edi Lanners, Verlag C.J. Bucher, München und Luzern, 1973

# DIE AUTOREN

## Andreas Winkler

Andreas Winkler, geboren 1951, lebt mit seiner Familie in der Ostschweiz. Als gelernter Chemielaborant arbeitete er in der agrochemischen Forschung. Diese Arbeit war mitbestimmend für sein jetziges Engagement im Natur- und Umweltschutz. Nach der Matura auf dem zweiten Bildungsweg studierte er in Zürich Geographie. Ausser mit ökologischen Themen beschäftigte er sich vor allem mit der Umweltwahrnehmung. Mit einer Arbeit über Landschaftsbewertung schloss er 1981 seine Studien ab. Nach dem Studium begann er mit dem Aufbau eines Landschaftsarchitekturbüros, dem heute ein Ausführungsbetrieb für naturnahe Gartengestaltung und eine Wildstaudengärtnerei angegliedert sind. Seine rege Kurs- und Vortragstätigkeit bildet zusammen mit den praktischen Erfahrungen die Grundlage dieses Buches. Er hat alle im Buch gezeigten Gärten gestaltet.

## Hans C. Salzmann

Hans C. Salzmann, geboren 1946, hat in Bern Zoologie und Botanik studiert und 1976 mit einer wildbiologischen Arbeit promoviert. Angesichts der heutigen Umweltsituation ist für ihn der berufliche Einsatz für den Umweltschutz eine Frage des Realismus. Seit 1976 arbeitet er am SZU, seit 1981 als dessen Leiter. Durch die Kontakte mit Urs Schwarz und das weitgehend vom SZU getragene Engagement des WWF für den Naturgarten, vor allem auch durch die Zusammenarbeit mit Alex Oberholzer und Andreas Winkler hat er die Entwicklung der Naturgarten-Idee von einem frühen Stadium an miterlebt und mitgestaltet.